高等学校"十四五"学前教育专业精品教材

# 学前现代教育技术应用

主　编　柴阳丽
副主编　郭　莉　张　莉

南京大学出版社

图书在版编目(CIP)数据

学前现代教育技术应用 / 柴阳丽主编. —— 南京：南京大学出版社，2023.12
ISBN 978-7-305-27585-2

Ⅰ.①学… Ⅱ.①柴… Ⅲ.①学前教育—教育技术学—高等学校—教材 Ⅳ.①G612②G40-057

中国国家版本馆 CIP 数据核字(2024)第 010483 号

出版发行　南京大学出版社
社　　址　南京市汉口路 22 号　　邮　编　210093
书　　名　**学前现代教育技术应用**
　　　　　XUEQIAN XIANDAI JIAOYU JISHU YINGYONG
主　　编　柴阳丽
责任编辑　吕家慧　　　　　　　编辑热线　025-83597482
照　　排　南京南琳图文制作有限公司
印　　刷　丹阳兴华印务有限公司
开　　本　787 mm×1092 mm　1/16　印张 14.75　字数 316 千
版　　次　2023 年 12 月第 1 版　2023 年 12 月第 1 次印刷
ISBN 978-7-305-27585-2
定　　价　50.00 元

网址：http://www.njupco.com
官方微博：http://weibo.com/njupco
微信服务号：NJUyuexue
销售咨询热线：(025) 83594756

＊版权所有，侵权必究
＊凡购买南大版图书，如有印装质量问题，请与所购图书销售部门联系调换

# 前　言

当今是人工智能和数字化转型的时代,在全球性的教育变革浪潮之中,学前教育领域同样要经历转型与更新。随着科技的飞速发展,现代教育技术的融合已成为推动教育质量变革、教育方式创新、教育环境优化的关键动力之一。为了响应这一转变的需求,我们倾力打造了《学前现代教育技术应用》一书,旨在为学前教育工作者、师范生与相关研究者提供全面而深入的现代教育技术应用知识,助力学前教育领域的教育者在新的教育大潮中乘风破浪,引领学前教育走向专业化、科技化。

在书籍的编撰过程中,我们深知科技与教育的融合不仅是一种技术层面的操作,更是对传统教育理念与方法的深刻反思与创新。因此,本书首先详细概述了现代教育技术的基本概念与发展历程,介绍了智能时代下与学前教育紧密关联的新技术,如虚拟现实、增强现实、元宇宙、大数据、生成式人工智能等各种新技术和工具,接下来详细讲解了教育技术应用的理论基础,如视听教学理论、具身认知理论、建造主义和建构主义理论等,希望借此为教育实践提供坚实的理论支撑。另外,书中关注技术与教学活动的融合,在阐述幼儿教育技术应用原则的基础上,结合诸多集体教学、区角个别化活动案例,从教学准备、教学活动设计和实施、幼儿发展评价等方面阐述信息技术如何助力或创新这些工作。为提升教学材料的制作质量与效果,我们亦重点介绍了多媒体素材的编辑与处理,具体包括文字、图像、声音、视频素材,在相关实例的演示下,有助于快速提高学前教育工作者多媒体素材编辑与处理的实际操作技能。本书的第六章,基于多媒体素材的编辑与处理,讲解如何进行 PowerPoint 作品的设计和制作,书中首先呈现并分析 PPT 作品的常见误区,然后阐述 PPT 多媒体作品设计的理论基础——多媒体认知学习理论,并介绍设计 PPT 作品的技巧和方法;接下来以操作技能的学习为主,从形状绘制和形状合并、图片处理、动画添加等方面学习 PowerPoint 软件的操作。最后,本书第七章介绍微课的设计与开发,作为重要的学习资源之一,微课以短小精悍的视频形式呈现内容,是对以往学习资源形式的一种变革与发展,书中从微课定义、特点的阐述开始,紧接着介绍微课的构成要素、微课类型

以及微课幼儿教育中的应用,然后结合实例说明微课设计与制作的流程和技巧。

本书的编者为长期从事教育技术和学前教育领域的教学与研究工作的教师,本书由柴阳丽老师负责全书的统稿工作,其中第一、二、三、四章由柴阳丽老师编写,第五、六章由柴阳丽、张莉老师共同编写,第七章由郭莉老师编写。感谢学前教育专业的骆宇蒙、强婉蓉、吴昕洋、邓可、戴皓月、邓骜等同学贡献相关教学活动案例。

本书立足于学前教育的特殊性,充分考虑到幼儿的认知发展特点与学习需求,着重强调了在科技应用过程中要尊重并促进幼儿的自主学习和全面发展。我们坚信,通过创新的教育理念与前沿的教育技术紧密结合,每一位教育者都能够在实践中不断探索,让自己的教学方式更加活跃而高效,让每一个孩子的学前教育体验更加丰富而精彩,也让自己得到专业化发展。在这一旅程中,希望《学前现代教育技术应用》能够成为您的坚实友伴,与您共同打破传统教学的局限,探索无限可能。让我们携手并进,为孩子们的未来搭建一座科技与创意交织的明媚桥梁。

由于编者时间仓促,书中不当之处在所难免,敬请专家及读者指正。

书中部分案例大家可以通过微信"扫一扫"观看,本书配有电子课件PPT等教学资源。

# 目 录

## 第一章 教育技术概述 ... 1
    第一节 教育技术基本概念 ... 1
    第二节 教育技术的发展历程 ... 4

## 第二章 信息技术与学前教育 ... 10
    第一节 与学前教育相关的新技术 ... 10
    第二节 信息技术与学前教育 ... 18

## 第三章 教育技术应用的理论基础 ... 29
    第一节 视听教学理论 ... 29
    第二节 具身认知理论 ... 33
    第三节 佩珀特的建造主义理论 ... 41
    第四节 建构主义学习理论 ... 45

## 第四章 技术下的幼儿活动设计和实施 ... 49
    第一节 概 述 ... 49
    第二节 技术支持下的教学准备 ... 52
    第三节 技术支持下的教学实施 ... 63
    第四节 技术支持下的幼儿发展评价 ... 70
    第五节 技术背景下幼儿人工智能启蒙教育 ... 73

## 第五章 多媒体素材的编辑与处理 ... 82
    第一节 文本素材的编辑与处理 ... 82
    第二节 图像素材的编辑与处理 ... 94
    第三节 音频素材的编辑与处理 ... 114
    第四节 视频素材的编辑与处理 ... 128

## 第六章 PPT 设计与制作 ·········· 144
### 第一节 PPT 设计 ·········· 144
### 第二节 PPT 中的形状 ·········· 172
### 第三节 PPT 中的图片 ·········· 186
### 第四节 PPT 中的动画 ·········· 192

## 第七章 微课的设计与开发 ·········· 198
### 第一节 认识微课 ·········· 198
### 第二节 微课设计 ·········· 208
### 第三节 微课制作 ·········· 214

## 参考文献 ·········· 229

# 第一章 教育技术概述

本章主要以介绍常识性概念为主,首先介绍了技术、信息技术、教育技术以及现代教育技术的概念;其次从教学媒体发展的视角,对教育技术的发展历史进行阐述,以帮助学习者了解教育技术概念发展的时代意义,理解信息技术在教育中的发展规律。

## 第一节 教育技术基本概念

什么是教育技术和现代教育技术呢?

教育技术等同于计算机教学吗?教育技术等同于多媒体课件制作吗?教育技术等同于教学网站的开发吗?教育技术等同于信息技术吗?运用传统的教育媒体如粉笔、黑板、图片算是教育技术吗?操作多媒体、教育软件的制作、教育理论和教学设计是否属于教育技术范畴?

就教育技术内涵来说,教育技术不能等同于具体的教学方式和教学资源制作、网站开发,也不等同于信息技术,因为信息技术的研究对象是信息,是指有关信息的收集、识别、提取、存储、传递、处理、检索等的技术,另外,和现代教育媒体一样,传统的教育媒体也属于教育技术,而且操作、资源开发、教育理论和教学设计都属于教育技术的范畴。

理解教育技术和现代教育技术,首先要从"技术"说起。

### 一、什么是技术

"技术(technology)"一词源于希腊语"techne",原意是"艺术(art)、手工艺(craft)和技巧(skill)"。指人类在利用自然和改造自然过程中积累下来的并在生产劳动中体现出来的知识和经验,包括了材料、工具、系统、手段和方法等。在现代信息社会中,认为技术是人类在生产活动、社会发展和科学实验过程中,为了达到预期的目的而根据客观规律对自然、社会进行认识、调控和改造的物质工具、方法技能和知识经验等的综合体。因此,根据技术的定义,技术应该是物化技术和智能技术的综合体,物化技术指的是有形的物质设备、工具手段,智能技术指的是无形的、非物质的、观念形态的技巧、方法与理论。

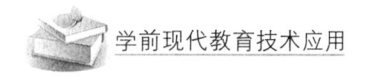

## 二、什么是信息技术

信息技术(information technology，IT)，是主要用于管理和处理信息所采用的各种技术的总称。它主要应用计算机科学和通信技术来设计、开发、安装和实施信息系统及应用软件。它也常被称为信息与通信技术(information and communication technology，ICT)，主要包括传感技术、计算机技术和通信技术。

信息技术的应用包括计算机硬件和软件、网络和通信技术、应用软件开发工具等。计算机和互联网普及以来，人们日益普遍地使用计算机来生产、处理、交换和传播各种形式的信息(如书籍、商业文件、报刊、唱片、电影、电视节目、语音、图形、图像等)。

按工作流程中基本环节的不同，信息技术可分为信息获取技术、信息传递技术、信息存储技术、信息加工技术及信息标准化技术。信息获取技术包括信息的搜索、感知、接收、过滤等，如显微镜、望远镜、气象卫星、温度计、钟表、Internet搜索器中的技术等。信息传递技术指跨越空间共享信息的技术，又可分为不同类型，如单向传递与双向传递技术，单通道传递、多通道传递与广播传递技术。信息存储技术指跨越时间保存信息的技术，如印刷术、照相术、录音术、录像术、缩微术、磁盘术、光盘术等。信息加工技术是对信息进行描述、分类、排序、转换、浓缩、扩充、创新等的技术。信息加工技术的发展已有两次突破：从人脑信息加工到使用机械设备(如算盘、标尺等)进行信息加工，再发展为使用电子计算机与网络进行信息加工。信息标准化技术是指使信息的获取、传递、存储、加工各环节有机衔接，与提高信息交换共享能力的技术。如信息管理标准、字符编码标准、语言文字的规范化等。

根据上面技术的定义，教育技术是什么？是不是也应该包括物化和智能两方面的技术？信息技术与教育技术之间又是什么样的关系？

## 三、什么是教育技术

何克抗教授认为，教育技术的本质可以用一句话来概括：就是应用技术手段来优化教育、教学过程。这里的技术包括硬和软两方面的技术，其中绩效技术与教学设计技术就是教育技术中较典型的软技术。

杨开城博士认为，教育技术是育人技术及其创新整合的技术，是一个以育人为目的的方法论体系。教育技术是一种具有独特技术原理的技术。

李龙教授认为，目前中国教育技术领域情况复杂，单纯使用一个概念是无法鉴定教育技术的，应该用领域的概念和不同层面的概念来共同构成其定义体系。就教育技术领域的概念来说，教育技术是恰当地运用相关的手段和方法提高教育绩效的研究和应用领域。就教育技术本质的概念来讲，教育技术是人类在教育、教学活动中所采用的手段与方法的总称。在教育技术实践层面上，教育技术是在先进教育思想、理论的指导下，运用相关的手段和方法促进教育效果优化的实践活动。在教育技术理论层面上，教育技术学是研究在教育中运用相关技术来提高绩效的理论、规律和方法的一门学问。李龙教授认为，教育技术的定义体系应由以上本质概念、理论和实践层面和领域概念共同构成，只有这样，才能全面阐释教育技术的基本内涵。

## 四、什么是现代教育技术

现代教育技术是近几年随着信息技术在教育领域的应用而产生的新名词,是我国特有的称呼,其定义众说纷纭,没有定论。

有学者认为,现代教育技术是把现代教育理论应用于教育、教学实践的现代教育手段和方法的体系。包括以下几方面:

(1) 教育、教学应用的现代技术手段,即现代教育媒体;

(2) 应用现代教育媒体进行教育、教学活动的方法,即传媒教学法;

(3) 优化教育、教学的系统方法,即教学设计。

也有学者认为,现代教育技术是相对传统教育技术的一个术语,任何时代任何形式的教育都有其教育技术,只是技术的含量和水平有高有低而已。教育技术不仅包含物化的媒体技术,也包括非物化的教育规划与开发技术、教学设计与组合技术、教学策略与方法技术、教学信息传播与交互技术、教学测量与评价技术、教学管理与控制技术。随着现代教育思想、理论的发展,以及信息技术,尤其是计算机技术、通信技术的发展与在教育中的应用,教育技术也进入了一个现代教育技术的新阶段。

还有学者指出,现代教育技术就是运用现代教育理论和现代信息技术,通过对教与学的过程及教与学资源的设计、开发、利用、评价和管理,以实现教学优化的理论与实践。与教育技术其他定义比较,该定义强调必须运用现代教育理论和现代信息技术,不但研究学习过程,还要研究教学过程,强调现代教育技术追求的目标是实现教学优化。

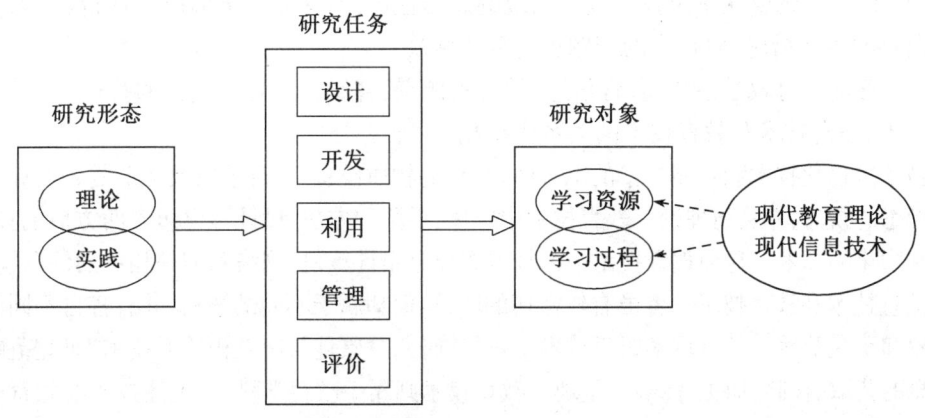

图 1-1 现代教育技术的定义

那么如何理解现代教育技术?综合各种说法,可以从以下几方面来理解现代教育技术的基本思想:

第一,现代教育技术应用必须以现代教育理论作指导。

现代教育技术的应用是教育思想的体现,应用现代教育技术,首先必须考虑能充分体现教师的指导作用,充分发挥学生作为认知主体地位的教育思想,要关注教育的个性化。

第二,现代教育技术要充分运用各种信息技术。

在当前,应用于教育中的现代信息技术主要包括计算机多媒体技术、人工智能技术、语音技术、虚拟现实与增强现实技术、移动技术等,具体应用时,应该结合需要,充分运用各种信息技术。

第三,现代教育技术不仅要研究教与学资源,还必须重视研究教与学的过程,探索与建构新型的教与学的方式。

（1）教师要从知识的讲授者转变为学习的指导者和活动的导演者;

（2）儿童要从被动的听讲者转变为主动参与的主体;

（3）媒体要从过去的演示工具转变为儿童的认知工具和学习的环境;

（4）教学过程要从传统的（逻辑分析）讲授过程转变为儿童的研究问题、探索问题、发现问题以获得知识,培养能力的过程。

第四,现代教育技术的应用包括设计（设计教学过程、教学软件、教学环境和教学模式）、开发（开发教学软件、硬件、课程和教学模式）、应用（应用于实际教学过程中）、评价和管理五个基本环节。

（1）设计。为达到一定的教学目标,进行优化教学系统、教学信息的设计。

（2）开发。应用相关的理论和技术,尤其是教育理论和信息技术,进行教学软件、教学硬件、课件、教学模式这些系统中教育教学过程的开发和研究。

（3）应用。将各种技术和手段,尤其是信息技术和手段应用到教育教学及相关系统中,保证教育技术手段的不断革新,提高绩效评价,对于教育教学有关的系统制订科学的评价标准,并且进行测量,给出定量和定性的判断标准,各相关系统达到优化。

（4）评价。既要注重对教育教学系统的总结性评价,又要注重形成性评价,并以此为质量监控的主要措施,对存在的问题进行分析解决。

（5）管理。对教学系统、教育信息、教育资源、教育研究计划与项目的管理。

技术、信息技术和教育技术的关系密切相关。

技术是物化技术和智能技术的综合体,有形的物质设备、工具手段及无形的、非物质的、观念形态的技巧、方法与理论。教育技术中媒体、手段和方法、设计等也包含两方面的技术,智能和物化的技术。目前教育技术中的技术主要是指计算机、网络和通信相关的信息技术。

信息技术和教育技术二者虽有较密切的联系,但却属于不同的学科,并有各自不同的研究对象和研究范畴。信息技术属于技术学科,其研究对象是与信息相关的技术,研究范畴是对信息的获取、存储、加工、传输与呈现。教育技术则属于教育学科,它关注技术在教育中的作用,其研究对象是教学过程与教学资源,研究范畴则是教学过程与教学资源的设计、开发、利用、管理与评价,具体来说,其关注的是应用于教育教学过程或作为教学资源的技术。

## 第二节　教育技术的发展历程

教育技术发展的历史线索很多,不但和教育的发展有关,而且和技术的发展有关,其中涉及多方面的问题。研究教育技术的发展历程有多种方法,最常用和有效的方法是按照教育技术不同发展阶段的技术内涵来研究教育技术的历史发展,这样能更好地揭示教育技术的发展规律。以下,将围绕教育技术中最活跃的因素——教学媒体,来考察教育技术的发展。

## 一、从口耳相传到文字教材

人类利用科学知识解决教学问题的传统由来已久。但是由于过去没有专门的学校、专业的教师和特制的教育工具,人的口、手、耳便成了主要的教育工具,语言既是教学的手段,又是教学的工具。因此,口耳相传之术随之诞生,奠定了最简单、最基本的教育技术。

随着社会的进步、教育的发展,口耳相传之术也越来越完善。但是口耳相传有很大的局限性,原始的语言受到时间和空间的限制,所教授的知识不能远传,也无法保留。随着人类保存知识的需要,人类渐渐创造了文字,并开始利用甲骨、青铜器、竹片等文字载体。但是这些文字载体书写不便、价格昂贵抑或来之不易,因而难以推广。直到蔡伦发明了造纸术才使文字有了理想的载体。而毕昇的活字印刷术则使各种书籍得以大量复制,使文化得以广泛传播。

语言、造纸和印刷三大发明造就了教育技术的第一次跃迁,也使教育发生了三次革命性的变化。由于儿童需要学习文字,便产生了教师(专门从事教育的人员)和学校(专门进行教育活动的场所)。从口耳相传发展到文字传播,标志着文字体系的出现。而印刷术的发明则使得专业教师有了最基本的工具资源——课本。这三次革命因此也促成了传统的教学模式——教师借助于文字教材进行教学。

## 二、从直观教学到视听教学

### (一) 直观教学

口耳相传和文字教材是传统教育的基础,它构成了词语传播。但是它的缺点也非常明显,就是实感性差。直观教学是以事实、实物的标本、模型、图片等直观教具为载体,传递教学信息,进行具体的教学活动。直观教学强调教师要布满图画,书本要配有插图,其实质是一种直观传授观察经验的技术。

为了更好地记住教学内容,在一些古代的教科书中就已经把教学内容画成图画以取得更加直观的效果。我国北宋的御医王惟一就曾经绘制人体十二经图(平面教具),并在 1026 年设计铸造针灸铜人像(立体教具)进行医学教育。1685 年,捷克教育家夸美纽斯编撰的《世界图解》被作为直观教学的发端。该教科书含有 150 幅插图,内容包括自然(宇宙、地理、植物、动物、人体等)、人类活动(手工业、农业、交通、文化等)、社会生活(国家管理、法院)和语言文字等方面,试图授予儿童百科全书式的知识。该书一经问世便轰动一时,在欧洲国家广泛流行。此外,我国以及世界各地古老民族留存下来的古壁画被后人用作教材,虽然有些人一字不识,但也可以根据图画看懂其中的意思。

由此可见,直观教具的视觉教学具有明显的优越性,如形象、直观、便于理解和记忆等。夸美纽斯被称为"直观教学之父",他主张"让一切学校布满图像""让一切教学用书充满图像"。要尽可能让学生看到真实对象;如不可能,用替代物;若都不可行,就尽可能让学生用多种感官接触它。

直观教具中,作为书写演示工具的黑板是特殊的一类。从最早产生于西点军校的墙壁涂白,木炭书写,到后来的黑板、磨砂玻璃板、白板等,是班级授课制必不可少的工具。

### (二) 视觉教学

19世纪末工业革命推动了科学技术的迅猛发展,一些新的科技成果如照相技术、幻灯机、无声电影等被引入教学领域,给传统的以手工操作为主的教学送来了新的技术。在社会需求、技术发展和教育思潮的影响下,视觉教学最早出现在20世纪的美国。

1906年,美国宾夕法尼亚州的一家公司出版了《视觉教育》一书,介绍了照片的拍摄、制作与使用幻灯片,最早使用了"视觉教育"这一术语。随后,越来越多的教育工作者参与了新媒体应用的研究。1920年,无声电影开始在美国被用于教学中。1922年,美国成立了"美国视觉教育协会",1923年,美国成立了"全国教育学会视觉教育部"等学术团体,同时出版了一批视觉教育书刊,介绍视觉教育的理论知识。这一时期的教育技术作为一种教育实践活动,主要是视觉教育,关注媒体的使用和对新媒体的开发、利用,因而形成了教育技术的物理学观和设备观。"视觉教学"这一名称一直沿用到1947年美国教育协会的"视觉教学部"正式改名为"视听教学部"为止。视觉教学倡导者强调的是利用视觉教材使学习活动更具体化,并主张在学校课程中综合运用各种视觉教材,将抽象的概念做具体化的呈现。

1937年由霍邦父子和齐泽曼在《课程的视觉化》一书中提出了视觉教材的分类模式和选用原则,分类模式如图1-2所示。

这个分类模式按所提供教材的具体到抽象程度对视觉教具进行了分类,提出了视觉教具的9种类别——实物;模型;电影;立体图形;幻灯;平面图像;地图;图解;词语。图中越向上,具体性逐渐减少则抽象性逐渐增加,其中,实物中的完全实景最具体,词语则最为抽象(如图1-3所示)。

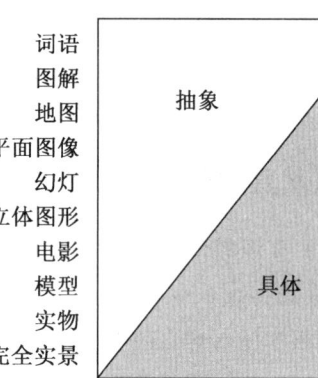

图1-2 霍邦提出的视觉教具分类体系

该分类体系为视觉教学提供了理论基础,视觉教学运动崛起背后的本质,是因为它提供了电气时代基于具象和直观教学的方法论。视觉教学背后的方法论本质是人类学习往往遵循着"直接到间接、由具体到抽象"的渐进原则。因此教学应从具体经验入手,逐步过渡到抽象,谨防"言语主义",即单纯强调印刷文字材料的间接经验习得,而忽视了学生建立在感性认识基础上直接经验的重要性,学生无法做到新学习符号与原有经验的有意义的联系,学习从而成为机械学习,僵化的死记硬背。

### (三) 视听教学

第二次世界大战的爆发,使教育的需求骤然增加,特别是军队的训练和教育方面。录音技术、电视技术等的成熟,有声电影的发明,使具有视听双重特点的媒体被引入教育领域,在这样的背景下,人们从对视觉教育、听觉教育的研究转向了对视听觉媒体的综合运用问题的深入探讨。

20世纪30年代,美国掀起了一场视听教育运动。与此同时,视听教育理论的研究进一步推动了视听教育的发展,其中比较有代表性的是美国教育学家爱德加·戴尔提出的经验之塔理论,该理论也是教育技术学历史上最重要的理论之一。1946年,戴尔出版《视听教育方法》一书,将各种视听教育手段与方法概括为一个经验之塔,提出了做的经验、观察的经验和抽象的经验三大类十层次的经验,并从具体到抽象排列成图(如图1-3所示)。他从理论上分析了视听教育的作用,强调了视听教育媒体在教育中的重要性,对视听教育做了理论上的总结。

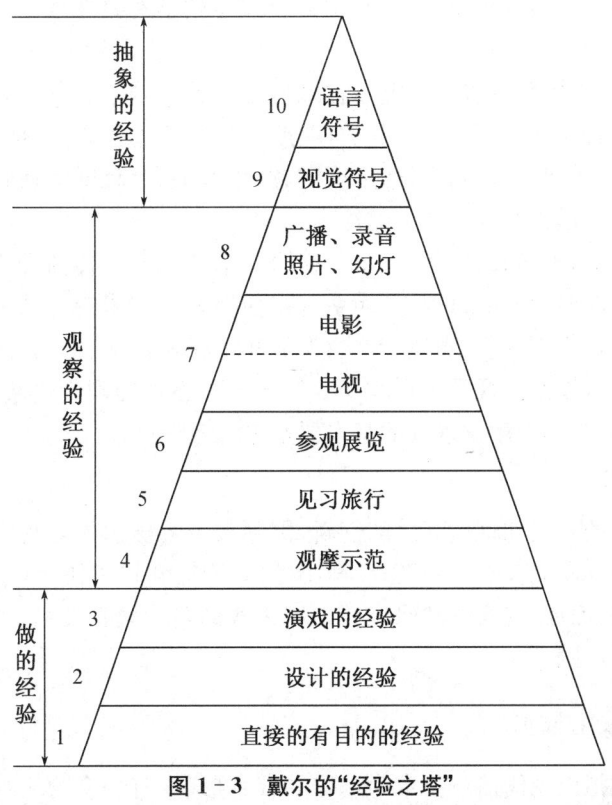

图1-3 戴尔的"经验之塔"

## 三、从视听传播到教育技术

### (一) 视听传播

教育是一种典型的文化信息传播活动。第二次世界大战以后,传播理论和早期的系统观同时影响视听教育,引发教育技术发展史上的重要变革,使得视听教育演变为视听传播。

20世纪30—40年代,一些学者如拉斯韦尔、拉扎斯菲尔德等人分别从政治心理学和社会心理学等方面研究大众传播的作用,提出了大众传播的基本理论,为美国的大众传播学奠定了基础,也为20世纪60年代教育技术学理论基础的形成与发展起到了积极、重要

的作用。

1958年,美国IBM公司首次将电子计算机用于辅助教学。1953年,美国在得克萨斯州建立了全世界第一座公共教育电视台,1960年,美国的电视机数量达到了5640万台,电视机的普及促进了电视教育的普及和发展。

20世纪50年代末,在美国心理学家斯金纳的行为主义观点的影响下,程序教学引入了课堂教学领域,20世纪60年代初,美国掀起了程序教学和教学机器的热潮。程序教学将教学内容按一定的逻辑顺序分解为具体的行为目标,设计达到这些目标的具体步骤,编制成教学程序由学习者自主学习,并通过反馈来验证这些目标是否已达到。其特点为小步骤学习、自定学习进度、积极反应、即时反馈。程序教学对教育技术领域的形成与发展产生了重大影响。

在教育理论上,美国开始着重研究多种媒体综合使用及其在学习过程中的作用。现代最伟大的教育家杜威提出了"做中学"的观点。在教学过程方面,他提出了"五步教学法",即创造情境、明确问题、提出假设、解决问题、检验假设,杜威的教育理论和教育实践对学校填鸭式的教学模式产生了巨大的冲击。

在这样的背景下,美国教育行业提出了视听传播的概念。传播理论使得教育技术观念从静止的媒体论转向动态的过程论,而系统观使得教育技术观念从有形的媒体论转向无形的系统论。它将教学内容、媒体、方法、人员和环境等看成教学系统要素,根据教学需要与目标对系统进行设计。视听传播改变了传统视听教育的理论框架,使得视听教材不是作为辅助手段,而是作为教学过程的基本要素进入教学过程。

**(二)教育技术**

由于媒体技术的发展和理论观念的创新,国际教育界深感原有视听教学的名称不能代表该领域的实践和研究范畴。1972年,美国教育传播和技术协会(于1970年由"美国视听教育协会"改名而成)将实践和研究的领域正式命名为教育技术,得到了教育领域内的专家学者的广泛认同。

## 四、走进信息化教育

信息化教育是指以现代信息技术为基础的教育形态,有一个与之相类似的称谓是教育信息化,但这两个词在语义上是有区别的。教育信息化通常是指在教育领域全面深入地运用现代信息技术促进教育改革和教育发展的过程,其结果必然形成一种全新的教育形态信息化教育,即我们通常把教育信息化看作追求信息化教育的过程。

那么,信息化教育的特点是什么?从技术层面上看,信息化教育的基本特点是数字化、多媒体化、网络化和智能化。

(1) 数字化。数字化主要指以计算机为基础的数字化技术,数字化使得教育技术系统的设备简单、性能可靠和标准统一。

(2) 多媒体化。以计算机为基础的多媒体技术,使得信息媒体设备一体化、信息标准多元化、真实现象虚拟化。

(3) 网络化。网络化的优点是资源共享、时空不限、多项互动和便于合作。

（4）智能化。人工智能正成为信息化教学的核心技术，自动化将使得信息系统能够做到教学行为人性化、人机通信自然化、繁杂任务代理化。

从教育层面上看，信息化教育的基本特点是教材多媒体化、资源全球化、教学个性化、学习自主化、任务合作化、管理自动化和环境虚拟化等。

思考与练习

1. 技术、信息技术与教育技术三者之间的关系是什么？
2. 如何理解教育技术？
3. 从教学媒体技术发展的角度，谈一谈教育技术的发展历程。

# 第二章　信息技术与学前教育

**本章导读**

通过介绍"与教育相关的新兴技术发展""信息技术对学前教育的影响""信息技术在学前教育中的应用"与"信息技术与幼儿教师的专业发展"方面来阐明"为什么学",厘清学生对学前现代教育技术应用的认识。

## 第一节　与学前教育相关的新技术

我们处在一个信息变化的时代,除了原有的多媒体技术、网络技术等信息技术在教育中应用外,各种新技术不断涌现,虚拟现实、增强现实、元宇宙、大数据、生成式人工智能等各种新技术和工具不断涌现,这些工具给我们的工作学习带来了许多影响,并逐渐走入学前教育领域。

### 一、移动终端技术

移动终端是基于操作系统且具备网络浏览、多媒体呈现和应用程序安装等功能,具有移动性、实时性、使用广泛性、易用性等特点的电子设备及配套软件。移动终端技术在视觉上,能够集笔记本电脑、智能手机和老式平板电脑功能为一体,具有丰富绚丽的视觉效果。在交互上,具有更加便捷的交互性,功能强大。并且具有很强的个性化特点,通过强大的上网功能和海量的应用程序结合从而创设个性化的体验。如iPad、iPhone、儿童早教机等移动设备的出现,让"人人、时时、处处"变成现实。因此在教育教学上有电子绘本、电子课程甚至益智游戏等图、声和视频多媒体资源,移动终端技术有助于教育教学内容的呈现、儿童认知空间的拓展、教育教学资源的丰富、自主性学习的进行和即时反馈的获得等(如图 2-1、图 2-2、图 2-3 所示)。

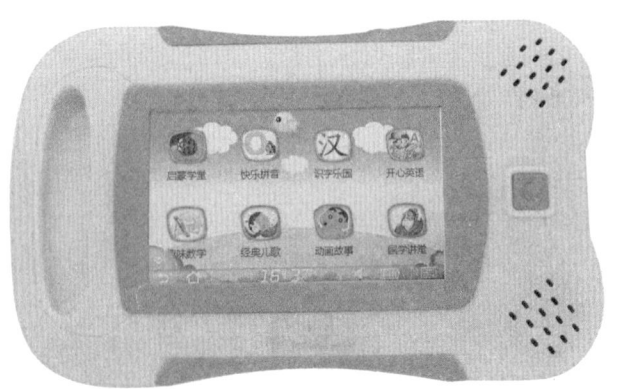

图 2-1　儿童早教机

第二章　信息技术与学前教育

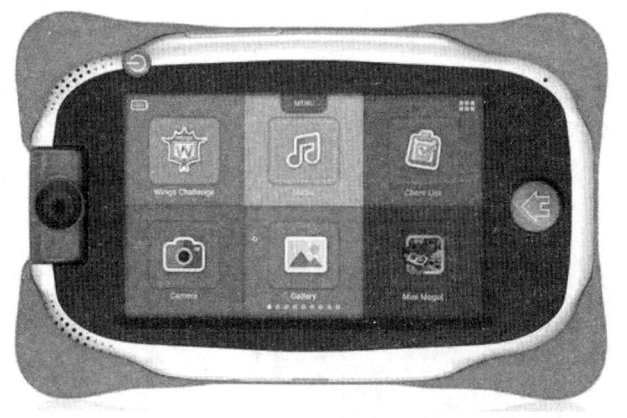

图2-2　儿童平板电脑　　　　　图2-3　幼儿玩移动终端的益智游戏

## 二、语音技术

语音技术包括语音识别（automatic speech recognition，ASR）和语音合成（text to speech，TTS）两个关键技术。语音识别是让设备听懂人的语言，就如给设备安装了耳朵。语音合成是让设备将文本信息转换成语音的形式朗读出来，就如给设备安装了嘴巴。让计算机能听、能看、能说、能感觉，是未来人机交互的发展方向，语音则成为未来最被看好的人机交互方式，语音比其他的交互方式有更多的优势。随着智能技术的发展，语音技术逐渐智能化和人性化，相应的语音智能设备逐渐普及，如小度音响、阿尔法蛋、各种语音机器人等（如图2-4、图2-5所示）。智能语音技术对幼儿的语言能力的培养和发展、问题解决和探究能力的培养都有着很强的辅助作用。如某市某一所新建幼儿园为了提高幼儿园教育的质量和效率，决定引入语音识别技术，他们将该技术用来识别幼儿的语音，教师让幼儿朗读或者表达，并通过识别技术对幼儿的发音进行评测，评测结果及时反馈给教师和家长，以便纠正错误。也会让幼儿通过语音识别技术与电脑或平板进行语音交互，提高幼儿的口语表达能力，幼儿也会将自己的问题通过语音互动的方式发送给音频机器人，然后获得智能音频设备的解答。

图2-4　小度音箱　　　　　　图2-5　小布AI儿童智能音箱

### 三、交互电子白板技术

交互式电子白板作为一种智能型的人机交互学习平台，融合了计算机多媒体技术、微电子技术、电子通信等技术，集传统黑板、普通白板、计算机、投影机、电子复写板等多种设备功能于一身，由感应电子白板、电子笔等硬件以及白板操作系统等组成，具有演示、书写、人机交互、记录、强化等功能（如图2-6所示）。

图2-6　多媒体一体化触摸交互电子白板

交互式电子白板的互动性、生成性和亲近师幼的技术特点，得到了越来越多幼儿教师的认可，有助于支持情境创设、启发思考、双重交互和自主探究等，逐渐在幼儿园教育活动中得到广泛应用。如在按规律排序活动帮助小红帽的课例设计中，教师运用遮罩的功能将规律排列的图形遮挡起来，以帮小红帽过陷阱的故事情节，引导幼儿发现图形排列的规律，并通过延续排列的方式引导小红帽安全回家。在这一环节中，教师就运用了悬念设置情境及问答互动情境设计的理念，通过遮挡，激发幼儿探究的欲望，通过拖拽功能逐一走过关卡，使幼儿获得成功的积极情绪体验。《幼儿园教育指导纲要》中指出："教师是教育活动的主导，幼儿是活动的主体，我们的一切教育活动都是围绕着主体进行的。"教育活动过程是幼儿的认知过程，更是师生情感交流的过程，活动中的激趣、导学、训练、评价、反馈等一系列环节离不开教师的组织和指导，更需要幼儿的思考和参与。所以，教师不能以课件的演示代替教师的引导，更应努力使之成为支持教师教和幼儿学习的工具，电子交互白板有助于增强内容的演示和示范，增加师幼互动，引发幼儿思考和探索，促进教育教学资源的重组与应用，有效运用交互式电子白板支持完善教育教学活动，构建新型教育教学模式，把握好教学活动设计和实施的每一个环节，从而最大限度地发挥电子白板的作用，为幼儿的发展服务。

### 四、虚拟现实技术

虚拟现实（virtual reality，VR）技术是一种利用计算机生成的三维场景和感官设备模拟实际情境的技术。它可通过头戴式显示器、手柄等装置模拟出一种近乎真实的环境或感觉，让人感觉身临其境。虚拟现实技术的特点如下：① 互动性高。虚拟现实技术可以将现实环境与计算机环境相结合,增强了人的参与感和互动性,更加真实、自由地模拟真实环境。② 真实感强。虚拟现实技术能够模拟真实世界的各种特征和物体,并利用声音、图像等多种感受方式提高真实感,减少肉体和心理上的疲惫感。③ 安全性高。通过虚拟现实技术,儿童可以在安全的环境下体验危险或难以到达的现实情境。如生成幼儿园、家庭、公园、街道、超市、火车站等环境,并通过互动功能的提供,如贴近真实的视觉、听觉、味觉等感官体验,以及交互式模拟操作和互动交流,为幼儿提供更加交互、沉浸式的学习环境,从而更深刻地理解、感受和掌握相关安全知识与技能,并获得更真实的体验感。

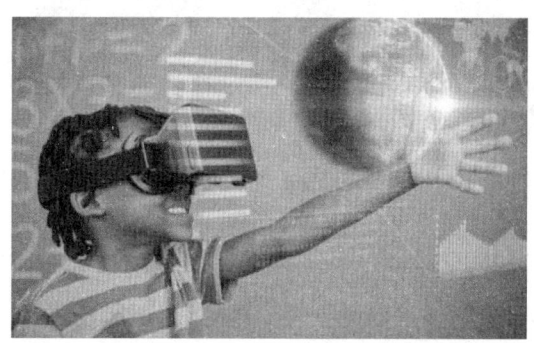

图 2-7 儿童通过虚拟现实技术认知和探索世界

虚拟现实技术因其能够创建出与现实世界相似的情境或情况而备受关注。在儿童教育中,虚拟现实技术为孩子们提供了一种与传统教育方法相结合的全新体验方式,包括领域知识学习、心理健康、社交行为和观察力等方面。比如,一些机构开发了针对儿童的虚拟游戏教育应用,让孩子们能够深入体验到儿童科普知识、学习汉字拼音和体验历史文化等。也有将虚拟现实技术与园艺教育相结合,通过提供虚拟体验,加速并巩固儿童探索未知领域的进程。这种近似于"身临其境"的虚拟体验,比空洞的说教更具有说服力,更能提高儿童的兴趣,使儿童更愿意主动地去进行交互、去接受新事物。将虚拟现实技术与园艺教育结合主要有利于解决现实园艺种植结果显示的漫长性和园艺种植过程的不可逆性,结合虚拟现实技术进行园艺教育,可以将植物的生长过程利用虚拟形态表现出来,不仅仅是外部形态,虚拟现实技术还可以将植物的内部结构进行剖析;不仅仅可以进行物理形态的解读,还可以进行植物内部化学物质的解读。根据使用者的需求进行不同层次的讲解,使儿童更好地实现对植物的整体认知。

虚拟现实技术不仅可以提高孩子们的学习热情,还能够通过视听触等感官方式,刺激他们的学习兴趣,提高他们的学习效果。

### 五、增强现实技术

增强现实(augmented reality, AR)技术是一种将虚拟信息与真实世界巧妙融合的技术,广泛运用了多媒体、三维建模、实时跟踪及注册、智能交互、传感等多种技术手段,将计算机生成的文字、图像、三维模型、音乐、视频等虚拟信息模拟仿真后,应用到真实世界中,两种信息互为补充,从而实现对真实世界的"增强",即将图像、影像、声音等融入真实的世界空间,将真实环境与虚拟环境融合,儿童可以分别与物理的和数字的物体进行交互(如图 2-8、图 2-9 所示)。

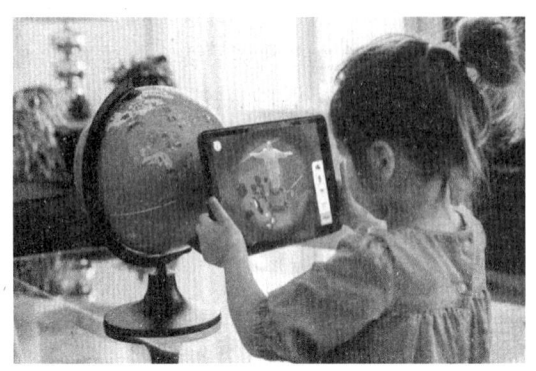

图 2-8　儿童通过 AR 了解世界各地　　　　图 2-9　儿童通过 AR 了解人体

2012 年教育部颁布的《3—6 岁儿童学习与发展指南》明确提出幼儿阶段学习者在社会、健康、语言、科学、艺术五大领域的发展目标,且进一步强调幼儿教育者应关注不同阶段幼儿学习者的特征,结合新技术创设更为丰富的幼儿学习体验环境,以期"最大限度地支持和满足幼儿通过直接感知、实际操作和亲身体验获取经验的需要"。增强现实技术是一种将真实世界和虚拟世界叠加、集成在一起的新技术。活动中的阅读、科普和美术等活动均可利用 AR 技术增强幼儿学习体验。如在幼儿阅读中融入增强现实技术,可以为儿童打造一个虚实结合的阅读空间,通过三维模型、绑定动画和视频等方式,化抽象为形象,化平面为立体,化静态为动态,把单纯通过图文阅读难以透彻理解的知识点生动、明了地展示出来,使原本枯燥、抽象的科学知识变得更加轻松有趣。马来西亚的托米教授则主持了一部可以让儿童与内容产生互动的 AR 图书的开发,这本电子书包含了若干诸如《乌鸦喝水》这样的经典寓言故事,据称这既可提高幼儿对阅读的兴趣亦可加深其对内容的理解。另外,在美术实践活动中,张浩等选用了"AR 涂涂乐Ⅱ"交互式美术涂色产品,该产品可以在特定平板应用程序的支持下将幼儿的美术涂色作品变成可三维动态影像呈现出来,并且可以让儿童与生成的动画进行互动,因而在这种活动过程中就涉及视、听、说、触、想等多感官体验。在教学实践中,AR 涂涂乐Ⅱ的应用包括了可涂色绘本的使用和 App 呈现增强现实效果的使用。学生先在绘本上进行创意绘画涂色,之后打开平板上安装的 App,用平板摄影镜头对准涂色作品,绘本作品中的图案和色彩会被该 App 识别而转换为相应的三维作品,并可对该三维影像进行缩放、旋转,同时还能帮助纠正中英文发音、听取童谣朗诵、分享照片等。通过实践应用发现,AR 技术的应用对幼儿在美术体验学习过程中的主动程度、学习兴趣、专注状态、美术技巧和创新思维均有显著影响,且有益于营造学习氛围、丰富教学手段、创设新型教学情境,提升幼儿美术学习品质,有效达成幼儿美术教学目标。

**六、全息投影技术**

全息投影,多媒体行业称为全息柜,又称为"3D 全息投影"。把特制的三维影像,通过干涉和衍射原理反射到全息柜体的一种立体投影效果。全息投影分为两类：全息柜和舞台全息。全息柜方式是不需要人们佩戴任何偏光眼镜，裸眼观看 3D 全息立体显示特效，能给人视觉上的冲击和强烈的纵深感。并且能够提供较强的互动体验，传统的展示方式参观者都是被动地接收信息，3D 全息柜则以生动形象的方式展现出来并且增添了互动体验，实现了人对信息的主动选择。另外，能够进行 360°悬浮展示，基于人类视觉暂留（persistence of vision，POV）技术原理，通过超高密度 LED 灯带高速旋转成像，实现空气悬浮成像的显示效果。全息舞台则是用"虚拟场景＋真人"或者"真实场景＋虚拟人"的模式，带领观众进入虚拟与现实融合的双重空间。不仅可以产生立体的空中幻象，还可以使幻象与表演者产生互动，一起完成表演，产生令人震撼的演出效果。

全息投影技术是一种非常神奇的科技，通过特定的技术手段，可以将虚拟的图像投射到现实世界。在我们的生活中，它被广泛应用于各种场合，如 3D 电影、演唱会、展览以及影视剧里的科技元素等等，在滕王阁里，为了展现其历代容貌，景区通过 3D 全息投影，让游客见证了滕王阁自初建起的历史变迁（如图 2－10 所示）。通过全息投影，可以让幼儿更真实地感受一些物体和场景等，并且幼儿可以更好地与之互动，增强体验感。

图 2－10　使用全息投影技术展现历代滕王阁

### 七、ChatGPT（chat generative pre-trained transformer）

ChatGPT（Schulman et al.，2022）是由美国人工智能研究实验室 OpenAI 于 2022 年 11 月 30 日发布的一款基于大型语言模型（large language model，LLM）的聊天机器人。它能够自动学习和理解人类语言，并可以根据用户的输入完成类似人类的文本回复，为用户提供自然流畅的交互体验。

ChatGPT 作为一种先进的人工智能技术，对教育将产生深刻的影响。对教育者来说，增强了他们的教学能力和效率，同时推动教育者的自我反思与变革，教育者需要思考"与儿童有关的问题""与知识有关的问题""与能力有关的问题"，就"与儿童有关的问题"来说，涉及"如何理解儿童""培养什么样的儿童""如何培养儿童"等，"如何理解儿童"是教育的前提性问题。既然教育指向于"育人",育人的前提必定是理解人、研究人和读懂人,这是不可忽略的教育常识之一。不懂儿童,就无从育人,而这是基础教育的根本问题。走入智能时代以后,当机器越来越智能,越来越像人的时候,尤其是自碳基之后硅基人的出现,人的传统模样开始变得模糊不清,"人何以为人"的问题再度浮现。"儿童与机器"的关系由此成为新的理解儿童的参照系。智能时代,是走向人机共融、共生的时代,需要重新理解儿童。就"培养什么人"而言,倘若把这一根本问题放在智能时代的背景之下,以技术为视域,以ChatGPT这一生成式智能机器人为参照,过去所遵循的全面发展、整体培养、具有综合素养、核心素养之人等,其特性、内涵与构成等,都将面临重构。至少"智能素养"将成为所欲考虑的关键词之一。就"如何培养人"而言,ChatGPT等智能技术的出现,对于已有培养机制和培养方式的挑战,主要集中在教育内容、教学方式上。以人工智能力不能及的知识、能力和素养为新的教育内容核心。ChatGPT的出现,让我们再度审查判断知识重要性的标准,进而生成新的知识观和教学观,形成一个新的基本准则:"凡是人工智能擅长的知识和能力,可以少教甚至不教,凡是人工智能不擅长或者无能为力的知识和能力,需要多教或重点教。"教育应该把更多时间和精力投向人工之智能无法替代的能力上,如价值观、高阶思维、好奇心、社会情感、想象力、审美力等。

ChatGPT不仅将带来教育的变革,也将应用于教育领域。如在游戏中扮演重要的角色,它可以提高游戏的互动性和现实感,让玩家更好地体验游戏。在未来,我们有理由相信,ChatGPT和其他人工智能技术将会为游戏、益智玩具等带来更多的创新和变革,这些变革的特点主要体现在以下方面。

(1) 交互性:通过与ChatGPT进行对话,玩具可以变得更加交互性,从而提高儿童的参与度。儿童可以通过向ChatGPT提问、回答问题和解决问题,与玩具进行更加深入和有意义的互动。

(2) 学习能力:由于ChatGPT可以生成各种类型的语言和信息,玩具可以通过ChatGPT提供的知识和教育内容,帮助儿童提高学习能力。通过与ChatGPT互动,儿童可以获得各种有趣的知识,从而增加他们的好奇心和学习兴趣。

(3) 语言发展:儿童可以通过与ChatGPT进行交流,提高他们的语言技能和沟通能力。ChatGPT可以帮助儿童练习听、说、读、写等语言技能,并帮助他们发展更加流畅和自信的口语表达和叙事能力。

(4) 创意发展:ChatGPT可以激发儿童的创意和想象力,从而提高他们的创意发展能力。通过与ChatGPT进行互动,儿童可以获得各种有趣的故事、角色和情境,从而激发他们的想象力和创意思维。

(5) 心理健康:与ChatGPT进行互动还可以帮助儿童缓解焦虑和紧张情绪,提高他们的心理健康水平。通过与ChatGPT进行互动,儿童可以获得安全、有趣的体验,从而帮助他们减轻压力和焦虑情绪。

总的来说,基于大型语言模型的生成式人工智能可以为儿童的语言和社会等方面的发展带来多种积极的影响,帮助儿童获得更加有趣、有益、有启发性的体验。作为一种先进的人工智能技术,ChatGPT及类似应用将会在未来对益智玩具的设计和开发产生越来越大的影响和作用。

　　学习要用蛮力，勤学苦练，大量重复，也要用巧力，无论是三人行必有我师、Google 大法还是 AI 工具，都是利用资源获得启发、陪我们一起学、为我们所用的工具，我们需要做学习的主人，用好工具，让工具更好地服务我们。

　　了解了这些新技术后，你是否对教育中的新技术有了一些新的认识？你也可能认为这些新技术对于你目前的教育教学有些远，但是在一个信息技术快速发展的时代，作为一个合格的幼儿教师需要对这些新技术有所了解并思考在教育教学活动中的应用。当然，除了前面介绍的新技术，还有一些极简教育技术，极简教育技术是将极简主义理念和教育技术实践结合起来，以应用驱动为导向加快推进教育信息化，坚持深化应用，促进学校教育教学的发展。极简教育技术是指在学校教学工作中，倡导师生使用方便、实用、易学、易用，能够有效提高工作学习效率的技术。在教育信息化推进中借鉴极简主义，探索适合基层学校教师根据实际情况促进融合创新的新思路。极简教育技术不代表简单、小儿科和低级，重要的特点是方便、实用、易用、解决问题。比如二维码生成器、手机做笔记、电子书、说话变文字、图转文字等。

### 学习拓展

#### 二维码生成器

　　二维码生成器是一种可以生成二维码的工具，可以为一些文本、图片、音视频、文件等生成二维码，从而让用户通过扫描的方式观看、获取内容。根据需求不同，二维码生成器可分为多种类型。例如，草料二维码生成器支持文本、图片、文件、音视频等十大类二维码在线制作，如果需要使用二维码生成器，可以前往草料二维码平台（https://cli.im/）进行在线制作。

　　下面以一个案例来展示草料二维码生成器的具体操作过程（如图 2-11、图 2-12 和图 2-13 所示）。

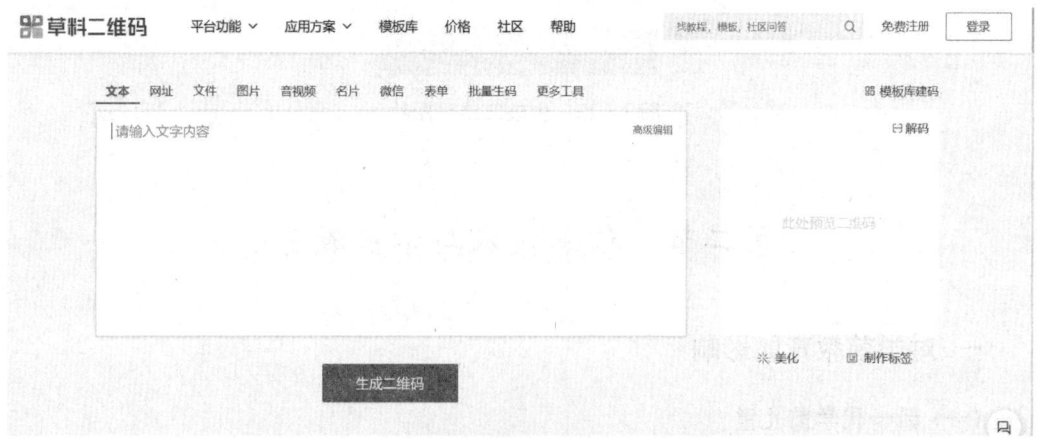

图 2-11　打开草料二维码生成器界面

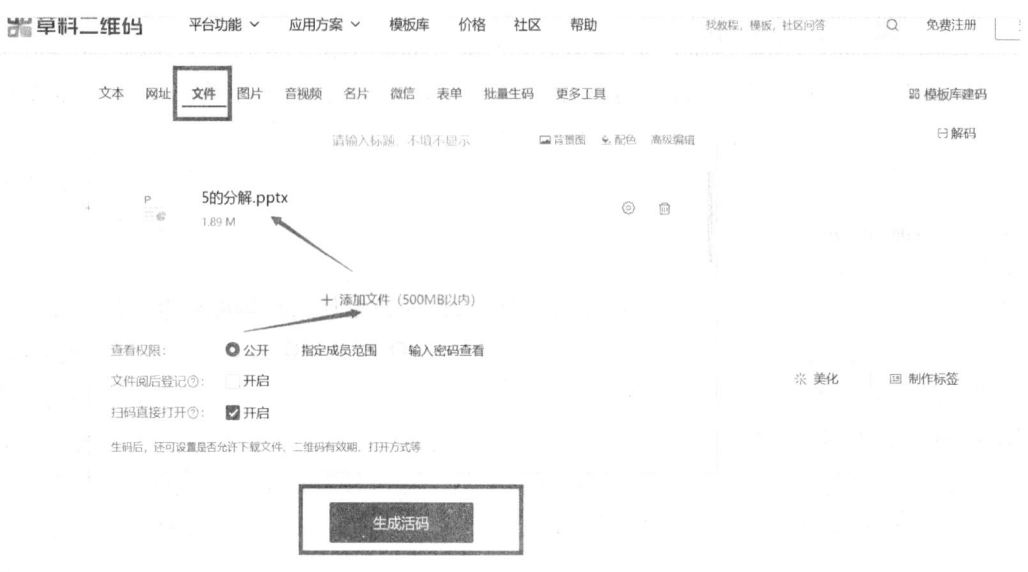

图 2-12 添加文件

图 2-13 生成二维码图片

## 第二节 信息技术与学前教育

### 一、对学前教育的影响

#### (一) 新一代学前儿童

当前,信息技术在飞速发展,新的数字化和智能化的工具不断出现在大众的生活中并逐渐得到普及和应用,幼儿从出生后就被这些媒体和工具包围,他们将是我们的教育对象,会受到什么样的影响呢?下面是一个幼儿和妈妈的对话。

幼儿:妈妈,妈妈,我是从哪里来的啊?

妈妈:宝贝,你是我生出来的呀。

幼儿:啊,我还以为我是从网上下载下来的呢!

从这段对话可以看出,学前教育要面对的对象是在数字环境和智能环境中成长起来的一代。根据2023年中国互联网络信息中心(CNNIC)第51次《中国互联网络发展状况统计报告》(以下简称《报告》)显示,截至2022年12月,我国网民规模达10.67亿,互联网普及率达75.6%。借助手机、Pad等移动终端使用互联网的态势发展迅速,考虑到网民的年龄构成,我们可以清楚地看到今天的学前儿童大都处在一个极其容易接近网络的环境中,而手机和Pad等数字产品已经成为学前儿童身边之物,因此仅从儿童的生活环境和学习环境而言,学前儿童的生活是"数智化"的。他们从小就被电脑、视频游戏、数字音乐、摄像机、手机等数智时代的工具所包围,并无时无刻不在使用这些数字产品,因此他们更适应数字化的学习环境,根据对学习工具、学习环境适应能力的不同,不同的研究者对这些新一代的学习者起了很多不同的名字:数字土著(digital native)、媒体一代(media generation)、网络世代(net generation)等,但无论作何称谓,其背后的思想都是相似的:新的学习者更适应这种数字化智能化的环境,他们具有不同的思维和认知方式、学习方式、表达方式,对于他们的教育活动需要新的手段,需要新的教育媒体。

(二)新的教育教学环境

为了顺应教育数字化的发展趋势,幼儿园的教育教学环境逐渐走向媒体化、智能化的环境,多媒体教室、智慧教室已不是新鲜的事物了,先进智能设备如智能晨检机器人、也开始进入很多幼儿园(如图2-14、图2-15所示)。

图2-14 幼儿园的晨检机器人

图 2-15　辅助教学的媒体和智能设备

"幼儿园智慧教室"是一种运用现代化信息技术和教学理念，借助人工智能、物联网、大数据等技术，能实现互动教学、情境模拟、自主学习等功能，促进幼儿在德、智、体、美等多方面的发展，为幼儿营造一个富有互动性、探索性和个性化的学习环境的教室。如某市一所幼儿园的沉浸式智慧教室，幼儿园把"AR 智慧教室""AR 绘画"和"地面互动"三个数字化、游戏化教学项目整合一起，成为一间沉浸式智慧教室。三个互动项目的人机交互方式各不相同，课程内容也各有优势，形成互补。在这样的教学环境的教学活动中，小朋友们玩得很投入，完全沉浸在虚拟的教学场景里面，悠然自得，流连忘返（如图 2-16 所示）。在这种环境中进行科学教育和安全教育，符合"动手操作和亲身体验"的幼儿教育理念。

图 2-16　幼儿在 AR 智慧教室

除了智慧教室，还有很多新的新的数字化、智能化的教学环境，比如数字化音乐教室，是指利用数字音乐技术，由一整套的数字音乐辅助设备，以及配套的教材、教具组合而成的现代音乐教学空间（如图 2-17 所示）。数字化音乐教室是开展音乐课程相关教学活动的场所，是学生学习音乐、欣赏音乐、参与音乐互动活动的教学空间。运用这样的数字音乐教室授课,能大幅度地增强音乐教学效果,提升学习兴趣,有助于学生精准把握学习内容,调动其音乐学习的积极性和创造性。

图 2-17　数字化音乐教室

**(三) 丰富的教育内容**

数字化教学资源相比较传统的教学资源而言,内容丰富,涉及面广泛,通过移动终端等媒体工具为幼儿提供了海量的教育内容,比如幼儿教育类 App 的教育内容有语言识字类、知识学习类、生活习惯类、益智游戏类、儿歌故事类五大类,这些内容通过视音频多种媒体的形式表现出来,在其帮助下,幼儿活动参与的兴趣能够大大提高。

幼儿可以在家长和教师的指导下通过数字化资源进行重复性学习和探索(如图2-19、图 2-20 所示),做好资源的转化和巩固,教师可以运用数字化教育技术为幼儿提供丰富的内容,打破传统、枯燥、乏味的学习方式,如结合不同资源的优势和特点,为幼儿打造不同类型的立体化课堂,从而提升幼儿见识,丰富幼儿园教学内容,提升教育的有效性。例如,在美术教学中,为了提升幼儿的动手能力,教师可以选择不同的数字化教学资源,引导幼儿仿照制作,并加以创新,从而提升幼儿的动手能力,在美术鉴赏活动中,教师

图 2-18　幼儿数字化教育内容

图 2-19　幼儿数字化教育内容的学习

图 2-20 绘本阅读机器人音频教育内容的学习

可以为幼儿提供多姿多彩的美术资源,引导幼儿自主观看,在实践中提升幼儿认知,拓宽幼儿的知识面。在音乐教育中,为了激发幼儿的音乐兴趣,教师可以利用数字化技术为幼儿播放相关视频,通过图像和声音的双重刺激,让幼儿直观地体会到音乐中包含的情感,并跟随音乐舞动脚步,从而创设灵活、轻松的课堂氛围,充分激发幼儿的兴趣。幼儿教育中活动形式多样,教育范围也极为广泛,教师可以应用数字化教育技术为教学注入新的活力,从而改变以往呆板的教育形式和方法,激发幼儿兴趣。

## 二、在学前教育中的应用

### (一)在幼儿园管理中的应用

新兴技术应用于幼儿园的管理,是指建设幼儿园数字化管理的软硬件系统与平台,构建科学、现代的幼儿园管理环境,促进幼儿园构建信息化环境下的管理沟通新方式,使管理方式从传统走向现代、沟通模式从单向走向多维,提升幼儿园管理的品质。具体可以从以下几个方面展开。

1. 通过技术宣传与展示幼儿园

通过幼儿园门户网站、微信公众号、视频号等方式,可以向外界宣传展示幼儿园的办园特色、教育经验,扩大幼儿园的知名度。如图 2-21、图 2-22 所示。

2. 通过管理平台实现幼儿园管理的智能化

将信息技术应用于教育教学、人事档案、卫生保健等幼儿园各项管理工作中,能提高幼儿园科学管理的时效性和广泛性。例如,通过幼儿园相关教学管理平台,管理者能方便地监督检查教师班务工作计划、教学进度、教育笔记、教学反思等教学资料的撰写,及时掌握教师的教育教学动态,如图 2-23 所示。

第二章　信息技术与学前教育

图 2-21　特色幼儿园视频号（一）　　　图 2-22　特色幼儿园视频号（二）

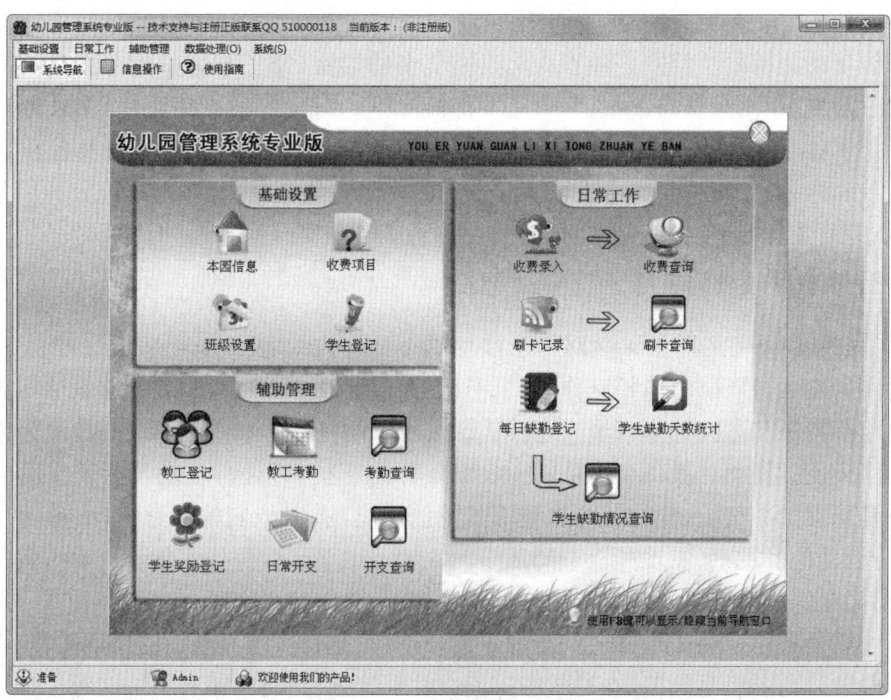

图 2-23　幼儿园管理系统

23

### 3. 基于网络平台建立幼儿成长档案

幼儿成长档案是幼儿教师或者家长将幼儿日常生活中的典型事例或作品以文字或照片等形式记录下来，从而了解幼儿的发展状况。幼儿园建立"幼儿成长档案"旨在记载幼儿的成长过程，并可将它作为一种课程资源来开展教育教学活动。

幼儿园与幼儿成长的相关资料很多，如幼儿个人档案、幼儿电子作品、幼儿学习和活动的记录、幼儿学习评价信息等。此外，幼儿身体发育健康情况、幼儿在幼儿园及生活中的一些趣事，像是奇思妙想，精彩瞬间等都是幼儿成长档案的重要内容。基于网络的幼儿成长档案有教师、幼儿家长共同收集有关幼儿发展和日常活动的材料，旨在更好地促进幼儿健康成长。基于网络的幼儿成长档案可以是有针对性的收集反映幼儿发展的资料，幼儿在活动中的记录、各种表现和探索的作品，也可以是教师有目的地对幼儿活动行为及时的观察、记录和说明，或教师集中在某个阶段对幼儿某方面的发展通过白描、摄像、拍照等方式的连续观察、持续记录。基于网络的幼儿成长档案由于真实记录下幼儿发展的整个轨迹，为幼儿建立一个展示自己的平台，不仅能让家长体验孩子成长的点点滴滴，也能让幼儿看到这一过程，体验成长的喜悦。另外，基于网络的幼儿成长档案也能发挥家园沟通的功能，无论家长在哪里，即使在国外，只要能上网就可以方便地与教师沟通。幼儿网络成长档案资料的丰富性也使沟通有了更多的内容，更有针对性。

## （二）在家园互动中的应用

《幼儿园教育指导纲要》明确指出，家长是幼儿园重要的合作伙伴，应本着尊重、平等、合作的原则，争取家长的理解、支持和主动参与，并积极支持帮助家长提高教育能力。由此可见，家园合作是对幼儿实施教育的重要途径。各种网络沟通工具便捷的功能使人们的学习、生活、交流更加方便、迅速。因此，各类网络沟通工具应该成为家园联系的重要方式和家园互动的桥梁。特别是随着人们工作节奏的加快，家长与教师面对面交流的时间和机会逐渐减少，而家长的单位、家中基本都能上网。有良好的网络环境，家长通过网络就可以了解孩子在幼儿园的表现，还可以通过网络沟通工具对幼儿园和教师提出自己的宝贵建议和意见。因此，新技术在家园互动中的优势是显而易见的，可以充分利用各种信息技术、沟通工具与平台开展家园互动。

## （三）在教学领域的应用

### 1. 创设情境，激发幼儿学习的兴趣

儿童的发展与周围环境相互作用，紧密相关。基于这一点，教师要想方设法布置一个与幼儿年龄特征相适宜的小环境。现代信息技术中的多媒体和VR、AR等技术为创始环境带来了极大的便利。教师可以从网上收集各种信息技术资源，在幼儿活动室里创设各种学习和探索的小情境，让幼儿产生身临其境的感觉，吸引他们的注意力，引起幼儿的兴趣，充分调动他们观察、发现和探索的欲望。比如运用现代教育技术创设科学探索的小环境，让幼儿在这种情境中开展丰富的科学小观察、小制作和小实验，满足他们的好奇心，让他们从小就爱科学、学科学，开发幼儿的探索和创新的精神，培养他们的科学素养，让他们从小科学地分析和思考问题，在科学的探索中发现问题、提出问题和解决问题。

2. 使教育内容更加形象化,促进教育更有效地开展

幼儿园的孩子由于年龄较小,对动画特别感兴趣,这就要求教师在教学中要充分地考虑幼儿的年龄特点和认知的需要,想方设法让静态的教学资源动起来、活起来。利用现代教育技术中动画和短片等,可以使抽象的概念具体化和形象化,给幼儿直观的表象,让他们学起来更轻松、更有趣,从而带着浓厚的兴趣积极主动地学习,从而有效突破教学中的重点和难点。如图 2-24 所示,有关当下热门的人工智能技术的讲解,就可以通过人工智能机器及相关的微视频进行,这种方式让幼儿在有趣的互动中具体、形象地感受体验和理解相关知识。

图 2-24　关于人工智能机器的科学教学活动

3. 促进幼儿在活动中观察、思考和创作

由于声音和图画有效并存,使原来较为生疏、难以理解的教学内容以图文并茂、生动形象的方式呈现,枯燥的文字变成了动态生动、形象逼真的画面,使原来的看图、讲述、儿歌等静态的教学,变为集动画、图像于一体的动态教学,也为幼儿提供了形声并茂的观察对象,易引起幼儿观察的愿望,动态的或者鲜明的色彩、有趣的音效都容易引起幼儿的关注,可以引导幼儿由表及里的观察,所以在活动过程中,教师可以根据教学内容和教学目标,结合幼儿的认知程度,合理地使用技术手段,引导他们观察方向,引导他们分析问题,思考问题,抓住事物的特点,加深理解,促使幼儿对事物的认知,由感性到理性,由表层到深层,由现象到本质,使幼儿在活动中学会观察与思考。比如,在美术教学中,教师在带领幼儿绘制小白兔时,首先幼儿要对小白兔有顺序地进行观察,在示范小白兔的外表时,运用定格的形式,将小白兔的样貌用镜头定格下来,从整体到部分,从首到尾进行示范。在示范小白兔时将配音和旁白关掉,教师引导幼儿思考,在指导的进程中,注重绘制的顺序,从每个部分进行观察,然后再重新播放,在形声并茂的展示下,让小白兔在幼儿的脑海中留下深刻的印象,然后再指导幼儿绘制。另外,利用信息技术可以帮助幼儿创作,幼儿在技术的帮助下,参与创造并开发自己的美术视野,比如目前兴起的 AI 绘画,可以在幼儿参与下,生成完美的艺术画面,让幼儿感受美和创造美,开发艺术的视野,提高审美素养。

**4. 更好地帮助幼儿获得知识，养成良好的习惯**

幼儿期儿童具有具体、形象的认知特点，且心理活动及行为具有无意性，独立生活能力差，正确、安全、健康知识的获得直接关系着他们安全、健康行为的形成。幼儿掌握的卫生、安全、健康知识越广，产生某种有益安全、健康行为的可能性也就越大。现代教育技术能让幼儿获得不易亲身感知或接触的经验，并将不能感知的事物放大，在线模拟显示有关重要的过程。因此，从兴趣入手，结合幼儿的认知特点，通过信息技术手段，让幼儿在游戏活动中了解安全、健康、卫生等知识，在活动中享受乐趣、获得知识，帮助幼儿养成习惯。

幼儿园的教育活动包括科学、语言、艺术、健康、社会五大领域。现代教育技术能将声、形有机结合在一起，能为幼儿学习创设情境，并且可以帮助幼儿生成智能的内容，有效地激发幼儿的学习兴趣，调动他们的各种感官，开拓幼儿的思维，培养他们的习惯和创新精神。在幼儿教学活动中，集趣味性、仿真性、参与性、创新性一体的信息技术与教学的整合方式更符合幼儿的成长规律。因此，信息技术有助于幼儿园教育教学焕发新的生机。

### 三、对幼儿教师专业发展的要求

信息技术的飞速发展给教育带来了生机，更带来了冲击和挑战，同时对幼儿教育的改革发展及教师队伍的建设提出了更高的要求。学会运用先进的信息技术是提高教师专业素质的需要，是实现教学改革、教育现代化的必由之路。要实现教育的现代化，首先需要有一支具有现代化教育理念和拥有现代化教育手段的师资队伍。在这个信息化、网络化、数字化、智能化的时代，需要不断地创造机会，搭建平台，通过各种方式和途径有效运用数字化、智能化的信息技术促进促进教师的专业成长，这里有两个关键：一个是观念，一个是能力。观念是非常重要的一个部分，只有树立全新的育人观念，才能有一个广阔的视野去看待学前教育领域的信息技术。而能力主要从课堂教学能力、课程资源的开发与利用能力、教学评价能力、教育科研能力与学术交流能力、管理能力等方面展开。

第一，树立全新观念。

教师的专业化首先体现在教师必须具备专业的从教观念，只有具备了这样的观念，才能促进自身的可持续发展。以人工智能为代表的信息技术已成为教育领域的工具，这一点是毋庸置疑的，但是，教师是否已经树立了全新、与时俱进的教育理念？在信息技术环境中，不仅需要现代化的信息技术手段，更需要全新的理念去重新审视和指导教育教学活动的各个领域和环节。观念层面的现代化是实现我国教育现代化的关键。因此，在信息技术环境下，教师需要通过各种途径了解最新的教育理念、教学方法与教育观念，从全新的视角出发，挣脱传统教学的羁绊，具备现代化的教育观念。在实际工作中，学校可以定期开展教育理论的学习与交流，让教师在学习与交流中树立新观念，还可以利用新技术建立在线的讨论群、论坛，给教师提供交流的平台。而各级教育部门也可以设立区域内的教师交流平台，在交流平台上发布最新的教育教学政策，教师可以自由地交流并提出建议。

第二，提升专业能力。

在信息时代这一背景下，教师不仅需要利用信息技术树立全新的理念，还要学会运用信息技术不断提升自己的专业能力。教师的专业能力主要指课堂教学能力、课程资源开发与利用能力、教学评价能力、教育科研与学术交流能力、管理能力等。

（1）课堂教学能力。教学设计是非常重要的，如何采用新颖的、幼儿喜欢的方式来刺激教学，是教师必须深思熟虑的。在信息技术背景下，教师可以通过网络学习优秀教师的上课活动的案例，从而提高课堂教学能力，可以在各种在线学习平台上寻找资源，学习网上已有的教学案例，努力提高备课和设计教案的能力。幼儿教学与其他教学不同的是，幼儿需要更亲切、更良好的沟通方式，所以教师也要积极学习课堂上互动和沟通的技巧，与幼儿进行有效的互动，进一步促进教学。

（2）课程资源开发与利用能力。教学活动离不开教学资源，尤其是幼儿教学，需要创设学习情境，将教学内容融合到情境中，通过丰富的教学资源来吸引幼儿的注意力，以达到教学的目的。因此，教师需要学会快速高效地查找资源、处理资源并运用资源。在信息技术支持下，教师可以通过网络查找图片、音乐、视频等多媒体素材，并根据教学需求对其进行简单的处理。关于如何进行多媒体素材的获取与处理，具体途径与方法将在后面章节中进行详细说明。

（3）教学评价能力。幼儿与其他阶段的孩子相比更需要鼓励和肯定，所以很多幼儿园都会在一些活动后给予幼儿一定的小红花或者星星，以奖励表现良好的幼儿。但是这些方式较为单一，因此可以适当地利用信息技术，使评价更多元化。比如可以利用点赞功能，在某个教学平台上给所有小朋友都设定一个账户，某个小朋友表现良好，给一个赞，最后一周或者最后一个月，看哪个小朋友得到的赞最多。

（4）教育科研能力与学术交流能力。教师的科研能力是非常重要的。教师要在做好教育教学本职工作的基础上，不断地提高自身的科研能力，教师平时可以多查阅其他学者的论文等学术成果，在知网、维普网官方数据和知识服务平台，一些公众号等资源库中进行查找与阅读相关资料。除此之外，教师还可以参加一些学术讲座，通过聆听其他学者的学术成果来学习，或者与其他学者进行学术交流，不断提高自身的能力。

（5）管理能力。对教学的管理，教师可利用信息技术进行网上备课。这不仅可以缩短备课的时间，而且可以进行实时地存放与调用，还可以进行教学的记录。通过与之前的备课情况进行对比，教师可以不断地提升自己的备课能力。对学生的管理上，目前幼儿的学习成长档案大多是纸质的，可能会发生遗失、毁坏等情况，因此教师可以利用信息技术给每一位幼儿设立电子档案袋，电子档案袋的传递与交接更方便，且可以利用云技术进行存储，在云端存放不需要考虑内存，并可以实时查看与修改。

### 课后阅读

1.《中小学教师信息技术应用能力标准（试行）》
2.《幼儿园教师信息技术应用能力测评规范》

为落实《教育部关于实施全国中小学教师信息技术应用能力提升工程2.0的意见》（教师〔2019〕1号）中关于"精准测评"的相关要求，有效指导幼儿园教师信息技术应用能力测评工作的开展，华东师范大学开放教育学院（教师发展学院）于2021年10月完成了

《幼儿园教师信息技术应用能力测评规范》(以下简称《测评规范》)的研制,测评体系包含4类情境、18项微能力。

表 2-1 测评体系

| 活动优化 | H1 技术支持的情境创设<br>H2 技术支持的重难点突破<br>H3 技术支持的幼儿参与 | Y1 数字教育资源获取与评价 |
|---|---|---|
| 家园共育 | J1 技术支持的学情分析<br>J2 技术支持的家园共育活动<br>J3 技术支持的展示交流 | Y2 演示文稿设计与制作 |
| 发展评价 | F1 评价量规设计与应用<br>F2 技术支持的幼儿行为观察与分析<br>F3 电子档案袋评价<br>F4 数据可视化呈现与解读 | Y3 数字教育资源管理 |
| 专业成长 | Z1 技术支持的专业自主学习<br>Z2 技术支持的教育反思<br>Z3 技术支持教研参与<br>Z4 新媒体新技术应用研究 | Y4 微课程的设计与制作 |

《测评规范》所构建的指标覆盖了幼儿园信息化教育所指向的教育活动优化、儿童发展评价、教师专业成长、家园联动共育四个维度,框架清晰、向度全面。该指标体系对每一个维度下的教师能力提出了阐释性要求、观测要点和实践建议,它有助于教师通过自评和他评相结合的方式,在实操和反思的良性循环中提升信息技术应用能力。

思考与练习

1. 为什么学习现代教育技术?
2. 幼儿教师需要具备哪些信息技术能力?

# 第三章 教育技术应用的理论基础

现代教育技术是教育科学群体中的一门新兴的综合性学科,在教育教学中的应用已随着教育科学和现代信息技术特别是人工智能的发展日益广泛与深入,教育与技术的关系也将从以往一直处在边缘性位置逐渐走向中心,演变为教育发展中的主要关系,将会在教育中得到越来越多的应用。

教育技术的应用得到许多学科的理论和方法的支撑,主要包括学习、教学、传播和系统科学等理论,由于有诸多理论,且有些理论大家已熟知,本章将主要阐述对学前现代教育技术应用影响较大的几个理论。

## 第一节 视听教学理论

视听教学运动产生于19世纪末,20世纪初。随着科学技术的发展,越来越多的媒体如幻灯、电影、录音等被引入教育领域,同时应教育改革的要求,最终在美国教育领域兴起了一场视听教学运动。而视听教学理论则指出了各种视听教学媒体在教学中的地位与作用,也是教育技术必须遵循的重要规律与所依据的理论基础。

### 一、"经验之塔"的经验

"经验之塔"理论是视听教学理论的核心。1946年,美国教育学家爱德加·戴尔(Edgar Dale)在他的《教学中的视听方法》一书中提出了"经验之塔"理论。

戴尔认为:学习知识,一是由自己的直接经验获得,二是通过间接经验获得。当学习由直接到间接、由具体到抽象时,获得知识和技能是比较容易的。当学生积累了一些具体经验,并能够理解真实事物的抽象表现形式,在这个基础上,才能有效地参加更加抽象的学习活动。

他从教学实践出发,研究了录音、广播等视听教学手段如何运用于教学,总结了一系列视听教学的方法,并把各种视听教学的手段与方法概括为一个"经验之塔"去系统地阐述,对视听教学运动发展起到了很大的推动作用。戴尔把学习到的经验按抽象程度的不同分为三大类十个层次,其中三大类分别是:做的经验、观察的经验和抽象的经验,十大层次经验有:有目的的直接经验、设计的经验、演戏的经验、观摩示范、学习旅行、参观展览、电视和电影、静态画面(照片、幻灯、广播、录影)、广播和录音、视觉符号和语言符号(如

图 3-1 所示)。

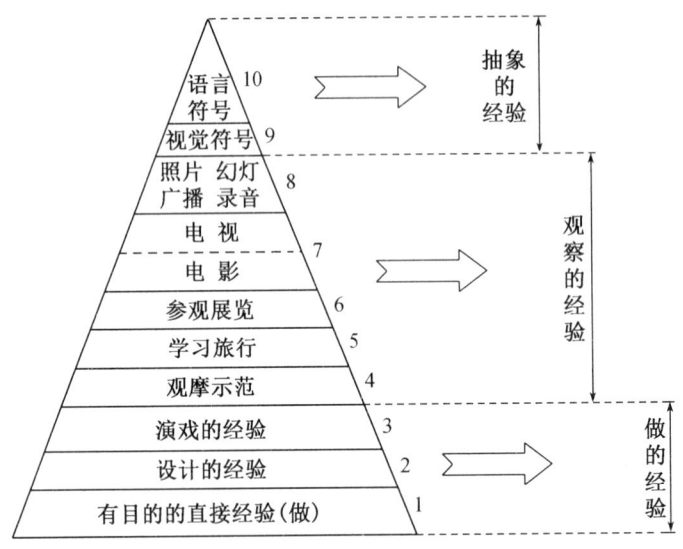

图 3-1 "经验之塔"理论的三大类十大层次经验

1. 做的经验

(1) 有目的的直接经验

"塔"的底层是直接的、具体的经验,指直接与真实事物本身接触而获取的经验,是通过对真实事物的直接感知(即看、听、尝、嗅、触)取得的最丰富的具体经验。这些经验是教育的基础,但获得直接经验并不是目的,它的目的是为了帮助学习者更好地形成概念,进行科学地抽象。

(2) 设计的经验

指通过模型、标本等间接材料的学习获取的经验。模型、标本是通过人工设计、仿造的事物,是"真实的改编"。尽管其大小、结构及复杂程度与真实事物有差异,但用它在教学中能使复杂的实际事物更易于理解和领会。

(3) 演戏的经验

指学习者通过演戏,扮演某一角色,使他们在尽可能真实的情境中获得经验。通过演戏、表演,感受那些在正常情形下无法获得感情上和观念上的体验。学习者对许多事物无法通过直接实践去获得经验的,如历史事件、意识形态、社会观念等,这时就可将其编成戏剧,让学习者在其中扮演角色,使其获得接近于实际的有关经验。

以上三个方面的经验,都包含亲自活动,在这三种方式中,学习者都不仅仅是活动的旁观者,更是活动的参与者,故称为做的经验。

2. 观察的经验

(1) 观摩示范

先看别人怎么做,知道一件事是怎样做成的,以后自己就可以动手去做。观摩示范是将重要的事实、过程与观念用形象动作呈现出来,给学生提供一种观察经验,这些经验可以导致学生"直接做"的实际活动,获得更多的直接经验。

(2) 学习旅行

指通过野外的学习旅行,看到真实事物和各种景象,获得经验。学习旅行不是为了游玩,而是为了观察在课堂上看不到的处于自然状态的事物,包括参观访问、考察等活动。

(3) 参观展览

指通过参观展览,使学生通过观察来获得经验。展览主要是给人们看,参观者从观察这些陈列的材料去取得观察的经验。展览的陈列物一般有实物、模型、图表、照片等,它们组成整体,用以说明某一事件的特定意义,具有一定的典型性,因此,参观展览时看到的事物比真实的事物更突出、更集中,但其真实性差一些,而且不一定具有普遍性。

(4) 电视和电影

指通过观看电视、电影获得间接的、代替的经验,电视和电影主要是用图像与声音去表现客观事物,在屏幕上呈现的只是客观事物的代替画面,而不是事物本身。学习者在看电视、电影时并无直接接触、品尝等经验,他们只是观察,只能以一种想象的方式参与其中。但电视、电影能选择典型的材料,并能突破时空的限制去呈现事件。

(5) 照片、幻灯、广播、录音

指通过听觉或视觉的方式来获得经验,与电视和电影相比,可以为学习者提供较为单一的视听刺激,不及前述的视听经验直接,抽象层次要高一些,仍属于观察的经验。照片、幻灯、广播、录音这些视听手段可以为个人或小组所用,在班级教学中,常用它们作为教学的辅助手段。

上面五层均含有"观察"的成分,故称为观察的经验,越往上抽象程度越高。

3. 抽象的经验

(1) 视觉符号

视觉符号主要是指图表、地图、示意图等一类抽象符号,已看不到事物的实在形态,如地图中用圆圈表示城市、乡镇,用线条表示公路、铁路,用曲线表示河流等。因此,视觉符号的学习是高度抽象的学习经验。

(2) 语言符号

语言符号是一种抽象化的代表事物或观念的符号,包括口头语言和书面语言。语言符号位于"经验之塔"的顶端,抽象程度最高,在具体使用时,它们总是与"经验之塔"的其他材料一起发挥作用。

## 二、"经验之塔"理论基本观点

(1) "塔"基的学习经验最具体,越向上越抽象。它根据不同教材和方法所提供的学习经验的具体程度分类,是教师根据学生需求和能力,根据教学任务性质选择合适媒体的理论指南。

(2) "塔"的分类基础是具体或抽象的程度,与学习的难易无关。各类学习经验是相互联系、相互渗透的。教学中应充分利用各种学习途径,使学习者的直接经验与间接经验产生有机联系。

（3）教学应从具体经验入手，逐步抽象，防止"语言主义"，即从概念到概念的做法。学习间接经验应尽可能以直接经验作为充实的基础。同时，也要适时引导学生向抽象思维发展。

（4）每个人的经历都受时空限制。位于"塔"腰阶层的视听教学媒体能为学习者提供一种戴尔所谓的"替代经验"，有助于突破时空的限制，解决教学中具体经验和抽象经验的矛盾，弥补各种直接经验的不足。

（5）在学校中，应用各种教育媒体，使教学更为具体、直观，也能为抽象概括创造条件，从而形成科学的抽象。

### 三、"经验之塔"理论指导意义

"经验之塔"理论是教育技术学历史上最重要的理论之一，尽管它诞生已有大半个世纪，但它对现在乃至今后的教育传播过程研究仍然意义重大。

（1）把学习经验分为具体和抽象，提出学习应从生动直观向抽象思维发展，符合人类的认识规律。在"经验之塔"的由具体逐渐向抽象过渡的图解中，视听教材处于较具体的一端，这构成了教学中应用视听教材的理论依据。

（2）提出了视听教材分类的理论依据，即应以其所能提供的学习经验的具体或抽象的程度作为分类依据。强调根据教学媒体在教学过程中的作用来分类，而不应该仅以简单的列举方式分类。这一在目前看来已是很简单的基本分类思想为以后教学媒体分类学的研究以及教学媒体的选择研究奠定了基础。

（3）视听教材必须与课程相结合。以后形成的教学系统方法等可以说都是这一基本思想的发展与深化。

当今，教育技术所面临的最重要的问题恐怕就是对于网络媒体的利用与推广了，而"经验之塔"其实已经为我们提供了理论指导。首先，它可以帮助我们找到网络媒体在教学中的位置，即它所使用的教学层次，我们可以很方便地把新的教学手段加入"塔"的适当位置上。其次，必须与课程相结合的理论更是需要所有的教育工作者牢记。因为网络的强大威力已经在教学中产生了盲目使用的问题，这是在使用新媒体时所必须要重视的不良倾向。

### 四、"经验之塔"存在的局限

"经验之塔"理论在视听教学特别是20世纪40年代的视听教学确实有很强的理论指导意义，但是，我们也必须看到，"经验之塔"指导的教学存在一些局限性。

（1）视听教学论仅重视视听教材本身的作用，而忽略了视听教材的设计、开发、制作、评价及管理等方面。米艾亨利指出："从发展科学的角度来看，'经验之塔'有一个特殊的弱点，就是它强调孤立的媒体种类或技术，而忽略了整个教学的计划的过程。"这就形成了媒体论的教育技术观。媒体论使人们将注意力集中于如何利用视听媒体的特点使教学形象化、具体化，这在客观上妨碍了人们接受教育传播等新思想、接受关于教学中使用媒体的新的理论基础。

（2）在关于媒体在教学过程中的作用与地位的问题上，视听教学论把视听教材看成一种辅助教学的工具，置其于辅助物的地位。而在实际应用中，教学媒体已经发挥了远远超出"教具"的作用，但是教具论阻碍了人们在这方面的认识。在传统的教学形式中，通常由教师控制课堂教学，新媒体或资料仅是辅助教具或作为丰富教学的手段，而且要根据教学时间的允许程度来使用。因此，它们对改进学习方面的作用是有限的。在这种传统的教育条件下，视听教材是一般教材的昂贵补充物。

我们看到，如今的教育工作者们已经认识到并开始摆脱以"经验之塔"为核心的视听教学论所带来的一些误区了。教学过程以及教材的设计评价已经被摆在了非常重要的位置上，而计算机技术的飞速发展更是使人们认识到了教学媒体的巨大威力，在有些领域，新的多媒体课件已经完全取代了原来教师和课本的职能。由此可见，"经验之塔"理论对21世纪的教育技术发展历程的确产生了非常重大的影响，只有教育工作者们都本着实事求是的客观态度和批判继承的精神对待这些经典理论，才能在教学过程中真正发挥它们的积极作用。

## 第二节 具身认知理论

### 一、具身认知理论

#### （一）理论渊源

传统的认知理论将人脑与计算机进行类比，用计算机处理信息的过程模拟并说明人类学习和人脑加工外界刺激的过程，把认知过程看成信息加工的过程，简化为大脑之中抽象符号的运算，是对外在的、客观的、独立实体的表征，而身体仅仅是被大脑完全掌控的接受外界信息的感受器和被动执行命令的效应器。

在传统认知科学看来，人类对外界信息的加工是建立在计算机隐喻之上，认为心智是按照某种程序算法对符号进行操作计算。这种计算遵循着某种算法，用精确的语言写成的算法就形成了程序。

传统认知理论主要关注的是人的信息加工过程，其特点具有两方面：一是关注人的经验，认为在认知过程中，人运用过去的经验和策略来获得加工信息；二是人对认知过程中的信息要进行整合分析。认知主要是心理的操作，即使可能会涉及身体，但是这只是心理操作的一部分，跟身体联系不大。研究范式是建立在传统的计算机隐喻基础上，在计算机隐喻的认知过程中，人通过感官接收外界的信息，对它进行登记，保持在记忆当中，在大脑中进行信息加工和转换，当收到指令以后再输出。整个人如同计算机的软件和硬件一样相对独立，人的认知独立于身体和大脑，认知操作过程和身体操作过程之间是离散的，没有过多的联系，两者之间是一种随机的关系。这样任何物理系统只要加入一些算法结构，都可以拥有人的智能。

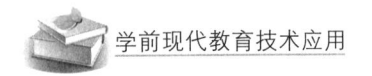

### (二) 哲学反思

具身思想缘于哲学反思,证实于科学实验,而最后发展于认知心理学,教育领域成为其理论的最重要应用之一。

最初,有关具身认知的讨论仅仅是哲学领域有关身心关系问题的形而上学思考,随后开始成为心理学中的一种理论思维。

身心二元论观点长期以来影响着人们的思维方式。

苏格拉底在被行刑之前仍在劝告和安慰为他悲痛的人:"这不是真正的死亡,我是在通往另一个世界,死亡不过是身体的死亡,是灵魂和肉体的分离。"柏拉图延续了这种认识,认为肉体和灵魂分属于两个不同的世界,且认为心灵高于身体,身体阻碍了心灵对智慧的追求,"带着肉体去探索任何事物,灵魂是要上当的"。

笛卡尔著名的"我思故我在"把这一思想推向了极致,"肉体里不包含任何精神的东西,反之亦然"。其足以表明这种传统身心二元论对心灵的崇仰和对身体的贬压。

柏拉图认为存在着两个世界:理念世界和感性世界。世界本体由理念构成,灵魂统摄身体。

笛卡尔提出唯理论原则,认为人的知识不是来源于感觉经验,而是来源于理性。

心的本质是能思维,但没有广延,物或身的本质是有广延,但却不能思维,分属两个世界。

不过,身心二元论存在真实的困难:如果存在着如笛卡尔所描述的二元世界,那么人类将面临艰难的选择:"如果把一切归结为精神,世界将被观念化,人就成为一个超然的意识主体;如果把一切归结为物质,人就成了机器。"

但人毕竟不是机器,人有身体的感觉和心灵的思考,在教学过程中也会面临着很多无法预测的教学事件,对环境的体验也是有许多不同,所带来的知识的生成也会存在差别,这种身心分离的思想随着教育信息化的发展面临着诸多困境。

第一,教学观念的离身性。

传统的教育受原有观念影响,认为认知、记忆以及思维等方面的学习是独立于身体的,学习的主要目的是对这些心智能力的训练过程。"形式训练说"就是受这一思想影响而产生的。

加涅的信息加工模式就是这种典型的学习模式。技术支持下的在线学习也面临着学习者缺乏身体的真实或模拟体验而产生距离感和孤独感的问题,这种教学观念下的教学过程是一种偏重于大脑心智的提升为中心任务的训练过程,身体在这一过程中被放在了边缘位置,使学习的过程与身体缺失了联系。

这种教学观念导致了学习者忽略了身体参与到构建知识结构和与外界建立联系的生成性作用,造成了教学观念的身心二元,这是传统认知科学理论教学观念所面临的一重困境。

第二,教学设计的预设性。

传统的教学是以一个既定的教学目标而进行设计教学方案的一种教学预设。核心素养是培养全面发展的人,如果课堂中涉及的每节课、每个教学片段、教学方法、教学组织形式等都是既定的、一成不变的,忽略对学生情感和体验来促进知识生成的影响,则很难培养学生的必备品格和关键能力。学生的发展才是教学预设的落脚点。如果只单纯设定目标,不在教学设计中激发学生对知识生成的体验,则很难达到良好的教学效果。

随着技术在教学设计中的应用,如果只是作为传统教学的展示工具,而不是真正融合于教学设计中与学生的身体体验建立联系,这种教学设计的身心二元观点很难提高教学效果,无法达到生成性的课堂教学,这是传统认知科学理论教学设计所面临的二重困境。

第三,教学环境的封闭性。

传统的课堂教学环境主要是采用讲授法,为了传授课本内容,教学环境处于一种封闭状态。随着现代技术进入课堂环境中,教学倡导以教师为主导,学生为主体,但人们仍然是把现代技术作为一个工具来进行课堂教学,教学环境和学习者的体验之间没有产生动态交互的知识生成,这种教学环境的封闭性造成了学习者的学习缺乏情境性,无法真正参与到学习的知识建构中。

人与社会环境割裂开来,很难培养学生的高阶思维,如果不改变这种教学环境,技术无法充分发挥作用,这种教学环境中存在的身心二元,很难实现以技术促教学的生成性智慧学习环境,这是传统认知科学理论教学环境所面临的三重困境。

传统认知科学所面临的困境,让越来越多的研究者意识到,人的头脑不能仅仅被理解成像计算机一样对信息进行加工处理,人的感觉器官和运动输出系统在复杂的情境中也发挥着重要的作用。因此,身心二元论遭受诟病,许多哲学家试图超越身心二元的区分。

德国的海德格尔提出"存在"的概念:存在不是一个孤立的主体面对着一个冷漠的客观世界,存在是在世界中的存在,同世界是一体的、相互关联的。而人认识世界的方式是用我们的身体以合适的方式与世界互动,在互动的过程中获得对世界的认识。

作为具身思想的真正开创者法国的梅洛·庞蒂主张知觉的主体是身体,而身体嵌入世界之中,就像心脏嵌入身体之中,知觉、身体和世界是一个统一体。人以"体认"的方式知觉世界,并提出"具身的主体性"概念。

另外,杜威指出,把经验和理性截然分开是错误的,一切理性思维都是以身体经验为基础,经验体现了人与环境的互动。皮亚杰的发生认识论也认为,认识是一个在实践活动中的建构过程,是身体与环境互动的结果。

(三) 有趣的研究

在实验心理学中很多实验同样证明了人的身体及其运动状态在认知和情感中的重要作用。例如,Strack Fritz(1988)的经典实验:用牙齿咬住笔(笑的面部动作)的被试比那些用嘴唇含住笔(苦的面部动作)的被试更倾向于认为卡通片(中性)滑稽可笑(如图3-2所示),验证了面部肌肉的活动方式和状态直接决定了被试的认知情感。Jostmann(2009)的实验:身体负重直接影响对象对事物重要性的评价,那些负担更多重量的对象认为被评价的外币价值更高,证明知识经验的获得在很大程度上依赖我们身体的体验。而对惯用左手和惯用右手的实验表明,两类人往往对左右的概念有不同的解读,改变了用手的习惯,思维方式便会随之改变。

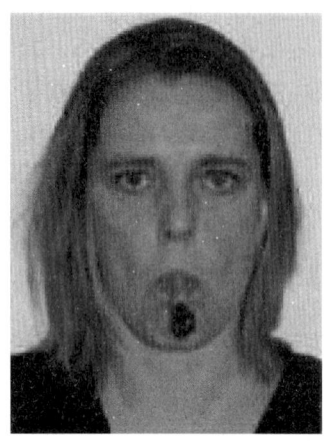 

嘴唇含住笔(苦的面部动作)　　　牙齿咬住笔(笑的面部动作)

图 3-2　Strack Fritz(1988)经典实验

因此,感觉和运动经验构成了心理概念的神经基础,不同的运动方式构成了对事物和概念的不同认识,感觉器官和肢体运动的习惯模式参与了自我概念的构成,形成了高级认知过程的基础。

## 二、具身认知的观点

近现代以来,对教育学影响较大的学者莫过于皮亚杰、维果茨基和杜威等人。虽然他们不曾投身于具身认知的浪潮之中,但是他们有关认知或教育的思想中蕴含着大量的具身化思想,为具身认知理论的发展提供了诸多可以借鉴之处。

杜威反对传统的身心二分、人与自然的分离,强调经验与自然、心与身、精神与物质的统一与融合,强调要让儿童有机会从事各种调动他们自然冲动的身体活动,要让儿童身体进行操作、体验、探究和主动作业,在做中学、在问题解决中发展身心。皮亚杰认为:"逻辑与数学观念在儿童身上首先是作为外部活动而显示出来的,只是在较晚阶段它们才内化了,并具有概念的性质。它们可以用缩微的内化活动来表达,其中事物被符号所替代,而活动则被这些符号的运算所替代。"即便是人类抽象的高级认识活动也是奠基于身体感知及其运动等这些初级的外部活动之上的。维果茨基的文化历史发展理论也认为,人的高级心理机能是在人的活动中形成和发展起来的,基于人的身体活动和相互作用。这种把人类认知置于与之互动的历史文化环境中的建构,也凸显了"认知是通过身体寓居于、并与身体所在的物质和文化环境相互作用的过程"这一主要具身认知思想。

### (一) 具身性(embodiment)

具身性表达出思维、认知的发生不仅涉及身体构造、神经结构、感官和运动系统等的参与,还涉及身体的感受、体验、经历等经验层面的嵌入。

心理学家 E. Thelen 分析指出:"认知源于身体与世界的相互作用,心智依赖机体的各种经验,这些经验来自具有独特知觉和运动能力的身体,而这些能力不可分离地相连在一起,共同形成一个记忆、情绪、语言和生命的其他方面在其中编织在一起的机体。"对于这一指向,梅洛·庞蒂(Merleau Ponty)从身体的角度指出:"我们的身体不是并列器官的综合,而是一个协同系统,它的所有功能在在世之在的一般运动中被重新把握和联系在一起,"由此,"身体不再作为世界的物体,而是作为我们与世界联系的手段的身体。"

(二) 情境性(situation)

情境性表达出对认识论客观普遍性、必然有效性的批判,表达出认知并非脱离场景、语境、境遇的普遍、中立性行为,而是嵌入环境之中,在与情境相互对话,大脑、身体以及环境三者组成了一个动态的统一体。由此,"认知不是一个先验的逻辑能力,而是一个连续进化的发展的情境性过程。"正如心理学家 A. Clark 所言:"心灵不是内在模型和表征集聚的特殊内在场所,而是一个大脑、身体和环境整合的、相互交织的复杂系统的活动和过程。"

(三) 生成性(emergence)

生成性表达出认知过程并非机械性、线性以及决定性,而是来自大脑、身体以及环境的各个因素耦合而生成的动态系统。对此,瓦雷拉(F. Varela)指出:"认知不是一个预先给予的心智对预先给予的世界的表征,认知毋宁是在'在世存在'施行的多样性作用的历史的基础上的世界和心智的生成。"

概言之,认知的发生具有涌现性的动力学机制,认知的过程是通过大脑、身体以及环境相互连接在一起,耦合或交互的自组织涌现与生成。

### 三、技术支持下具身学习的诉求

1. 支持多通道感知

身体包括动觉、触觉、视觉、听觉、嗅觉等感知通道。这些通道在认知过程中既参与了对外部世界的感知,也参与了对感知结果的加工、记忆和应用。为此,具身型混合现实学习环境(embodied mixed-reality learning environments,EMRLE)应该支持以多媒介、多形态的方式呈现学习内容。例如,对于抽象概念,可借助可视化技术、多媒体技术甚至触觉仿真技术,让身体的多个感知通道进行同步感知。通过融合各通道所获得的反馈信息,学习者可以对认知对象形成更加准确、全面、鲜活的认知结果。除此之外,多通道感知亦有利于促进知识的迁移和应用,即促进学习者在新情境中模拟出认知发生时的身体状态,并回忆起相应事物及其意义。

2. 支持多模态交互

从具身认知理论的视角,知识的习得不是在大脑中对抽象符号进行加工运算的结果,而是学习者在其"感知-运动"系统与学习环境不断交互的过程中形成的体验及意义。为此,具身型学习环境应该支持学习者利用其身体与学习内容进行自然交互。这种交互既包括基于视觉和听觉的非接触式交互,例如,通过语言或表情动态调整学习内容的呈现;又包括基于动觉和触觉的接触式交互,例如,通过身体运动或手势动作交互式地触摸、操控以及预览学习内容。多模态交互既是具身认知发生的内在需要,又有助于激发学习动

机,提高学习的参与感以及增强学习的趣味性。

3. 提供多情境在场体验

具身理论认为,认知依赖于具有各种感知运动能力的身体,而这种能力本身被嵌入更广泛的生物学、心理和文化情境。可见,情境对具身学习具有特殊的意义。相应地,在具身型学习环境中,学习内容需要在特定的情境中加以呈现,其通常包含该学习内容形成或应用相关的真实场所、实践活动、社会文化等。在此情境中,学习者通过观察、探究、合作、交互等方式获得体验并形成认知。此外,为了实现深度学习并促进知识迁移,具身型学习环境应该提供灵活、多样的学习情境,从而让学习者在动态变化的情境中,对学习内容形成更真实、更本质、更普适的感知体验以支持虚实融合的学习环境。

## 四、新型技术对具身学认知的技术支持

1. 支持虚实融合的学习环境

在混合现实技术的支持下,可以构建出虚实有机融合的 EMRLE,既包含了现实世界中客观存在的学习场所、学习资源、学习伙伴等真实对象,又融入了以文字、图像、动画、三维模型等媒介形式呈现的多模态信息。其中,真实对象为 EMRLE 提供了基础,其能够让学习者在一个真实的、拟社会化的场景中开展学习活动;虚拟的多模态信息能够让学习环境突破现实条件的限制,增强对学习内容的表达与呈现,进而支持学习者的多通道感知和多模态交互。

2. 支持学习者进行自然交互

在传统的 VR 和 AR 学习环境中,通常需要借助鼠标、键盘、手柄等第三方媒介,或手持移动终端通过点击、滑动等方式实现交互。在此类交互中,身体状态是不够自然的,身体运动也是受限的。作为一种新技术,混合现实可以通过动作捕捉、手势识别、眼球追踪、表情识别、语音识别等,实现人与环境的更加自然的多模态交互,从而解放学习者的双手,让其身体在自然、自由的状态下,执行各类身体动作与交互操作。也就是说,在混合现实技术的支持下,EMRLE 可以实现人机自然交互,这不仅更加符合学习者的心理与生理规律,而且具有更好的移动性、灵活性和自由度。

3. 支持学习过程的动态生成

在混合现实技术的支持下,围绕具体的学习主题和学习目标,一方面可以方便、快速且低成本地构建丰富、多样的数字化学习资源;另一方面可以通过虚实融合来动态生成并实时更新学习环境。换言之,基于混合现实技术构建的虚拟学习环境不是静态的、一成不变的,而是在学习过程中根据学习目标、交互行为以及事物内在规律而动态创生。这种动态生成性对具身学习具有重要意义。究其原因,具身学习的过程实质上是学习者、学习环境以及学习资源等要素相互影响、交融共生且动态演化的过程。在这个过程中,学习环境不断变化、意义不断生成、经验不断积累。

综上所述,从具身认知理论的视角出发,新技术能够支持学习者对学习内容的多通道感知,支持习过程中的多模态交互,支持面向深度学习的多情境体验。从技术角度而言,

混合现实技术所具备的虚实融合、自然交互和动态生成等特性,能很好地支撑具身型学习环境的构建。

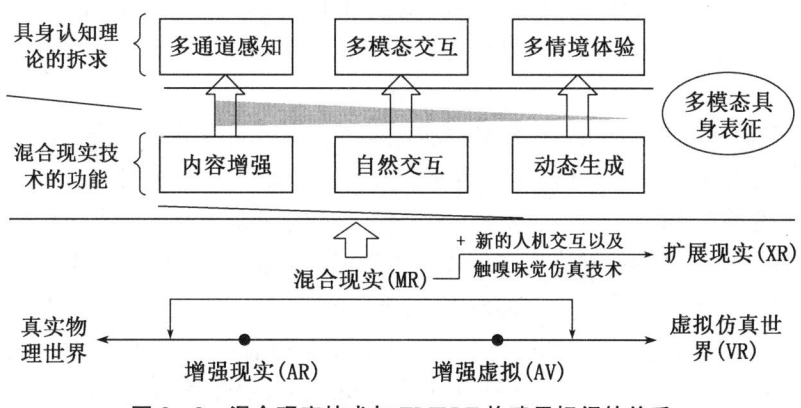

图 3-3 混合现实技术与 EMRLE 构建目标间的关系

## 五、具身学习活动的设计原则

设计具身学习活动的原因主要有二。一是源于知识学习的需要。传统教育中认为知识—态度—行为之间是一种简单线性联系,认为只要受教育者接受完善的知识,态度和行为也会改变,而事实证明远非如此,离身学习环境下的学习多是脆弱、肤浅的,在学习事件(和最后的测试)结束后不久,学生就会忘记所学知识,而且相应情境中出现概念事件的时间、空间和概念境脉与学习场景中的上下因素不同时,学生所学的知识也得不到应用。具身认知理论认为学习不仅是专心的活动,也应该注重身体和情感的参与,这对于基础教育领域的概念和原理等知识的学习尤其重要。具身学习环境下的学习让学习者通过具身体验来了解知识和原理的发生、发展过程,使学习得以从身体的知觉开始,拉近了学习者与知识之间的距离,使学习更接地气,为知识的学习过程加入身体感知元素,让"死"的知识"活"起来、让单调的内容丰富起来,使一些抽象难以想象的知识变得易于理解并长于记忆,学习的结果因之扎实和深入,同时因学习场景与实际概念境脉的相似,学生所学知识也容易发生迁移和应用。二是源于技术与学习整合应用的考虑。未来学习环境将是一种高技术、高互动的泛在学习环境,如果我们的学习环境仍在根深蒂固的离身认知框架中徘徊,不摆脱传统思维方式的窠臼,那么任何先进技术的命运最终不外乎两种,或成为"灌输式"教学更有力的"帮凶",或被束之高阁。

具身学习活动的设计是基于学习发生机制的具身视角,它能够顺应和促进学习与认知过程中身体与心理之间不可分割的亲密关系,能促进技术与人、环境的共生,让学习者身心均投入其中,获得"在场"的错觉,让学习者在与环境的交互中获得引人入胜的教育经验。

具身学习环境主要特征是多模态感知的(通过看、听和身体的感知经验)、真实和自然的(通过数字媒体的具身中介进行面对面的教学)、动觉的(全身的、动觉的交互)。因此,本书认为技术视角下面向具身认知的学习环境设计应该遵守以下原则:

（1）尽量使学习环境能够让学习者更多的感知器官参与进来。面部表情、眼神、手势等是知识理解与传递的窗户，及时的感官反馈能够被调入工作记忆进行更深层次的加工，帮助学习者实现知识的意义建构和迁移应用。因此在初始学习时，感知环境所使用的感觉形态（如视觉资料、画外音、各种动作等）越丰富，学习者的学习动机越强烈、内容理解越深刻且学习效果越显著。

（2）自然融入技术，增加学习者沉浸和在场感。有了具身技术的支持，学习者与学习环境的双向建构与互动生成才能顺利展开。发挥技术的看、听、学的能力，让技术进入人们的生活环境而不是强迫人们进入技术的世界，这样学习者才能够自然、无意识地用技术去学习，才能让学习者的注意力更多地集中于学习内容和学习活动，增加学习者的沉浸感和在场感，拉近学习者和难以学习的内容之间的距离。

（3）提供符合学生多种感知的学习资源。针对学习者的需要，结合学习内容，提供符合学生的视、听、触等知觉和动觉的材料，拓展感知能力，强化学习体验，促进知识的吸收。如使用增强现实和体感交互技术的学习资料。

（4）灵活设计学习空间，便于展开参与的、具身的活动。物理环境的设计是具身学习环境设计的一部分，物理空间的不同会影响外在动机、学习氛围和心理倾向，因此，学生在空间中的身体自由度、想象直觉、人际交流等都是需要考虑的因素。教育者应该创设相对自由和舒适的空间，更好地调动学生身体参与的动机，激发学生学习的主动性。就学习空间的布局来说，应该灵活开放，以便于学生能自由活动、探索和交流，教育者可根据教学目标和教学内容设定相适宜的学习空间。

（5）重视学生学习动机和愉悦性情感的激发。具身认知认为，学习环境中教师和学生的情绪状态和氛围影响知识传递和学习活动的效果。人们总是伴随情绪状态进行学习活动，情绪会影响学习注意力、学习动机、肢体参与程度、创造力的发挥，甚至同伴的情绪状态。因此具身学习环境的设计应考虑动机、情绪、情感等因素对学习者互动、合作、创新的影响，重视从环境构建上激发学生的良好情绪。

具身学习环境实际应用中，能够涵盖多通道感知、提供多模态信息反馈或者整合全身的运动，如环境中提供触觉、力、动觉感知及视听等反馈信息，力和动觉反馈是最高的触觉水平模拟，同时通过视觉和听觉信息的获得，学生们创造出最具感知力的多模态多通道表征，因此能最有效地帮助学生创造一个多模态表示。另外，通过全身参与创造和体验科学现象或一些情节故事等学习活动，学习者能变成主动的、积极的参与者，全身的体验会引起高度"在场"和沉浸的感觉。但囿于实际，常常无法提供多模态表示和全身参与的环境，这时可以设计身体某一部位姿势控制触、动、视、听某一或多的感知环境，如设计相关手势也能提供需要相对少努力的表示，从而释放资源以便可以用于以更持久的格式编码新信息。实际上，在语言和手势中表达信息已经显示对工作记忆的需求比仅用言语表达相同的信息少，在姿势中表达信息可以产生比语音中表达信息更强大和更稳健的记忆痕迹。当处于一个复杂环境中看到与目的地相关的表示可以大大减少寻路者的迷惑，同样，演讲者在一个句子中传达事件时用他们手进行表示比他们仅读句子或将它翻译成另一种口语有更好的记忆效果。因此，具身学习并不一定要在高技术支撑的环境中才能实现，在弱技术环境下同样能较好地进行。在弱技术环境中教师可充分利用身体及运动系统把抽象的概念或观念教学转变为操作性材料或具身性活动，如表演、姿态动作、游戏、真实性问题解决等。像手势这种最传统的基于身体的资源，不仅是促进一些教学（如数学、语言）问题解决和交流的有力工具，同时是在一个更基本的层面上使学习者在理解概念时所涉及的感觉运动模拟过程的"可见"具身。

## 第三节　佩珀特的建造主义理论

建构主义（constructivism）通常被认为是创客教育的理论基础，但实际上，与创客运动、创客教育有强烈共鸣的学习理论不是建构主义，而是 Logo 语言发明者——西蒙·佩珀特（Semour Papert）提出的建造主义（constructionism），其核心思想是当学习者通过搭建物品并与他人分享来建构他们的理解时，学习最有效。由于这两个术语十分相似，国内一些译著没有找到合适的中文翻译将它们区分开来，导致佩珀特建造主义被淹没在众多文献中。2011 年，台湾佛光大学资讯应用学系助理教授许惠美发表《美国初等教育中建造主义实践之初探》一文，正式把继承于建构主义的"constructionism"一词翻译为"建造主义"，澄清了建造主义和建构主义之间的区别与联系，并论述了佩珀特建造主义对当下教育的意义和技术中介的学习环境对教育的深刻影响。

### 一、建造主义的源起

建造主义的提出者是在计算机教育领域有着非凡影响力的西蒙·佩珀特。不管是发明 Logo 语言、出版开创性著作《头脑风暴：儿童、计算机及充满活力的创意》（*Mindstorms: Children, Computers, and Powerful Ideas*），还是推行"每个儿童一台笔记本电脑"（one laptop per child, OLPC）计划，佩珀特的思想和发明总是那么超前。作为最早了解计算机在儿童学习中具有革命性潜力的教育先驱者之一，佩珀特促进了至少三个领域的变革：儿童认知发展、人工智能和教育技术。他一生致力于研究儿童如何思考和如何学会思考，并提出计算机不仅可以提供信息和教学，还可以让儿童进行实验、探索和表达，他的想法和发明改变了全世界儿童学习并进行创造的方式，也"从根本上改变了我们思考学习的方式、我们思考孩子的方式，以及我们思考技术的方式"。

建造主义的提出源于佩珀特自己的一些成长经历，如 2 岁时他就玩传动齿轮并体会其中的因果关系，这为他日后的学习和思考埋下了种子。早年佩珀特曾到瑞士师从发展心理学家皮亚杰（Jean Piaget），皮亚杰提出的儿童理解世界的认知方式改变了佩珀特对儿童和学习的看法，这些早期的成长经历和日后的工作经历为建造主义的提出奠定了理论和实践的基础。

#### （一）想象"肥皂雕刻数学"

20 世纪 60 年代末，佩珀特访问美国某所初中学校时，看到艺术课教室里的学生在雕刻肥皂，通过观摩艺术课和欣赏学生们的肥皂雕刻作品，佩珀特开始思考为什么数学课与艺术课如此不同：数学课主要是教师主导，而艺术课是学生主导——在艺术课上，学生可以创造一些对个人有意义、培育幻想的东西。他们有时间思考、梦想、凝视、获得新想法并尝试、放弃或坚持，他们有时间去讨论、察看别人的成果并获得别人对自己作品的反馈。早在佩珀特提出"建造主义"这个术语之前，建造主义思想就已蕴含于他想象的"肥皂雕刻数学"（soap-sculpture mathematics）中了，他曾撰文写道："我被一个不协调的形象打动了，这位老师在普通的数学课上，渴望拥有学生们的作品……很长一段时间里，它作为'肥皂雕刻数学'存在于我的脑海里。"佩珀特知道，他必须使用比简单的艺术材料更复杂、更强大的媒体，来创造更具建构能力的数学。

**（二）发明让学生体验"肥皂雕刻数学"的 Logo 编程语言**

1968 年，佩珀特联合同事合作开发了一个名为 Logo 的教育性计算机编程语言。儿童可以编写程序，通过自己的身体行动来体验海龟如何移动，从而把自己的个人经验与数学的概念联系起来，在动手操作、学习编程、调试程序的过程中去思考并检验自己的思考过程。"肥皂雕刻数学"的想法似乎近在眼前，佩珀特尝试用一个新术语——建造主义，把他的想法表达出来。

## 二、建造主义的内涵

在经历了想象"肥皂雕刻数学"和发明可以体验"肥皂雕刻数学"的 Logo 编程语言之后，佩珀特正式提出了建造主义，他这样解释道："建造主义，对应的单词'constructionism'中的'n'与建构主义单词'constructivism'中的'v'相对，它们共享建构主义对学习内涵的解释，即无论在何种环境下，学习都是'建立知识结构'。然后它增加了新想法，即学习可以特别合适地发生在学习者有意识地参与建造公共实体的情境下，无论这个实体是沙滩上的沙堡还是宇宙理论。"佩珀特将皮亚杰建构主义思想精髓应用于学校教育这一特定的情境，而不是皮亚杰所关注的儿童生活的自然环境。

从佩珀特对建造主义的解释来看，建造主义显性或隐性地包括了如下一些关键词：学习、学习者、建造、公共的、实体、物品、有意识地、有意义的、工具和环境——这些关键词交织在一起，构成了不同于教授主义（instructionism）的学习内涵。建造主义的具体内涵如下。

1. 通过制造/设计来学习

建造主义将建构主义朝着行动方向迈进了一步，它强调学习者通过制造来学习（learning-by-making）或通过设计来学习（learning-by-design），即通过设计或制作物品来建构知识。"头脑中"的建构可以特别合适地发生在当它得到"现实世界中"更具公共性的物品的支持，而学习者参与头脑之外的、对个人有意义的活动会使学习变得真实、可靠。

2. "用来思考的对象"

佩珀特认为，物品在知识建构中起着核心作用，它们是"用来思考的对象"（objects-to-think-with），包括现实世界和数字世界中的各种物品（如诗歌、沙堡、程序、机器人、游戏等），学生可以在与它们的互动、反馈中思考自己的思考和学习自己的学习。佩珀特鼓励这种非常个人化的知识建构方式，并称之为知识挪用（knowledge appropriation），它有助于学习者实现知识的内化并建立知识的个人联系。

3. 分布式的社会互动

建造主义重视学习的社会属性,它以分布式的视角审视教学,主张学习者通过建造公共实体来建构知识,即在师生参与设计与讨论学习物品的互动中建构知识。

4. 技术中介的学习环境

佩珀特认为技术中介的学习环境是建造主义学习的重要资产,他特别重视创建微世界(microworld)和计算性丰富的材料。微世界(如 Logo、Scratch)是基于计算机的交互式学习环境,它嵌入了一些必要因素使学习者成为主动建构自己学习的设计师;而计算性丰富的材料是将玩具积木套件(如乐高玩具套件)与编程语言整合在一起、利用计算技术增强的建构套件(construction kits),让儿童探索工程和结构搭建,并将现实世界与数字世界连接在一起。

5. 学习过程的两种建构

当人们在建造对个人有意义的物品时,他们会建构具有特殊效力的新知识。这种建造主义学习过程含有两种建构:第一种是皮亚杰所谓的内在心理建构,即人们总是积极地从他们的经验世界中建构知识;第二种是佩珀特强调的建造外在实体,它是实现内部理解性建构的有力途径。由此可见,建造主义学习是将外化于形的动手制造实体与内化于心的知识理解迁移有机地统一在学习者从事对个人有意义的学习活动中。

6. 倾向于具体思维的学习风格

Turkle 和佩珀特认为,具体思维可以与抽象思维达到同等的高级程度。佩珀特用"程序员风格的画家"隐喻,从两个角度来说明倾向于具体思维的学习风格:① 把"摆弄"(bricolage)——即兴的、擅长灵活应对的方法作为组织工作策略的起点,如画家和程序员以工作为导向,而不是遵循预先制订的计划;② "接近物品"(closeness to objects),有些人更喜欢接近物品的具体思维方式,即采用即兴的、擅长灵活应对的摆弄方法,这种解决问题的方法未必逊色于有计划的方法。

综上,佩珀特提出的建造主义凸显了现代学习观的丰富内涵。与倾向于知识传授的"教授主义"不同的是,建造主义鼓励学生在技术中介的学习环境中,通过设计与制作外在的、可分享的学习物品来建构知识。学习物品是促进知识建构的"用来思考的对象",有助于学生建立知识的个人联系。而"程序员风格的画家"隐喻展现了学习的动态过程,以及人们对倾向于具体思维的学习风格的包容。

### 三、建造主义对学校教育的启示

佩珀特是一位卓有远见的教育技术专家,早在1991年他就清晰地表述了建造主义是一种把个体、社会、知识、物品、工具等各要素进行有机融合的学习理论。佩珀特提出的建造主义既为我们重新思考教育,揭示现代学习观的丰富内涵,认识工具、媒体和环境在学习中的作用等提供了宝贵的精神和物质财富,也为我们思考如何在学校教育中开展建造主义学习、创设技术中介的学习环境与活动提供了有益的启示。

（1）学校教育应重视创设技术中介的学习环境。佩珀特主张学生对计算机进行编程，而不是计算机被用来对学生编程。而学生对计算机进行编程，正是一种建造主义学习方式，即学生使用技术中介的学习环境，设计他们自己的"用来思考的对象"，开展实验、探索和表达，并通过与学习物品、知识、同伴和专家等进行互动，积极建构知识，在崇尚创意、摆弄、探索、搭建和展示的学习文化中不断成长。

（2）学校教育应鼓励开展建造主义学习。建造主义的核心思想可以归结为一点：通过建造理解一切，即当学习者通过搭建物品并与他人分享来建构他们的理解时，学习最有效。今天的学校教育有必要重新认识建造和学习之间的关系，倡导一种幼儿园式的学习方式，即让所有年龄段的学生用自己的双手和五官，借助技术中介的学习环境，在玩乐中使用从低技术到高技术的各种材料和工具，通过"重新创造"来理解这个世界，在好玩、富有想象力、对个人有意义的活动中，以学习者兼设计者的身份去设计物品、建构知识，并尝试跨越学科界限，将艺术和设计、科学和工程等进行有机融合。

### 学习拓展

#### 幼儿 Scratch Jr 编程的游戏活动

如何让幼儿对计算机进行编程，而不是计算机被用来对幼儿编程，让幼儿按照既定的程序观看？从而让幼儿使用技术中介的学习环境，开展实验、探索和表达，并通过与学习物品、知识、同伴和专家等进行互动，积极建构知识并不断成长？下面通过一个幼儿使用 Scratch Jr 编程的游戏活动为例进一步理解建造主义下的幼儿能力培养。

**活动目标：**

1. 让幼儿初步了解 Scratch Jr 编程的基础知识。
2. 提高幼儿的逻辑思维能力和创造力。
3. 培养幼儿的团队协作能力和表达能力。

**活动内容：**

1. 导入 Scratch Jr 编程基础知识，包括角色、场景、事件等。
2. 教师演示一个简单的动画故事，比如"小猪走路"的故事。
3. 幼儿分组，每个小组创建一个动画故事。
4. 幼儿编写 Scratch Jr 程序来制作动画故事。比如"小猪走路"的故事，可以让小猪在场景中走动并发出声音。
5. 测试程序并分享结果。比如，单击舞台上的绿旗来运行程序，观察程序的结果是否正确。
6. 分析结果并进行调整。如果程序的结果不正确，需要重新检查程序并进行调整。
7. 分享成果。让每个小组的代表来演示他们的程序，并分享他们的想法和经验。

**活动准备：**

1. Scratch Jr 编程软件和相关教学资料。
2. 动画故事剧本和相关数据。

**活动过程：**

开展 Scratch Jr 编程活动，可以按照以下步骤进行：

1. 向幼儿们介绍 Scratch 编程软件的基本功能和使用方法。可以通过图形化界面，让他们了解如何拖拽代码块，如何使用不同的指令来实现自己的想法。

2. 设计编程活动。根据孩子们的年龄和兴趣，设计一个与他们能力相符的编程活动，比如制作一个简单的动画故事或游戏。

3. 分组进行互动。将孩子们分成小组，让他们合作编写程序流程卡，然后让机器人按照孩子们编写的指令进行操作，比如前进、转弯、停止等。幼儿在让机器人行进的过程体会机器人行走不同步数的区别，从而理解数的概念，同时幼儿也在让机器人达到目的的过程，进行如何设计路线的思考，从而发展自身的逻辑思维。

4. 分享和交流。在活动结束前，可以让每个小组的代表来分享他们的程序流程卡和操作结果，让孩子们互相学习，共同进步。

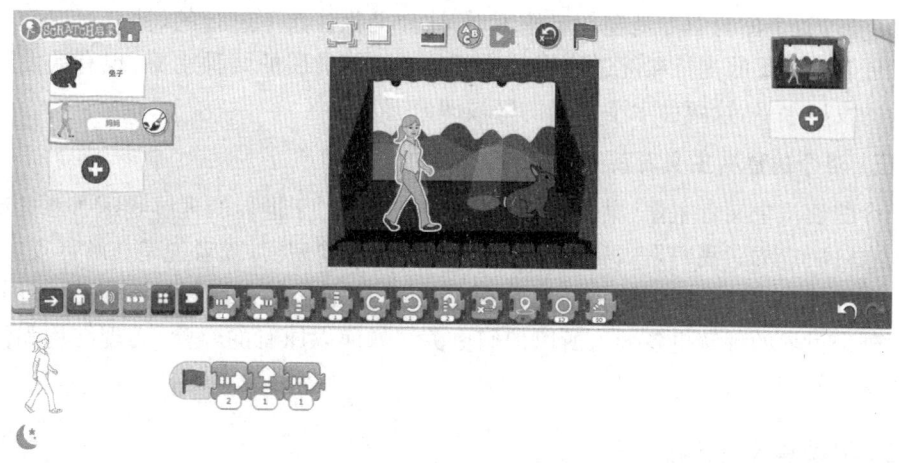

图 3-4　幼儿使用 Scratch Jr 编程的画面

## 第四节　建构主义学习理论

建构主义学习理论是学习理论中行为主义发展到认知主义以后的进一步发展。强调"知识建构"，认为学习是学习者在与环境互动过程中主动地建构知识的意义。

### 一、建构主义的基本观点

#### （一）皮亚杰的儿童认识发展论

皮亚杰提出的儿童认识发展论认为，儿童是在与周围环境相互作用的过程中逐步建构起关于外部世界的知识，从而使自身认知结构得到发展。儿童与环境的相互作用涉及两个基本过程：同化与顺应。

同化是把外部环境中的有关信息吸收进来并结合到儿童已有的认知结构中,即个体把外界刺激所提供的信息整合到自己原有认知结构中的过程。顺应是指外部环境发生变化,而原有认知结构无法同化新环境提供的信息时所引起的儿童认知结构发生重组与改造的过程,即个体的认知结构因外部刺激的影响而发生改变的过程。由此可见,同化是认知结构数量的扩充(图式扩充),顺应则是认知结构性质的改变(图式改变)。认知个体(儿童)就是通过同化与顺应这两种形式来达到与周围环境的平衡。当认知个体能用现有图式去同化新信息时,他处于一种平衡的认知状态;当现有图式不能同化新信息时,平衡即被破坏,而修改或创造新图式(即顺应)的过程就是寻找新的平衡的过程。个体的认知结构就是通过同化与顺应过程逐步建构起来的,并在"平衡—不平衡—新的平衡"的循环中得到不断的丰富、提高和发展。

## (二)维果斯基提出的社会文化观和最近发展区

维果斯基提出的社会文化观和最近发展区则认为,人特有的心理结构必须在人的外部活动中形成,个体的学习是在一定的历史、社会文化背景下进行的,社会可以为个体的学习发展起到重要的支持和促进作用。他区分了个体发展的两种水平:现有的发展水平和潜在的发展水平,这两种水平之间的区域即最近发展区。

## (三)当今的建构主义者观点

当今的建构主义者主张,世界是客观存在的,但是对于世界的理解和赋予意义却是由每个人自己决定的。我们是以自己的经验为基础来建构现实,或者说是在解释现实,我们每个人的经验是用我们自己的头脑创建的,由于我们的经验以及对经验的信念不同,于是我们对外部世界的理解也各异。所以他们更关注如何以原有的经验、心理结构和信念为基础来建构知识。

# 二、实现意义建构过程

建构主义学习理论强调以学生为中心,要求学生由被动的接受者变成信息加工的主体,知识意义的主动建构者。知识不是通过教师传授得到的,而是学习者在一定的情境中,借助其他人的帮助,以自身已有的知识和经验主动建构而获得。该理论要求教师由知识的传授者、灌输者转变为学生主动建构意义的帮助者、促进者,要求教师在教学过程中采用全新的教学思想和教学模式。

由于学习是在一定的情境即社会文化背景下,借助其他人的帮助即通过人际间的协作活动而实现的意义建构过程,所以建构主义学习理论认为"情境""协作""会话"和"意义建构"是学习环境中的四大要素或四大属性。

(1)情境必须有利于学生对所学内容的意义建构。在教学设计中,创设有利于学习者建构意义的情境是重要的环节或方面。

(2)协作贯穿于整个学习活动过程中,包括了教师与学生之间、学生与学生之间的协作。协作对学习资料的收集与分析、假设的提出与验证、学习成果的评价直至意义的最终建构均有重要作用。

(3) 会话是协作过程中最基本的方式或环节，学习小组成员之间必须通过会话商讨如何完成规定的学习任务的计划。此外，协作学习过程也是会话过程，在此过程中，每个学习者的思维成果（智慧）为整个学习群体所共享，因此会话是达到意义建构的重要手段之一。

(4) 意义建构是整个学习过程的最终目标。建构的意义是指事物的性质、规律以及事物之间的内在联系。在学习过程中帮助学生建构意义就是要帮助学生对当前学习的内容所反映事物的性质、规律以及该事物与其他事物之间的内在联系达到较深刻的理解。

### 三、建造主义与建构主义的联系与区别

建造主义和建构主义在本质上是相通的。皮亚杰被认为是建构主义学习理论的伟大先驱，1958—1963年佩珀特跟随导师皮亚杰，在瑞士日内瓦大学遗传认识论国际中心一起工作。四年的合作共事使佩珀特信奉着与皮亚杰一致的观念：个人是通过建构知识来学习的。皮亚杰曾说："没有人像佩珀特一样理解我的想法。"但是，建造主义和建构主义也存在字面上的差异和其他区别。皮亚杰的建构主义把重点放在个体孤立的知识结构的发展中，认为认知发展是从直觉走向理性思维或从日常认知走向科学推理的一种缓慢而稳定的转变，更高级的思维形式都是抽象的和"在头脑中"的。相比之下，佩珀特的建造主义更多地侧重于"学会学习"、制作物品和具体思维，他强调工具、媒体和情境在人类学习、认知发展中的重要性，认为具体的思维方式和"在头脑中"的思考一样重要。

归纳起来，建构主义与建造主义的区别主要如下。

(1) 侧重内部还是外部？建构主义侧重内部的心理建构，而建造主义关注建造"现实世界中"的物品，佩珀特将这种建造的物品称为公共实体，两者的这种区别实际上体现了思维重点的转变。

(2) 侧重抽象还是具体？建构主义重视抽象，认为更高级的推理是逐渐脱离具体物品的世界，而在假想的世界里能以心理方式操纵象征物。建造主义则把学习的焦点从抽象转移到具体，关注知识如何在特定的环境中形成和转化，通过不同的媒体形成和表达，并在不同人的头脑中进行处理。可以说，皮亚杰的兴趣主要在于构建内部稳定性，而佩珀特更加关注动态变化过程。

(3) 侧重个人还是社会？建构主义将学习视为一项独立的活动，而建造主义强调学习的社会本质，两者的这种区别反映了从关注个人学习到关注社群学习的转变。

(4) 应用场域侧重自然情境还是学校教育？建构主义关注的是人与周围环境中的人和物之间进行的自然且自发性的日常互动，而建造主义所预设的应用场域是学校教育。

综上所述，建构主义与建造主义既有联系，也有区别，具体如表3-1所示。虽然建构主义和建造主义对个人如何学习、如何建构知识的认识存在差异，但将这两种观点整合起来，可以丰富人们对自己如何学习和成长的理解。与情境分离是达成更深层次理解的必要步骤，但并不一定要脱离，实际上可以更加密切、敏锐地把人与事物联系起来。

总之，建构主义和建造主义共同阐述了个人理解自己的经验并逐渐优化与世界互动的过程。

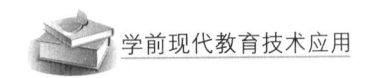

表 3-1 建构主义与建造主义的联系与区别

|  |  | 建构主义 | 建造主义 |
|---|---|---|---|
| 联系 |  | 相信个人是通过建构知识来学习的 ||
| 区别 | 内部/外部 | 侧重内部的心理建构 | 关注建造"现实世界中"的物品 |
|  | 抽象/具体 | 重视抽象 | 重视具体超过抽象 |
|  | 个人/社会 | 把学习作为一项独立的活动 | 强调学习的社会本质 |
|  | 自然情境/学校教育 | 关注自然情境中的知识习得 | 着眼于学校教育中的知识习得 |

## 思考与练习

1. 叙述"经验之塔"教学理论的内容和教学启示。
2. 思考"经验之塔"教学理论的不足之处。
3. 你认为新兴技术为具身学习活动提供什么支持?
4. 建造主义对学校教育有何启示?
5. 简述派帕特的建造主义与建构主义观点的区别和联系。

# 第四章　技术下的幼儿活动设计和实施

2021年12月，中央网络安全和信息化委员会印发《"十四五"国家信息化规划》明确提出，要"推进信息技术、智能技术与教育教学融合的教育教学变革"，这势必需要利用技术赋能，全面推进教学模式创新和评价方式改革。除了运用传统的多媒体以外，移动终端技术、人工智能技术的普及应用软件的涌现，为幼儿园的教学创新和改革带来了新的契机，教师应该认识到这些新的媒体和技术对幼儿教育的影响及其价值。在教学活动中引入人工智能和计算思维启蒙等相关教育活动，在游戏观察中引入大数据采集与分析技术，为改善教师的教育教学行为提供依据，引导教师准确发现每一个幼儿的需求。本章结合诸多集体教学、区角个别化活动案例，从教学准备、教学活动设计和实施、幼儿发展评价等方面阐述信息技术如何助力或创新这些工作。

## 第一节　概　述

随着各种新媒体和技术的发展，其中一部分已经在学前教育领域得到应用，成为学前教育的辅助工具之一。因学前教育对象的特殊性，信息技术在教育教学中应用时，首先，要注意其应用的适宜性及不能替代其他有价值的教学工具，也须与它们在使用上进行平衡配合；其次，要注意使用信息技术方式方法和使用的效果，是否能够有助于活动开展和儿童发展；第三，在人工智能技术的飞速发展下，要注意相应的人工智能启蒙教育，比如人工智能应用的意识和伦理，计算思维等的培养；第四，技术在幼儿教育中的应用，对教师的专业性提出了相应的要求，教师需要具备相应的技术素养，并与专业知识和具体教育教学活动融合的能力。

### 一、技术应用的适宜性和不替代需要坚持

当前，世界各国都在研究如何充分利用信息技术提高教学质量和效益的问题，技术应该为幼儿园所用，为幼儿园向高质量的教育发展而服务，但数字化智能化为代表的信息技术永远是工具，并且不替代已有的早期教育价值的教具和学具，让技术工具帮助幼儿认知，促进幼儿发展才是应用的目的。

由于学龄前儿童年龄特点，在生理、心理和认知上是有别于中小学生的，使用的前提是保证内容和方式等方面的适宜性，以保证使用的有效性。在时长上，要严格限制技术工

具的使用时长,以免对幼儿造成情感和身体上的伤害。全美幼儿教育(NAEYC)于2012年发布《技术和交互式媒介为工具应用于0—8岁早期教育方案》(*Technology and Interactive Media as Tools in Early Childhood Programs Serving Children from Birth through Age 8*)。该方案明确反对孤立地使用信息技术或是用信息技术活动简单替代已有的具有早期教育价值的活动材料和工具,例如在屏幕上作画可以增加幼儿图像表征的经验,但并不能取代使用颜料、蜡笔和其他美术创作的材料,基于屏幕的作画只是为幼儿的自我表达和感知方式增加了学习的路径,但对于幼儿,实物材料的使用是必不可少的。早期教育方案认为与技术和媒介的互动是有趣的,并能够为创造、探索、装扮游戏、主动游戏和户外游戏提供支持。因此,信息技术的使用也有助于推动传统教育活动的开展。但为避免技术滥用,我们应使用适宜和有效的技术,也就需要知道适宜的、有效的技术和媒体应该具有的品质。一般来说,适宜和有效的技术和媒介的品质体现在以下几个方面:

首先,适宜和有效的技术和媒体是积极的、富有吸引力的、鼓励幼儿动手操作的,给予幼儿自主控制权而不是控制幼儿的,并为幼儿完成任务提供支架。

其次,适宜和有效的技术工具能连接屏幕上的活动和屏幕外的活动,屏幕内的活动有益于屏幕外活动的开展,且强调成人与幼儿、幼儿同伴间的共同观看,共同参与。

另外,有效的技术工具应该能够帮助教师更好地记录和评价幼儿的发展,便于加强家园联系与信息共享。

## 二、幼儿相关的技术素养教育需要关注

伴随着信息技术的应用和发展,信息素养作为公民终身学习的重要能力的作用更加突显,这对于学前儿童也不例外,正如全美幼儿教育协会主席 Gera Jacobs 认为儿童在网上有很强的"研究能力",我们应该保护他们,让他们对信息技术有正确的认识,避免他们接触到一些不好的东西,谨慎、有意识、适当地使用技术。而且,学龄前儿童对于新技术有很强的应用能力,如 Amanda 等学者通过对学前儿童在课堂上使用谷歌网页搜索数据的分析发现,学前儿童会进行复杂的网页搜寻,包括关键字搜索浏览、查询的拟定及重新拟定、相关性判断、信息多任务处理和协作行为,并且4—5岁的儿童有时候还能进行某些成年搜索者程度的复杂搜索交互。Tecce De Carlo 等学者通过与幼儿园老师合作使用 i-Learn 对学生进行信息素养教育后发现,5—6岁儿童能够知道如何以及为什么需要定位和评估信息来源,并具有高级的集中和组织信息的能力。美国国会图书馆对其附近幼儿园的学前儿童开展参观国会图书馆、推理和提问、建立联系(比较和对比)等活动发现,5岁和6岁的儿童具备对信息来源进行分析的基本技能。另外,有研究者对幼儿进行人工智能素养的教育,如对66名幼儿园和一年级学生进行不同程度的具身编程活动,结果发现,Scratch Jr 编程活动中所展示的高度具身能够促进数学理解和编程技能,而且使用计算视角的实践大大提高了儿童对核心编程概念的理解。Scratch Jr 编程教学的研究结果同时表明,Scratch Jr 可以有效地发展幼儿的问题思维、算法思维、批判思维、合作思维以及创新思维,帮助幼儿提升沟通能力、独立分析能力与归纳总结能力。

由幼儿技术应用和能力发展的实际情况表明,进行学前儿童的相关素养启蒙教育是

必须的。信息素养是一个笼统的概念,并且随着技术的发展和不断变化,信息素养的概念变得逐渐丰富和复杂。与其相关的有数字素养、人工智能素养等,对于他们之间的关系,有不同的说法,有学者认为,信息素养是一个上位概念,随着技术的发展,数字素养和智能素养是对其的延展和丰富。由于学前儿童使用的移动终端网络、人工智能技术等既有优点也有缺点,同时儿童使用这些技术的问题也非常复杂,仅仅在家拥有数字设备和让儿童使用并不能保证幼儿的数字素养和人工智能素养以及相应的思维能力得到锻炼,幼儿园应该开设相关课程,以促进学前儿童在以人工智能技术为主的信息时代具有良好生存技能。因此,幼儿教师有责任倡导针对学前儿童的相关教育,以培养学前儿童成为终身学习者所需的批判和创新性思维以及问题解决的逻辑思维等。

学前教育关乎儿童的终身发展,为促进我国学前教育中信息素养教育的发展,提升学前儿童信息素养能力,我国学者应该加强对国外学前儿童信息素养教育的研究和对我国学前儿童信息素养现状的调查,以探讨适于我国学前儿童发展的技术素养内涵和标准。当前人工智能时代,除了培养学龄前儿童适当通过移动终端等设备获取、利用、分析和创造信息的能力,同时也应该关注儿童人工智能时代的智能技术意识以及应用的伦理和编程思维等的启蒙教育,所谓人工智能启蒙教育,旨在"启于始发,蒙以养正",开设的相关活动也必须基于幼儿的认知发展水平和知识储备,重视思维培养,着眼于培养儿童未来在智能时代学习、生存、生活所需的意识和态度、逻辑和能力。

### 三、教师技术相关的教学设计能力需要发展

信息技术(例如平板电脑、智能电话)在支援学前儿童学习方面有相当大的潜力,但如果没有成年人的支持和干预,信息技术的优势将不会实现,另外,人工智能背景下,智能机器人相关知识、编程相关思维逐渐趋于低龄化,有研究发现,幼儿阶段是计算思维发展的关键阶段之一,学龄前儿童需要进行相关技术的启蒙教育,应该重点培养儿童的批判性、创新性思维和解决问题为主的计算思维,这就对学前教师的技术相关的能力和素养提出了要求。但现实情况是部分学前教师还存在技术教育的意识不强、能力较弱、相关伦理道德认识不够等问题,特别是技术融入教学活动的创新设计能力,技术素养启蒙教育的活动设计能力亟须提升。

技术解放了一些具有创新精神的教师,使他们抛弃了大量的重复劳动,而将精力集中在教师的核心任务上,如教师的创新设计和育人上。在具体技术工具和活动上,教师决定着是否合适、如何使用,是否开展有关学龄前儿童技术素养的启蒙教育,比如人工智能启蒙教育、计算思维教育。将技术工具、媒体内容引进、整合和融入教学实践活动时,教师需要精心、仔细地挑选,并且不断地观察、评估、反思技术使用的效果,以发现其带来的发展机会和挑战,并做出适当的调整。而在教学活动设计中,技术应用的教师专业发展至少基于以下几方面。首先,应该关注幼儿的学习与发展的专业知识;其次,对幼儿兴趣与经验、家庭和文化背景等方面的了解;第三,对技术与媒介的特性、教学作用及对幼儿潜在的影响的了解;另外,对相关研究前沿的关注。有了这些准备,才能够提高教师的信息化教学活动的设计能力,才能够达到利用信息技术提高教学准备的效率,优化教学活动组织,达

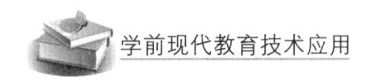

成教学目标的目的,才能在学习环境中为促进幼儿发展有效使用技术提供支持,才能够回答好技术应用的一些问题,如:引入技术和媒体是否拓展了幼儿的学习机会?是否有助于幼儿的发展和经验的获得?这是因为,信息技术是促进教师专业发展的工具,也是幼儿的工具,既是教具,也是学具。

## 第二节 技术支持下的教学准备

教师的教学准备是教学的起点,也是教学实施的基础。教学准备要求教师对教学内容、资源、过程与方法等方面进行综合考量。幼儿教师的教学准备具有独特性,是不同于中小学教师的教学准备,对于中小教师来说,他们的任务主要是讲清楚教学的知识点,促进学生理解和吸收,幼儿教师的教学活动主要关注的是让幼儿真正去感受、体验、发现和表达。因此,幼儿教师教学准备不仅包括书面写作,更要包括物质环境和材料的准备。数字化时代,幼儿教师应该在秉持幼儿发展为本的理念,充分发挥新技术的优越性,顺应时代的变化发展、技术的变革,充分发挥信息技术的优越性,为高质量的幼儿教育教学做好备课工作。

### 一、教学资源的搜索

课程资源是幼儿产生经验的重要条件,因此,教师备课的过程中,应围绕活动目标,准备大量的课程材料和工具,以丰富幼儿的经验。信息技术环境下,备课的内容除了有形的物资材料和工具的准备外,还可充分利用网络海量的音频、视频、教学设计等,这就要求教师具备检索和收集资料方面的能力。

为学前教师提供教学资源的检索和收集主要包括搜索引擎、幼教网站、提供幼教服务的订阅号与视频号、素材网站等。

1. 搜索引擎

搜索引擎(search engine)是指根据一定的策略、运用特定的计算机程序从互联网上收集信息,为用户提供检索服务,将用户检索的相关信息展示给用户的系统。搜索引擎分综合搜索引擎和专业搜索引擎。

综合搜索引擎常见的有谷歌、百度、必应等,它们各有特点,了解它们的特点,在使用时选择合适的进行使用。

百度(www.baidu.com)是常用到的中文搜索引擎。百度除了可以搜索网页之外,还可以搜索图片、视频、音频等。其中百度文库是百度发布的供网友在线分享文档的平台。百度文库的文档由百度用户上传,需要经过百度的审核才能发布,百度自身不编辑或修改用户上传的文档内容。网友可以在线阅读和下载这些文档。百度文库中可以搜索到大量与教学相关的内容,比如:教学设计方案、教学PPT、考试题库等。另外,近日,百度搜索正式推出了智能对话搜索功能(如图4-1所示),该功能基于百度的"文心一言"大语言模型。这一功能可以让用户在搜索时与搜索引擎进行更加自然、智能化的对话交流。对话搜索是基于自然语言处理技术和对话式人工智能技术的创新搜索方式,通过语音识别、自然语言理解等技术,实现了用户与搜索引擎之间的智能对话,更加符合用户的使用习惯,也更加贴近实际的对话场景(如图4-2所示),目前,类似这种智能对话式搜索越来越多。

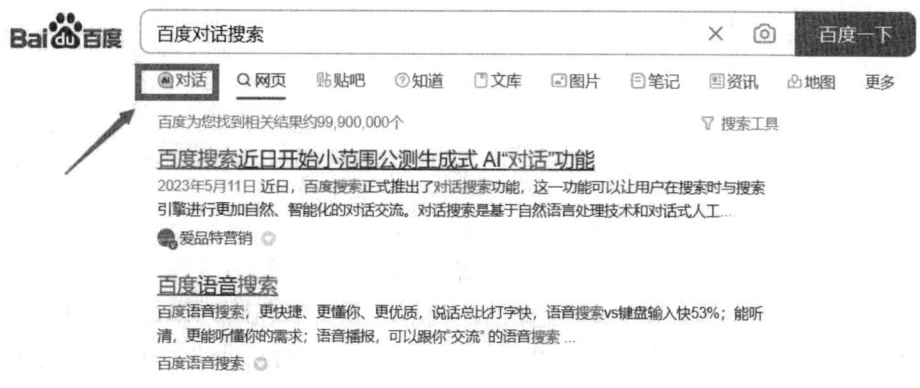

图4-1 百度的对话搜索功能

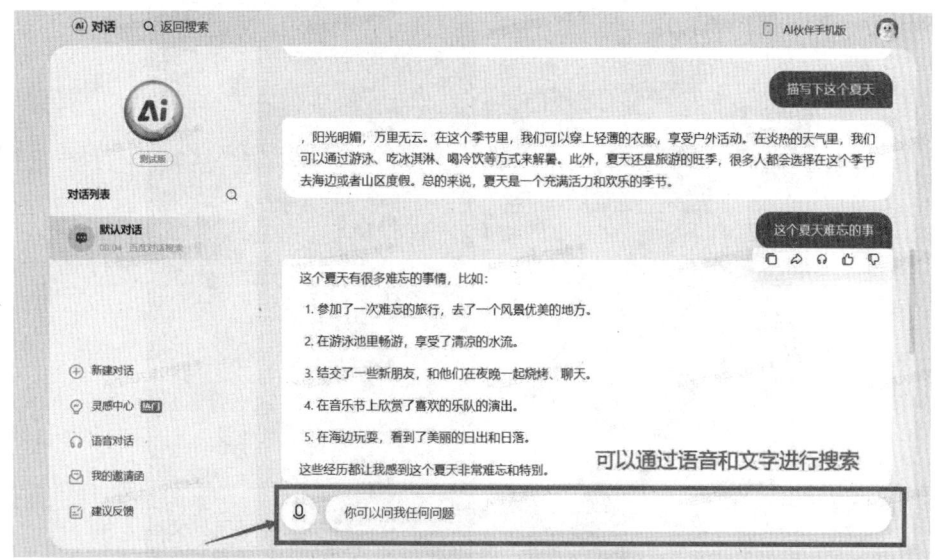

图4-2 百度的对话搜索界面

百度搜索引擎是全球最大的中文搜索引擎,是大家常用的搜索引擎,但搜索后提供的网页存在内容繁杂、质量良莠不齐的现象,因此通过其搜索的结果要谨慎使用。

必应(https://www.bing.com/)是微软公司2009年5月推出的全新的搜索引擎,每日首页美图,与Windows系统深度融合。必应分为国内版和国际版。国内版有少量广告,给出的结果大概是介于屏蔽广告版百度和中文版Google之间。国内版的页面布局符合中国人的互联网习惯,百科、学术文章和新闻,还有关联热词语。国际版无广告(建议大家使用),提供了相关热词的关联,把资源做了整合,包括新闻、百科等等,比较符合国内用户的体验。

除了百度、谷歌和必应这些综合搜索引擎,还有一些针对性的专业搜索引擎,也称为垂直搜索引擎,如关于视频素材的搜索,目前常见的视频网站都提供视频搜索功能,可以实现对教学视频的搜索与下载。比如:腾讯视频、爱奇艺、哔哩哔哩等,可以提供音频搜索的平台有网易云音乐、QQ 音乐等,以及搜索微信资源的有搜狗微信(https://weixin.sogou.com/),搜索电子书的鸠摩搜书(https://www.jiumodiary.com/),网盘资料的搜索的盘搜(https://www.pansou.com/)等等。

2. 幼教网站

(1) Childhood 101 教育网站

Childhood 101 教育网站的网址是 https://childhood101.com,是一个学习玩耍的综合性网站,里面有丰富的幼儿教育内容,有各式各样的课程和活动。如学习活动、创意玩乐、打印纸、家庭活动、食物五大板块,可以按主题查找,也可以按年龄查找,baby、toddler、pre+k 到 school age 都可以找到有趣的活动(如图 4-3 所示)。网站里的活动都可供家长和老师们借鉴,分为不同的主题,是每个幼师都应该带孩子们一起做的主题活动。

图 4-3 Childhood 101 教育网站上的活动

(2) Simply Kinder

Simply Kinder 网站的网址是 https://www.simplykinder.com,美国的幼儿园主要针对的是学前 5—6 岁孩子的学习,这个网站就是针对这一年龄阶段的孩子。它的宣传标语是"Developmentally Appropriate, Academic and Fun"(适合孩子的发展阶段、学术性和趣味性)。这里指的学术并非是我们理解的学术,指的是让孩子们在玩中学习和成长的环境。

图 4-4 Simply Kinder 网站

(3) 中国学前教育研究会

中国学前教育研究会的网址是 http://www.cnsece.com/,该网站主要介绍研究会的工作,如开展"中国化、科学化、大众化幼教道路坚守的 100 年"学术研讨会,通知"十四五"课题培训;幼教的最新资讯,如对全国学前教育宣传月进行宣传、转发各地幼儿园幼小衔接、课程游戏化等前沿学前教育理论的运用实践;有关课题研究情况、世界学前教育组织和联合国儿童基金会在中国的情况。

(4) 上海学前教育网

上海学前教育网的网址是 http://www.age06.com/,主要板块是上海学前的新闻资讯,如为深入贯彻党的二十大精神,践行人民城市理念,加快实现"幼有善育"宣传,上海印发《全面建设高质量幼儿园的实施意见》等。搜索栏中分为政务版、教师版、家长版,又细分为幼儿园、早教中心、课程资源、科学对象、06 阅读、专题等其他板块,以满足不同用户角色的需要。

(5) 当代学前教育网

当代学前教育网的网址是 http://www.ddxqjy.com/,当代学前教育网是为全国幼儿园园长、幼儿教师提供职业成长,为全国学前教育专业院校学生提供职业技能、实践就业等服务的专业网站,创立于 2014 年 8 月,总部位于北京。

当代学前教育网以互联网和新媒体技术为载体,通过线上比赛、线下培训、公益活动、就业指导等方式,为幼儿园、幼儿教师以及学前教育专业在校生提供适应学前教育发展趋势的"职业培养、技能训练、专业培训、交流分享、就业衔接"等方面的多元化服务。

3. 提供学前专业服务的微信订阅号和视频号

具有专业服务的微信订阅号和视频号是一种新型的教育资源,它们可以为幼儿园教学提供丰富的素材资源,这些具有专业服务性的订阅号或视频号以幼儿园的需求为中心,涵盖了从课程领域及其他领域的特色内容,为幼儿园发展提供以专业化为基础的集成式服务。提供专业服务的微信订阅号和视频号有奕阳教育、上海托幼、幼师贝壳等。

以上海托幼为例,其致力于探讨学前教育理论,研究婴幼儿科学成长的规律,指导广大托幼工作者和婴幼儿家长科学育儿以及总结学前教育新鲜经验。为托幼教师、保育员、幼儿家长学习学前教育理论、改革教学方法、交流育儿经验、开发幼儿智力、掌握科学育儿的知识和方法提供帮助。

**奕阳教育**

奕阳教育（Sunglory Education）创办于2002年，是中国学前教育领域专业化程度较高、产业链布局较为完整的创新教育服务企业。

收起

789篇原创内容  18个朋友关注

视频号：奕阳教育

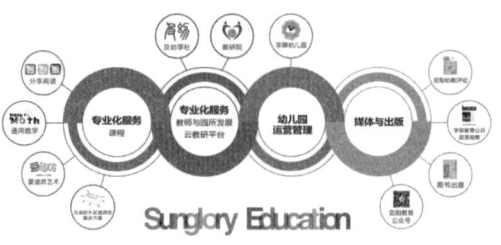

图4-5  奕阳教育公众号及其提供的服务

 **上海托幼**

展示上海学前教育改革与发展成就，推动幼儿教师专业成长的专业理念与内容，传递0~6岁婴幼儿科学育儿理念和方法，为婴幼儿家长交流科学育儿经验提供平台。

 **幼师贝壳**

为幼师提供优质教案PPT、海量电子素材和多元体系课程，全方位满足幼师教学需求，让幼师轻松备好课。

图4-6  上海托幼公众号　　　　　　图4-7  幼师贝壳公众号

4. 素材网站

随着信息技术的发展，学前教育领域越来越多地应用信息技术辅助教学，各种素材网站应运而生。素材网站所提供的素材往往形象生动，有助于教师设计教学，帮助学习者快速进入教学情境中，以创设教学情境、激发学习兴趣、集中注意力等作用。素材库的类别主要有图像、音频、视频、动画等。

（1）图像

3—6岁儿童的思维以具体形象思维为主，并且该阶段儿童的有意注意时间较短，从该年龄发展特点出发，幼儿教师可以充分利用图像素材进行教学。图像素材是学习者最容易接收的信息，它形象、生动、直观地表示出大量的信息，帮助分析、理解教材，解释概念或现象。教学中教师结合标注等形式将重要信息标识出来，图文并茂的呈现能够大大提升儿童对课堂的兴致。课件中使用的图形、背景图片、创设情境时使用的图片都属于这种素材，可以提供丰富图像素材的网站有千库网（https://588ku.com/）、站长素材（https://sc.chinaz.com/）、piqsels网站（https://www.piqsels.com/）、pngimg网站（http://pngimg.com/）等。

图4-8  提供丰富图像素材的网站

以千库网为例,千库网是国内提供 png 图片的素材先驱网站,经过 1 年多的高速发展,该网站不仅仅拥有 500 万优质 png 免抠元素,还有 300 万精品背景素材和 700 万模板素材,可以提供大量的教学课件设计模板、艺术字库和原创插画等,为幼儿教师日常图像素材的获取提供参考。

(2) 音频

幼儿园教学中教师对声音或音乐等音频的正确使用能够帮助儿童更好地感受课堂氛围,激发学习的兴趣。例如:语言教学中悦耳的示范朗读、标准规范的字词发音等有助于儿童更好地掌握普通话要领;富有情感的故事讲解能够调动儿童用听觉接受知识。音频的运用更有利于集中儿童学习的注意力,陶冶儿童的情操,激发其学习潜力,有质量的音频素材网站有宝宝吧(http://www.baobao88.com/)、宝宝巴士(https://www.babybus.com/)、耳聆网(https://www.ear0.com/)、爱给网(https://www.aigei.com/)等。

以宝宝吧为例,其所含内容丰富,包括儿童歌曲、故事、游戏、动画、少儿英语等方面的内容,素材资源全面,可以为提高幼儿教师获取教育教学素材的效率。

图 4-9 有质量的音频素材网站

(3) 视频

视频素材集声、光、画为一体,能给儿童直观的感受。在学前教育教材中有很多自然风光、人文景观等方面的内容,适合用视频的形式展现。而学前儿童的生活经验发展还未完善,经历较少,用视频形式辅助学习符合儿童的身心特点,易于激发幼儿学习兴趣,具有较好的感染力,可以提供丰富视频的素材网站有黑罐头网站(https://www.heycan.com/)、哔哩哔哩(https://www.bilibili.com/)等。

以黑罐头网站为例,里面的贴纸、视频、音效素材丰富,可为幼儿教师获取环境创设、教育教学素材提供参考。

图 4-10 提供丰富视频的素材网站

(4) 动画

对于学前儿童来说,动画是最有感染力的素材之一,动画能够拉近与他们的距离,激发幼儿兴趣。此外,动画可以由静至动,能够展示事物发展变化过程,具有很强的直观性,符合幼儿的年龄发展特点。因此在幼儿园教学中教师可以利用动画以加强教学效果,可以提供动画的素材网站有贝瓦网(http://www.beva.com/)、兔小贝(https://www.tuxiaobei.com/)等。

以贝瓦网为例,其自主设计的卡通形象,专业的儿童内容研发团队,用心原创的儿童成长内容,多样化的呈现形式,可以为幼儿教师教学提供帮助。

图 4-11  提供动画的素材网站

网络素材资源丰富,但也存在质量良莠不齐,因此教师在选取教学资源时不能不加选择拿来即用,应注意以下原则。

(1) 精选

网络资源丰富的同时,也良莠不齐,幼儿教师在进行教学准备时,应结合幼儿的认知水平、领域课程特点、教学内容与目标等因素进行综合分析,选择具有教育价值、富有生活化与趣味性、多样性或多元化、能够提升教学效果激发幼儿学习兴趣的教学资源,做到精准、切合幼儿课堂,而非滥用或为使用而使用。

(2) 针对幼儿的需要,符合幼儿认知特点和规律

① 幼儿无意注意占优势,有意注意初步发展,注意容易转移和分散。结合此特点,教师在使用现代教育技术进行教学时,可以通过视频导入,故事导入等多种方式进行活动导入从而吸引幼儿注意。同时活动时间不宜过长,在制作PPT和相关课件时,干扰因素不宜过多。

② 学前儿童想象以无意想象为主,有意想象开始发展;以再造想象为主,创造想象开始发展。教师可结合幼儿想象的发展特点,通过信息技术丰富幼儿的表象,发展幼儿的语言表现力,与此同时,可以创造虚拟情境,开展多种活动,创造幼儿想象发展的条件。

③ 学前儿童的思维具有具体形象性,主要指儿童依靠事物在头脑中的具体形象进行的思维,即依靠具体事物的表象以及对具体形象的联想而进行的思维。因此,教师可以借助多种教学方式不断丰富学前儿童的感性知识,借助信息技术开展各种智力游戏,教学活动等培养学前儿童的创造性思维。

(3) 选用的材料必须符合幼儿的学习方法和技能的训练

幼儿的学习方式主要有:观察模仿学习、操作学习、语言理解的学习。

① 观察模仿学习,观察是幼儿主要的学习方式,幼儿主要通过感官的直接接触等广义的观察来学习,4岁前的幼儿,别人做什么,他也要做什么。4岁以后的幼儿的模仿,逐渐开始内化。老师要经常为幼儿树立榜样让他们学习,如利用视频媒介等播放积极正面

的卡通角色,引导幼儿学习卡通角色的团结友爱,乐观向上的品质。

② 操作学习。操作活动是幼儿探索世界的主要方式,在操作摆弄物品的过程中,幼儿会发现操作物体与活动之间的因果关系,这成为幼儿探索自身与物体、物体和物体之间关系的重要方式。如教师可以让幼儿操作实物编程机器人,通过触摸与尝试感受指令卡的意义和用途,通过亲手排列指令卡来感受给机器人设计路线的乐趣。

③ 语言理解的学习。用于在成人讲解和指导下对行为和态度的学习,幼儿的学习更多依赖感性而非理性入手,是从归纳而非演绎入手的学习方式。教师在利用技术设备进行教学时,要结合幼儿的实时操作进行讲解,帮助幼儿理解,严禁苦口婆心的说教。

## 二、教学资源的重构

检索、收集教育教学有关资源是教师备课中利用丰富的信息资源的前提,有效利用所收集的素材和资源为教育教学服务,还需教师进行分析、处理和运用的能力。教师必须以专业的视野,对相关资料进行严格的筛选、甄别、根据教学需要和学情重新编辑已获取的资源。

近些年来,"数字故事"逐渐运用于学前领域的活动设计和实施中,许多教师在教学备课中尝试将文字或图画故事转化为集文字、图像、声音、动画和视频等多媒体为一体的可视化故事,这个设计和制作的过程就需要重构收集到的资源,比如将收集到的图像进行抠图,制作成动画效果,给作品配音等。"数字故事"用于课堂教学,可使知识技能教育与情感态度教育更好地融合,进而激发儿童兴趣和发展学生的创造力。"数字故事"也有助于营造直观、生动的教育情境,帮助儿童理解活动内容。下面通过一个绘本阅读活动为例,了解教师是如何对教学资源和素材进行重构的。

**案例 4-1**

### 绘本阅读活动"月亮的味道"①

《月亮的味道》是一本由波兰作家麦克格雷涅茨创作的著名图画书。它充满童趣,结合孩子们喜欢吃和喜欢玩游戏的特点,讲述了一个"和月亮做游戏"的故事。一群可爱的动物想尝一下月亮的味道,于是一起合作,通过不断地叠加,一直努力地向上,终于够到了月亮,尝到了月亮独特的味道。在这个过程中动物们学会了努力付出与合作,最终取得成功并获得了分享的快乐。故事的结局来得突兀而谐趣,充盈着童稚童真的趣味。

那么想要对于这样的绘本资源进行重构,幼儿教师需要从《指南》和《标准》的整体课程目标出发,基于儿童真实需求,分析素材资源特点,恰当使用素材制作教学课件,挖掘教学价值。

**(一) 依据绘本特点,合理设置课件背景,创设情境**

教师首先需要透彻地分析故事内容、把握故事情节,在绘本分析的基础上依据故事内

---

① 此案例来自南京晓庄学院学前教育专业学生吴昕洋。

容呈现画面。"月亮的味道"主要的故事背景发生在夜晚,因此设置课件画面为黑色背景并加以明黄色星星点缀,将故事里的主人公以图片的形式直接呈现在画面中,以此给予幼儿以形象生动的视觉体验感受故事发生的人物、时间与背景,合理创设阅读情境。

**(二) 基于儿童发展特点,运用动画、音频等强化注意,促进理解**

3—6 岁幼儿主要通过感知、表象来认知事物,基于其以具体形象思维为主,无意注意占优势,有意注意逐渐发展的认知发展特点,图文声像并茂的动态故事画面能有效地激发幼儿的学习兴趣,为幼儿提供良好的视听体验,直观形象生动地创设真实教学情境和展现教学内容,让教学故事更具感染力和说服力,促进幼儿对教学内容的充分理解,这种能够给幼儿带来丰富动态感体验的课件需要用到动画、音频、视频等数字化工具,应遵循一下制作规律。

(1) 画面内容遵循自然规律。故事画面中人与物要遵循自然规律,如大小规律、视觉规律等。大小规律指的是形象大小的对比,在"月亮的味道"课件中根据幼儿已有的生活经验,大象身体体积比乌龟大,因此在画面设置时应遵循大小规律,对比出动物们的体积不一样,防止诱导幼儿产生错误观念;视觉规律指的是故事画面中人与物的近大远小,在"月亮的味道"课件中,当小动物们叠加向上够月亮时,月亮总是轻轻往上一跳,那么此时的画面应满足近大远小视觉规律,越往上月亮的大小在视觉上逐渐变小。

(2) 画面动静结合。画面内容有静有动,要做到动静结合,生动自然。根据幼儿的认知特点,故事画面应尽量避免长时间出现静态画面。除了主人公有动作表情外,其他在画面中应有运动状态的人与物也应添加一定的动画效果。"月亮的味道"这一活动中,对于乌龟大爬行轨迹,月亮的移动路径都可以通过添加 PPT 路径动画表现出来,以此加深幼儿对故事内容的理解。在动物合作够月亮的时候,轮到哪个动物通过 PPT 旋转动画加以强调,在整个课件中,蹦跳、翻转等具有强烈时间效果动画的运用,有助于吸引幼儿的注意力,理解故事内容。

(3) 场景适时切换。教师可使用动画制作工具中的转场调整功能,适时地利用转场的推、拉、移等方式切换景别,这不仅能有效表达故事情节与内容,而且能够让画面层次丰富不枯燥。如"月亮的故事"是一个绘本阅读活动,如何在技术的帮助下让幼儿真切感受阅读的乐趣,设计者选择将转场设置成书翻页的切换方式,将整个绘本形象生动地展示给幼儿。

**(三) 依据《指南》《标准》及课程目标,引导幼儿把握主旨,升华情感**

数字故事将图片和文字很好地结合在一起,有助于营造直观、生动的教育情景,想要带给幼儿以情感价值观方面的体验,需要教师对课程目标的正确把握,依据课程目标施加合理的教学策略,培养幼儿的语言表达能力,促进其思维与想象力的发展。例如"月亮的味道"绘本阅读活动中,教师在透彻分析素材主旨基础上依据课程目标为幼儿进行有感情的朗诵和叙述,在数字绘本看完后可引导幼儿交流其中小动物们齐心协力吃到月亮的团结精神。《纲要》中指出:语言能力的发展就是要创设一个让幼儿想说、敢说、喜欢说、有机会说,并能得到积极应答的环境。在活动延伸时,积极鼓励幼儿大胆,清楚地表达自己的感受和想法,用语言描述自己认为的月亮的味道。

相较于传统纸质绘本阅读,数字绘本能够提升儿童阅读的投入度和体验感,能够增加儿童阅读的行为参与,能够促进儿童更准确、全面地把握绘本故事的角色、场景、主题、情节等。"月亮的味道"借助生动的课件使多种信息互相补充、共同诱发和引导,有助于唤醒个体积极的情绪、情感,增强个体的情境感,进而丰富个体有关客体的信息和经验。

### 三、技术支持教学活动的组织策略

教师写下的教学活动设计,其实不只是关于教师准备讲什么的方案,而是一个幼儿的行为和行动方案,即幼儿该做什么、教师该如何支持和引导幼儿的行动过程。幼儿教学是幼儿行动的过程,是幼儿不断获得经验的过程,也是环境材料不断被幼儿利用的过程。加涅曾说,教学设计是一个系统化规划教学系统的过程。教学系统本身是对资源和程序做出最有利于学习的安排,因此,教师要围绕教学目标,进一步确定运用什么策略来组织教学内容,突破教学的重难点,以提升幼儿的知识、技能和素养等,捋清过程与方法,塑造幼儿的情感、态度与价值观,并通过活动的设计对教学的效果展开评价。

下面我们以一个科学活动为例,看看教师是如何通过环环相扣的活动设计来攻克教学难点,支持幼儿获得新经验。

 **案例 4-2**

*大班科学活动"开心的野餐"*[①]

【案例描述】

活动目标:

(1) 认识机器人卡片中"向后一步"指令,分清"向前一步"与"向后一步"指令的区别。

(2) 能够综合使用原地左转、原地右转、向前一步、向后一步行动指令,用自己的方法解决错误配对问题。

(3) 体会将机器人指令和机器人动作成功配对的乐趣。

活动准备:

指令卡(原地左转、原地右转、向前一步、向后一步)、地图块、机器人、点控笔。

(一) 问题与情境

师:上次活动中我们认识了好玩的机器人朋友,一起做了游戏,还探索了机器人萌小鹰的世界,今天要和萌小鹰一起去草地野餐,那小朋友们知不知道野餐的时候,我们都需要带什么东西呢?

小结:食物。

(二) 探索与体验

1. 引导幼儿选择角色,根据任务拼接地图

师:首先请小朋友们思考一下,熊猫、小鸡、小狗、小猫,他们都爱吃什么食物呢?他们

---

① 此案例来自南京晓庄学院和小红叶幼儿园的活动,活动设计者为强婉蓉等。

的食物在哪里呢?那机器人爱吃的食物在哪里呢?让我们先把地图拼起来吧!

师:拼好地图之后请小朋友们把机器人放在地图上,然后思考应该给机器人发送什么样的指令,才能让他吃到食物呢?

2. 交流与分享

引导幼儿分享机器人吃到食物之后的反馈是什么样的。

师:你的机器人吃到他们的食物了吗?他做出了什么样的表情?发出了什么声音呢?

3. 探索错误配对的反馈

引导幼儿探索如果机器人吃到的食物不对会怎样。

师:如果你的机器人,吃到了其他小动物的食物,例如熊猫吃到了玉米?他会怎么做呢?我们需要让机器人怎么走才能返回原点呢?怎么让机器人后退呢?(教师在大屏幕上使用PPT动画的方式声形并茂地演示机器人后退指令的使用)

小结:请大家仔细观察一下,这张卡片上也有一个箭头,和向前一步指令卡看起来很像。可是箭头上的尖,是指向横线的,与向前一步指令卡不同,这个指令表示让机器人后退一步。(大屏幕配合展示以示强调)

(三)巩固与提升

1. 综合运用指令卡,寻找旋转木马

通过更改地图,引导学生观察旋转木马在哪里,如何让机器人找到它。

师:机器人吃饱了要去坐旋转木马放松一下,请思考一下,现在机器人要从家里出发,怎样才能找到旋转木马呢?快和你的机器人一起试一试吧!

2. 分享与提升

邀请学生分享探索过程。

师:请来分享一下你们是怎样把机器人放在地图上,又是如何正确地选择给机器人的指令,让他到达旋转木马呢?

3. 躲避障碍找到旋转木马

师:我们玩得太开心了,顽皮的小幽灵要来捣乱啦!如果碰到它,我们就不能去玩旋转木马了!所以小朋友们要注意不要走到幽灵地图上哦,一定要绕开它,去找旋转木马哦!

4. 分享与提升

邀请学生分享如何完成复杂地图上的任务。

师:请你说一说,这次的地图,和刚才有什么不一样?你给机器人发送了哪些指令,让他到达了旋转木马?在寻找旋转木马的过程中,你还碰到了哪些问题,你是如何解决的呢?

(四)总结与延伸

师:今天小朋友找出了错误的配对,还让萌小鹰去坐了旋转木马,萌小鹰还有很多本领等着小朋友们去发现,那下一次游戏再和萌小鹰见面吧!(结合动画和图像总结并展示机器人萌小鹰更多的本领)

【案例分析】

本活动内容的编写采用倪志明(2015)的幼儿园教育活动内容设计中提及的整合式编

写法,将计算思维活动内容与传统科学和数学领域活动内容相联系,并进行整合,如将机器人指令卡片上面的不同数字对应指令的次数,缩短实物机器人程序的指令卡的编排,让幼儿体验不同数字指令卡对应的效果,从而实现与数学领域"数的概念"的整合。

本活动结合《3—6岁儿童发展指南》,根据大班幼儿年龄特点、编程零基础等情况,进行活动的设计和再编,依据计算思维"抽象、分解、概括、算法、评估"能力培养的需要。

在活动主题确定后,依据布鲁姆目标分类理论和幼儿的实际水平与能力,进行活动要达到效果的制订,当然,除了结果目标,也应关注过程中的表现性目标。总的来说,目标的表述尽可能具体明确、便于操作、切实可行,活动中的认知、技能方面的应该描述结果而非过程。例如:认知领域的目标"能够描述重复指令卡的含义,展示设计路线时的'先后顺序'";技能领域的目标"能够完成开关机操作,并给机器人发送'向前一步''原地左转''原地右转'指令";而情感领域的目标可描述为表现性目标,如"能够在为机器人寻找最优路线中表现出专注、喜欢和愿意参与的意愿"。

在材料的选用与设置上。活动目的、目标和活动内容确定和编写后,要选用与他们相对应的实物编程材料,在活动二中,为了培养幼儿初步评估和修改调整的能力,相对于活动一,增加了"后退"指令卡。帮助幼儿与活动一进行了经验的衔接。

本次活动的主要内容首先是学习"向前一步"与"向后一步"指令及其区别,教师首先运用动画辅助的方式演示区别,然后让学生动手去做。接着让幼儿为小熊猫设定吃竹子的路线并执行。其次在小熊猫吃到错误的食物时,幼儿对指令卡进行调整。最后在教师的引导下总结路线设置思路和方法。

在活动过程的编排上。活动过程应是有趣的,需注意引导幼儿的注意力,发挥幼儿的积极性和参与性,因此,教师应该首先创设问题情境,在问题情境中设置新知,比如在熊猫吃竹子中最短路径的编排蕴含着重复卡片认知,教师则在这一环节种设置相应的任务情境,引导幼儿探索与体验,分享和交流,并在此基础上,设置新任务,进行学习内容的巩固,提升所学知识的综合运用能力,最后是教师的总结和延伸,教师进行所学内容点的总结,并进行一定的活动延伸。在整个过程,适当运用技术组织教学,构建情境,以动画和音效强化教师讲解的效果,以吸引幼儿的注意力。

## 第三节 技术支持下的教学实施

教师应用信息技术的能力不应仅体现在技术操作、教学演示和课件制作上,还应强调教学方法、教学活动内容和信息技术的结合,强调课程与信息技术的整合。从表4-1中可以看到,信息技术作为资源和工具,本身并无应用的定式,多样的信息技术功能可在不同的教学活动环节中发挥作用。当然,这并不意味着每个教学环节都要使用信息技术。本节将通过一些案例的呈现与分析,向大家介绍如何结合具体的幼儿活动,合理巧妙地利用技术的优势,有效地优化我们教学的实施过程。一般来说,大部分教学活动中的技术应用都局限于"资源呈现",比如通过播放视频、动画、音乐或系列图片活动,替代教师讲解故事或演示一些活动上操作。另外即拍即播、多感官参与、交互载体、虚拟现实和增强现实、生成数字产品等技术也会应用于部分教学活动中(如表4-1所示)。下面结合案例阐释一些技术在教学场景中的应用。

表4-1 信息技术的功能与适用的教学场景

| 适用教学场景 \ 技术功能 | 资源呈现 | 即拍即播 | 多感官参与 | 交互技术 | 虚拟现实 | 增强现实 | 生成数字产品 |
|---|---|---|---|---|---|---|---|
| 教学活动的导入 | ✓ | ✓ | | | | | |
| 操作演示 | ✓ | ✓ | | | ✓ | | |
| 回顾与总结 | ✓ | ✓ | | | | | |
| 科学现象与原理解释 | ✓ | | | ✓ | ✓ | ✓ | |
| 故事讲述 | ✓ | | | ✓ | | ✓ | ✓ |
| 区角语言活动 | ✓ | | | ✓ | | | ✓ |
| 区角艺术活动 | ✓ | | ✓ | | | ✓ | |
| 区角科学活动 | ✓ | | | | | ✓ | |
| 作品生成的创造活动 | ✓ | ✓ | ✓ | ✓ | | | ✓ |
| …… | | | | | | | |

## 一、即拍即播的应用

所谓即拍即播,就是拍摄加实时投影的技术。通常是教师利用相机、平板电脑和手机对教学现场进行拍照或者录像,随后利用有线或无线连接的方式将拍摄内容投影到大屏幕上,以增强活动的生成性,有效激发幼儿参与的热情,这种手法可以灵活运用于不同的教学环节中,比如在教学导入中。就教学导入来说,最重要的是要激发儿童学习的兴趣。让儿童产生兴趣,才可以更好地开展接下来的教学活动,吸引幼儿的注意力。另外,在幼儿作品创造后的介绍活动中,也可以使用即拍即播的技术,激发幼儿参与的兴趣。因此,在设计教学导入和作品介绍时,通过信息技术的参与,目的是能够提供新颖有趣的互动方式和形象直观、特征鲜明的材料。下面我们就以大班社会活动"特别的我"为例,看看教师如何通过技术来活跃幼儿的思维,引发幼儿的好奇心,为幼儿进一步学习提供必要的动力。

案例4-3

大班社会活动"特别的我"

【案例设计】

现代信息技术优化教育手段,促进幼儿身心和谐发展,提高幼教管理质量,已成为幼教界研究解决的新课题。所以本案例设计开始是以多媒体互动的方式激发幼儿介绍自己的兴趣。因为幼儿在这个时期正处于自我意识形成与发展的最初阶段,而自我意识正是自信心、自制力、自我评价能力等重要的心理品质形成的基础。

对于即将进入小学的大班幼儿来说,非常需要能够正确地认识自我,评价自我,从而充满自信地去迎接以学习为主要活动的人生新阶段。有意识地去发现、赞美孩子的优点和特点,与孩子交流讨论"不一样的我"这一话题,有助于孩子了解自己是与众不同的个体,从而增强对自我的认识,形成较为积极的自我评价,树立自信心。

所以本次教学设计这一社会活动让幼儿发现和介绍自己独特的地方,让他们知道每一个人其实是不一样的,都有属于自己独特的地方。

【案例描述】

本活动在教学导入环节,教师在现场用 iPad 拍下每个幼儿的照片,通过无线投影的方式,实时投影到白板上,然后快速划屏,以游戏的方式喊"停"选中幼儿并让其介绍自己的本领,幼儿可以将课前准备照片、图画作品等辅以自己的介绍,教师此时则可以拍摄幼儿的照片、图画作品等投影到大屏幕上帮助展示幼儿的资料。

图 4-12 用 iPad 现场拍照并"直播"

【案例分析】

在这堂教学活动中,用与不用信息技术的区别在哪儿呢?苏霍姆林斯基说过,如果教师不想办法使学生产生情绪高昂和智力振奋的内心状态,就开展教学活动,那么这种教学会使人感觉冷漠的态度,而不动感情的活动容易给人带来疲劳。实践证明,积极的思维活动是课堂教学成功的关键。以有趣的活动拉开一堂集体教学序幕,可以激发幼儿思维,引发幼儿对新内容的热烈探求。导入的成与败,直接影响整个教学活动的效果。教师利用即拍即播技术手段和游戏的方式能够创造良好的教学氛围,从而有效地引起和维持幼儿的注意力和参与的动力。

当然这样的师生互动也不一定必须通过即拍即播的技术来实现,如果掌握了一点PPT 动画制作中的触发器动画,也可以帮助教师营造很好的现场感,增加活动的游戏性。比如在这个自我介绍中教师也可以巧用 PPT 将幼儿的照片做成循环播放的动画,通过触发器动画中单击PPT中的停止即可暂停播放,并将指针定位到某一位幼儿的照片中,从而实现随机抽签进行自我介绍的方法。

图4-13 通过PPT触发器创设"即时"播放环境

## 二、多感官参与技术的应用

信息技术不仅丰富了教学资源,也丰富了教学方法。随着科技的更新,媒体不仅能呈现视觉、听觉、触觉等多感官的立体刺激,为我们提供多通道审美感知的机会,甚至能实现不同感觉的组合和转换,为艺术整合的教学开拓新的思路。当信息技术与教学方法有机结合时,教学方法在实现教学目标中的效果将得以优化。下面我们通过案例来看看教师是如何将媒体技术与教学方法进行有机整合的。

 案例4-4

*中班音乐欣赏活动"动物狂欢节"*

【案例描述】

在这个活动中,教师分段引导幼儿倾听音乐,并让幼儿欣赏相关动画片。然后由幼儿用身体动作、语言表现音乐形象。

在活动的开始,教师说森林举行动物狂欢节了,有蹦蹦跳跳的袋鼠,调皮灵巧的小鸟,慢慢走路的乌龟,还有各种可爱憨厚的动物们,踩着或重或轻的步伐,快乐地前进着。小朋友倾听感受音乐,并且欣赏一段以《动物狂欢节》为背景音乐的动画片。动画片的情节、音乐始终紧密结合,加之其色彩鲜明、造型夸张,为幼儿提供有趣的感官体验的同时,也拓展了幼儿的思路,让幼儿更好地体验音乐,并拓展幼儿的经验。

幼儿则将它们听到的音乐和看到的出场动物结合起来,进行表演,然后老师和幼儿一起学小鸟、乌龟的形象,并用生动的语言渲染气氛。

【案例分析】

音乐欣赏教学往往比较强调对幼儿倾听习惯和倾听技能的培养,提倡通过听觉活动进行音乐欣赏。而多感官参与的方法则强调不仅要用听觉器官,而且要借助视觉、动觉、言语等多种感官的统合活动来更好地体验和欣赏音乐作品。本案例通过视听动结合的方式,帮助幼儿打开尽可能多的感知通道,对作品进行再经历和再创造,使幼儿在游戏的同时,完成对音乐的感知和欣赏。其实在我们的艺术活动中,美术和舞蹈活动也可以运用多感官参与的方法,比如在欣赏画作的过程中,加入与之相符的音乐元素,并采用动作模仿的方式来丰富幼儿对美术作品的体验,以帮助幼儿把握作品的表现手法、内在情感,使幼儿的视觉和听觉、动觉在情绪上达到统一,形成通感。如在对名画《向日葵》《星夜》进行比较欣赏的时候,可以借助 Melodist App 将图片生成旋律,制作出两个不同音乐,让幼儿去聆听,去匹配,进而让幼儿理解不同感情色彩作品。

> 知识卡片:**Melodist App**
> Melodist App 是一款很酷很有趣的人工智能照片作曲器,通过用户上传照片后为图片或照片创作出独一无二的旋律音乐,Melodist App 会分析照片中的颜色、色调、饱和度、亮度变化,并自动生成音阶、和声走向和主旋律,直接将照片转译成一首动听的乐曲,搭配动画视觉效果以诠释音乐的情感。

### 三、交互技术的应用

一般情况下,教师们在教学活动中使用的多媒体内容是固定结构、单向传输的,很少能改变播放顺序或交由幼儿自主操控。近年来,交互式电子白板、平板电脑、互动桌等智能设备逐渐引入幼儿园的环境中,促使开展基于软件的交互式学习。

 案例 4-5

#### 中班美术活动"母鸡萝丝的农场"

【案例介绍】

"母鸡萝丝的农场"是基于绘本《母鸡萝丝去散步》发散延伸的一节中班美术活动。《母鸡萝丝去散步》是佩特·哈群斯的成名作,作品色彩明媚,故事幽默、简单流畅,全书仅有非常简短的 8 句话,而图画正是此书的精华所在。幼儿第一次翻阅该绘本时就深深地被书中的图画所吸引,绘本里简单的线条和色彩构成了华美的图案,狐狸身上的如绣花似的花纹和灵活的身段让人着迷以及柔和艳丽的黄色调如温暖的阳光,这些美好的因素都被一个幽默的故事串连在一起,成为良好的美术教学欣赏素材。但是对于中班幼儿来说,发现图案中的排列规律,感受图案整齐有序的美感,远比理解故事本身的情节要难。尤其是书中线图案元素的分解,是需要教师带领幼儿一起去学习感受。

**【交互技术使用】**

本节课的教学过程中,根据幼儿的特点及教学的重难点,教师主要使用了白板交互技术中的幕布、放大镜、聚光灯和拖放等功能。

教学中,教师先进行信息展示,将绘本中的图画通过扫描制作PPT,再导入该软件中。教师利用电子笔或者直接用手指在电子白板上进行播放、翻页等操作。

交互控制(幕布):设置悬念,将分解元素对应的图片用幕布遮挡(显示局部图遮盖完整图),激发幼儿探索、猜测的兴趣,同时也激发幼儿将分解的图案元素和原图做对比,提高幼儿的观察能力。

交互控制(放大镜):在SMART软件中,使用魔术笔在白板上画方形闭合区域,框内图片则被放大。这是本节活动使用的重要功能,通过放大镜将绘本中的典型图案放大重点观察分析,便于幼儿发现和理解图案的排列规律(如:农场中建筑的屋顶和墙壁、柳树的树叶、青蛙身上的圆形花纹等)。

交互控制(聚光灯):同样使用魔术笔在白板上画圆形闭合区域,圈内区域变亮突出,其余部分模糊,制造特殊的视觉效果,减少其他图片的干扰,起到重点突出的作用(苹果树的树枝与苹果的交替排列)。

幼儿与白板的互动(拖放):电子交互式白板的优点之一则是教师、幼儿与机器的互动,在分析完相关图案后,可以鼓励幼儿尝试自己动手找出其他的图案(请幼儿在提供的图片中寻找并画出整齐图案的部分),这不但发挥了幼儿的主动性,同时也检验了幼儿的学习效果。

**【案例分析】**

这种使用放大镜和聚光灯重点突出所要分析的图案,并鼓励幼儿动手操作,发挥幼儿与白板的互动,帮助教师解决重难点。用交互式电子白板组织教学帮助教师简化了教学活动的各项准备,它可以展示各类信息资源,支持多种功能。它继承和发展了黑板的书写功能,同时又克服了多媒体投影幕只能用于展示的缺点,在以互动方式展示教学内容的同时还可以让幼儿到讲台上参与到教学活动中,能够有效地集中幼儿的注意力。还因为白板所具有的应用,如拉幕、聚光灯、放大镜、擦除等特殊效果和应用技巧,可以设计出各种形式的教学交互活动,提高幼儿的注意力,增强其学习兴趣,活跃课堂气氛。

## 四、虚拟现实技术的应用

虚拟现实技术的普及,为幼儿园教育带来了全新的可能性。通过虚拟现实技术,幼儿可以以互动的方式,深入了解世界,探索新事物,体验各种场景。下面我们来看一下如何将虚拟现实技术运用到幼儿园教育中。

案例 4-6

*探索生态环境*

在生态教育中,虚拟现实技术可以帮助幼儿更直观地认识环境。例如,通过虚拟现实技术,幼儿可以实地察看各种不同的树木、草地、河流和溪流,甚至进入河流中,了解水生生态体系。同时,虚拟现实技术还可以模拟污染和天气变化,通过场景的变化,让幼儿更加深入地了解环境保护的重要性。

虚拟现实技术可以帮助幼儿涉足不同领域,在体验式的学习中,提高知识的掌握程度,激发兴趣,丰富生活。虚拟现实技术不仅能够使幼儿动手参与,更能够提供实际、直观的知识,让幼儿在感官体验中学习,更快速、有效地掌握知识。

### 五、生成数字作品技术的应用

全美幼儿教育协会在 2012 年发布的《技术和交互式媒体作为工具应用于 0—8 岁早期教养方案》中指出:将技术和媒介整合进环境、课程和日常活动,能够促进早期教育实践。技术整合的环境包括在日常活动中使用电脑、数码相机、App 和互联网。当技术能为幼儿提供学习、记录、展示和交流的工具并提高幼儿的学习效果,能对教学目标的实现起到支撑作用,它才是成功的。

在当前的数字化时代,教育在发生一个转变,即学习者已经尝试运用计算机和移动终端设备开展创造活动,而不仅是消费学习内容来进行知识探索。现在,越来越多的技术工具支持幼儿作为创作者采用更多形式展示自身所掌握的内容。除了可以让幼儿运用手机中的软件和计算机工具录制讲故事的语音、制作有声电子书,甚至自制动画片,还可以教幼儿使用 Scratch 和 Scratch Jr 等应用程序和工具编写小游戏,通过学中玩、玩中学来表达、创作和发展。下面是一个运用 Scratch 编写小游戏的活动教案。

**案例 4-7**

*幼儿园计算机课教案《编写小游戏》*

【案例描述】

教学目标

1. 了解编写小游戏的基本概念和流程。
2. 学习使用 Scratch 进行简单的游戏编程。
3. 培养幼儿的逻辑思维、创造力和解决问题的能力。

教学准备

1. 电脑或平板电脑。
2. Scratch 软件(请提前下载安装)。

教学过程

Step 1:引入

教师向幼儿们介绍编写小游戏的概念,告诉他们今天我们将学习如何使用电脑编写自己的小游戏。

Step 2:讲解 Scratch 软件

1. 教师向幼儿们展示 Scratch 软件的界面,并简要介绍各个功能区的作用。

2. 教师示范如何创建一个新游戏,并向幼儿们讲解如何在舞台上添加角色和背景。

Step 3:编写角色动作

1. 教师示范如何为角色添加动作。
2. 请幼儿们尝试在自己的游戏中为角色添加动作,并鼓励他们发挥创造力,设计有趣的角色动作。

Step 4:编写游戏规则

1. 教师向幼儿们介绍游戏规则的概念。
2. 请幼儿们思考并设计自己的游戏规则,并在 Scratch 软件中实现。

Step 5:测试游戏

1. 教师向幼儿们展示如何测试自己编写的游戏。
2. 请幼儿们通过测试,检查游戏是否按照他们设计的规则正常运行。
3. 鼓励幼儿们在测试过程中发现问题并尝试解决。

Step 6:分享游戏

1. 每位幼儿将自己编写的游戏分享给其他同学。
2. 鼓励幼儿们互相试玩和评价对方的游戏,提供反馈和建议。

拓展活动

1. 鼓励幼儿们尝试在游戏中添加音效、背景音乐等元素,提升游戏的趣味性。
2. 引导幼儿们思考如何增加更多的关卡、难度等,扩展自己的游戏设计能力。

总结

教师与幼儿们一起回顾整个教学过程,并总结他们在编写小游戏中学到的知识和经验,并强调编写小游戏的重要性和乐趣。

【案例评析】

以上就是《编写小游戏》的幼儿园计算机课教案,通过这堂课,幼儿们将学习到如何使用 Scratch 软件编写自己的小游戏,生成自己的数字化作品,并培养了逻辑思维、创造力和解决问题的能力。就像佩珀特所说,计算机不仅能够执行指令和传递信息,还能帮助儿童体验、开拓和表达自己,通过数字化作品的生成让儿童去表达和交流,并在获取新知识的自我探索中学会思考,让他们在学习的同时,获得更多的乐趣和成就感。

# 第四节 技术支持下的幼儿发展评价

"不得不承认,对于学生,我们知道得太少。"这是卡耐基·梅隆大学教育学院的一句经典口号,同时也是美国十大教育类年会关注度最高的议题。类似的思考在我们国家的教育领域同样存在。作为教育者,我们不得不思考"我们真的了解孩子吗?""每一个孩子都是独特的,都是与众不同的,但是我们能针对他们进行真正个性化、差异化的教学吗?"要回答这些问题,我们就必须观察、记录、分析、评价幼儿的行为和学习状况,通过形成的数据,追踪幼儿的发展情况,引导教师思考幼儿的差异和自己的教育,以支持幼儿的学习和发展。

随着信息技术的发展以及我国教育现代化改革的深入推进,利用技术进行幼儿行为记录、分析和评价等成为重要的方式。未来教育评价将在全样本、多模态、真实化、个性化的情境下呈现即时性和高效性的特点,给教学提供精准的改进意见与提升路径。《幼儿园保育教育质量评估指南》《深化新时代教育评价改革总体方案》等文件明确提出要改进评价方式,突出过程评价,强调以评促建,充分利用信息技术提高教育评价的科学性、专业性、客观性。幼儿发展评价是教育者以促进每一个幼儿发展为目的,运用科学的理论和方法,依据一定的发展指标对幼儿各方面的发展状况进行价值判断的活动。

## 一、基于技术的幼儿行为观察与分析

基于技术的幼儿行为观察与分析有多种方法和策略,下面介绍三种方法:

(1) 观察法。通过观察幼儿在自然状态下的行为,了解幼儿的发展情况。观察法包括轶事记录、实况记录、行为检核表、时间取样法和等级量表等。

(2) 谈话法。通过与幼儿进行交流,了解他们的想法和感受。谈话法包括自由交谈、引导式谈话和结构式谈话等。

(3) 作品分析法。通过分析幼儿的作品,了解他们的兴趣、爱好和能力。作品分析法包括美术作品分析、手工作品分析和文学作品分析等。

基于技术的幼儿行为观察与分析有以下优势:

(1) 客观性。技术可以记录下幼儿在自然状态下的行为,避免观察者对幼儿行为的干扰,提高观察的客观性。

(2) 系统性。技术可以制订明确的观察计划和目标,对幼儿进行系统地观察和分析,避免观察的随意性和主观性。

(3) 高效性。技术可以快速记录和整理幼儿的行为数据,提高观察的效率。

(4) 定量性。技术可以对幼儿的行为进行定量化地分析,使观察结果更具有科学性和说服力。

总的来说,基于技术的幼儿行为观察与分析是科学评价幼儿行为的重要手段,对于提高幼儿园教学质量和促进幼儿发展具有重要意义。

如一个幼儿园中班的老师发现,班上的小朋友们在学习拼音的时候存在一定的问题。尽管小朋友们在每天的课程中都会练习拼音,但是他们似乎没有掌握正确的发音和书写姿势。

因此,老师决定使用技术支持的幼儿发展评价方法来解决这个问题。首先,老师使用观察法记录下小朋友们在拼音课上的表现,包括他们的参与度、专注力、发音和书写姿势等方面。然后,老师通过与小朋友们进行交流和互动的方式,了解他们对拼音学习的想法和感受。

通过观察和交流,老师发现小朋友们在拼音学习方面主要存在以下问题:首先,幼儿缺乏正确的书写姿势和拼写技巧,导致书写不规范、不准确;其次,对拼音的发音和拼写掌握不够牢固,容易混淆和遗忘;另外,对于一些较为复杂的拼音,如"zh""ch""sh"等,存在

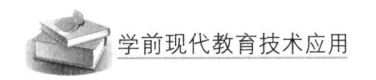

较大的学习困难。

根据分析结果,老师制订了一系列针对性的解决方案:

(1) 使用智能语音识别技术,为每个拼音字母配上标准的发音和书写示范视频。小朋友们可以通过观看视频,学习正确的书写姿势和拼写技巧。

(2) 结合虚拟现实技术,设计一个互动拼音游戏。小朋友们可以通过游戏中的互动环节,加强对拼音发音和拼写的记忆。

(3) 针对"zh""ch""sh"等较为复杂的拼音,设计一系列的练习题和互动游戏,帮助小朋友们更好地掌握它们的发音和拼写。

经过一段时间的实施,老师发现小朋友们在拼音学习方面取得了明显的进步。他们不仅掌握了正确的书写姿势和拼写技巧,而且对拼音的发音和拼写掌握得更加牢固了。对于较为复杂的拼音,"zh""ch""sh"等问题也得到了有效的解决。

## 二、基于档案袋的幼儿成长评价

档案袋评定,又称为"文件夹评价",是指收集儿童在学习过程中有代表性的作品和典型的表现记录,以儿童的现实表现作为判断儿童学习质量的依据的评价方法。

对于幼儿来说,评价应该是正常教育教学过程的一部分,是"嵌入课程"的,而不是一件只发生在特定时空、与日常教育教学隔离的事情。在日常教育教学活动中,使用一些媒体和工具,发挥其记录、展示、交流作用,支持幼儿创造个性化的数字作品,比如有声图书、音视频作品等都可以作为作品进入幼儿的成长档案系统,由教师就技能、知识、行为、态度、成就等方面进行分析并转化为评价数据。幼儿园也可方便地进行家园协作,共同支持幼儿的学习和发展。

如某个幼儿园开展了"小小科学家"主题活动,旨在培养幼儿的科学探究精神和动手能力。在这个活动中,教师为每个幼儿建立了一个档案袋,记录他们在活动中的表现和成长。

首先,教师为每个幼儿提供了一个科学实验包,里面包括各种有趣的科学实验材料和工具,例如水彩颜料、小苏打、醋、气球、吸管等。幼儿可以根据自己的兴趣和能力,选择自己想要进行的实验,并记录下自己的实验计划和预期结果。

接下来,幼儿开始进行实验,教师在旁边观察并记录幼儿在实验过程中的表现、探究方式、思维特点等信息。同时,教师还鼓励幼儿用照片、视频等形式记录下自己的探究过程和结果,并把这些资料保存在档案袋中。

在活动结束后,教师对每个幼儿的档案袋进行了评价。首先,教师对幼儿在活动中的表现和成长进行了总结和评价,包括幼儿的探究能力、动手能力、思维能力和合作能力等。其次,教师还对幼儿的作品和文字记录进行了评价,包括幼儿的绘画作品、文字记录、照片和视频等形式的作品。

最后,教师还对幼儿的家长进行了反馈,让他们了解幼儿在活动中的表现和成长,并鼓励家长参与幼儿的成长过程。

基于档案袋的幼儿成长评价可以帮助教师更好地了解每个幼儿的成长情况和需求,

第四章　技术下的幼儿活动设计和实施

为每个幼儿提供更加个性化的教育和帮助,同时也可以让家长更好地了解幼儿在幼儿园中的表现和发展情况,促进家园共育工作的开展。

### 三、基于大数据的幼儿发展评价

当前大数据已经在我们身边,教育大数据基本都是为学习者提供更好的学习服务,通过数据分析,设计和优化学习内容、学习实践和学习方法。

如某幼儿园利用大数据技术,收集了大量幼儿在幼儿园中的行为数据,包括饮食、运动、学习、社交等方面的数据。通过对这些数据的分析,老师可以更加准确地了解每个幼儿的发展情况和需求,为每个幼儿制订更加个性化的教育计划和评价方案。例如,通过对幼儿饮食数据的分析,老师可以了解每个幼儿的饮食偏好和营养状况,为幼儿提供更加科学合理的饮食安排;通过对幼儿运动数据的分析,老师可以了解每个幼儿的体能情况和运动能力,为幼儿安排更加适合的运动项目和训练计划;通过对幼儿学习数据的分析,老师可以了解每个幼儿的学习特点和难点,为幼儿提供更加针对性的学习资源和指导。

同时,该幼儿园还利用大数据技术对幼儿发展评价进行实时监测和反馈。通过实时监测幼儿的行为数据和学习表现,老师可以及时发现幼儿的问题和需求,为幼儿提供及时的帮助和支持。同时,该幼儿园还利用大数据技术对幼儿发展评价进行长期跟踪和分析,为每个幼儿的成长和发展提供更加全面和客观的评价。

总之,大数据支持幼儿发展评价可以帮助老师更加全面、客观地了解每个幼儿的发展情况和需求,为每个幼儿提供更加个性化的教育计划和评价方案,促进幼儿的全面发展。

## 第五节　技术背景下幼儿人工智能启蒙教育

美国教育家杜威曾写到,出于社会发展的各种需要,要发挥教育对于生活的意义,教育须经历一个与社会生活变化相应的变革。如今,人工智能(artificial intelligent,AI)已经在我们的生活中发挥着重要的作用。未来智能社会的公民,需要具备生存与发展所需的智能素养。这种背景下,人工智能素养将与传统读写能力一样成为公民不可或缺的基本能力。传统读写能力培养研究表明,在儿童早期阶段获得这些基本素养对后续能力的培养有很大的帮助作用,为了培养孩子具备适应未来社会的人工智能素养,也应让孩子们尽早熟悉AI和计算机科学的概念、原理及应用能力等,人工智能素养也像读写能力一样抓住儿童认知发展的关键期。已有研究表明,AI教育只要方法合适,可以尽早进行。在幼儿园和小学低年级进行AI教育,不仅科普了AI知识,还激发了孩子的创造力、想象力和社会协作能力,锻炼了儿童的逻辑思维能力和问题解决能力,还可以培养孩子的自信心,为成功的AI后续教育奠基。与此同时,家长们也开始投资孩子的AI教育。然而,有关AI教育的课程和教学方式方法的探讨目前主要集中在小学高年级和中学阶段,面向幼儿园和小学低年级低龄儿童的AI教育缺乏全面系统的理论探讨,实践领域几乎以培训机构为主导,在资本的驱动和教育竞争的"焦虑"下,低龄儿童AI教育存在价值和目的不明、内容分散、工具和方法不适宜等乱象,扼杀了人工智能启蒙教育的可能性、有效性。为了培养面向未来社会有竞争力的公民,有必要借鉴中小学、国外早期 AI 教育及传统的读写等素养教育经验,明确面向幼儿园和小学低年级儿童的人工智能教育价值逻辑、教育内容和途径等。

人工智能教育与计算思维、编程、机器人、Steam、创客等这些概念和教育形式有着较复杂紧密的关系,如图 4-14 所示,首先,计算思维是 AI 及其相关教育的基础,AI 启蒙教育应从儿童计算思维培养开始,并将其应用于编程及编程教育中,从而使机器能够去进行问题解决和完成任务,编程和机器人教育也可培养计算思维,计算思维和编程教育是 AI 教育的核心;其次,AI 教育活动可能需要跨学科 Steam 素养和知识,需要综合运用数学、技术和艺术等方面知识;AI 是使机器具有人的智能的科学和技术,智能机器人是 AI 教育成果和实践形式之一,其成果还可体现为创客作品,但机器人和创客教育都不能等同于 AI 教育,AI 教育内容除了计算思维、编程、还包括 AI 感知和应用、伦理和道德等方面知识和能力。厘清了 AI 教育总体定位,有利于后续 AI 教育框架的构建。

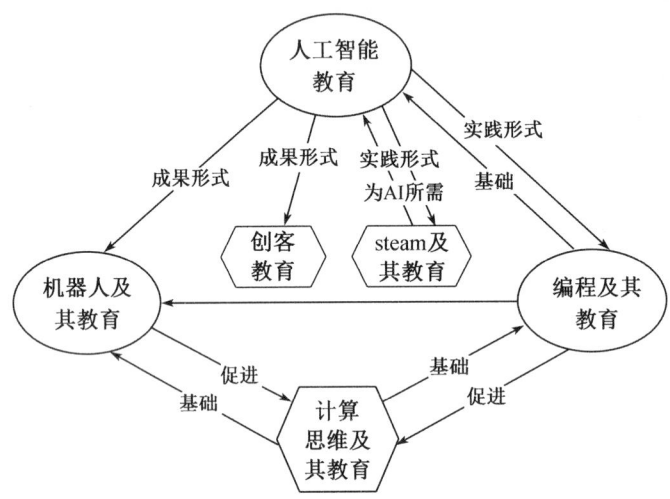

图 4-14 人工智能与相关概念及其教育形式之间的关系

## 一、人工智能教育目标

人工智能是计算机程序在环境的感知下,表现出与人类相似的行为,AI 技术是智能感知、处理和交互的过程和技术。

从人工智能技术本身来看,智能教育的内容包括 AI 感知和处理、交互、编程技术方面的内容,由于面向的是低龄儿童,应重在儿童 AI 意识、态度、思维和能力的培养,教育目标因此主要定位于 AI 意识—理解—应用—创新的层次。意识目标是儿童在体验生活中的智能技术的基础上,意识到 AI 技术的存在,接受并具有应用及应用伦理的意识和态度;理解目标旨在促进儿童对 AI 感知的数据科学技术以及 AI 感知后数据处理过程的理解,使其认识到 AI 具有视听触方面的感知能力,并据此采集数据以进行分析处理的过程;应用目标是儿童能将 AI 相关的产品、工具、计算思维等有意地应用到生活和学习中,比如儿童通过语音交互进行相关问题的搜索,或启动童谣和古诗的播放等以满足自己的需要等;创新目标在于培养儿童能在一定计算思维的基础上进行设计,并通过编程实现自己的意图。

## 二、人工智能实践形式

对于低龄儿童来说,应从 AI 设备和应用的接触入手,让其在有趣的智能接触中产生人工智能意识、实现对 AI 的初步理解和应用能力、并初步创作智能制品。具体来说,早期 AI 教育的实践应从以下几方面进行。

1. 认知体验

根据儿童学习和发展的年龄特点,幼儿园和小学低年级阶段的低龄儿童有强烈的求知欲与认识新鲜事物的兴趣,4—8 岁认知水平也有很大的提高,喜欢探索和应用新事物,喜欢智力活动。AI 启蒙教育首先让孩子能够意识到和初步理解人工智能,低龄儿童关于人工智能的意识和理解,应该通过 AI 体验活动进行。体验是幼儿重要的学习方式,是认识和态度形成的基础,而活动是感知和意识的源泉和思维发展的基础。教师可通过智能设备使用体验的教学活动让幼儿意识生活中有很多人工智能的应用和设备,并能够应用于具体生活中,通过体验活动,增进儿童有关人工智能的意识,引发儿童探索人工智能的兴趣,引发好奇心,提出像"人工智能是什么""为什么会发生"的问题,在此时教师应抓住时机,通过相关活动将儿童生物性的试探和社会性的好问引导到理智的发展上去,如教师结合具体应用回答"人工智能是什么""为什么发生"的问题,带领孩子总结 AI 应用的特点,并在智能设备和应用构建的环境下,引导幼儿使用智能设备解决问题,如通过智能音箱的一问一答解答儿童生活中的疑问、通过植物识别软件的使用满足儿童对户外各种花卉认知及相关文化了解的需要,通过与智能玩具互动进行科学知识的探索和机器人的创造等。幼儿通过有趣的体验活动,产生对人工智能真切的感受,意识到和初步理解包括 AI 的感知、行为、思维及记忆、学习和自适应能力等方面的特征,形成关于 AI 的初步认知,提高儿童对科技的兴趣和好奇,并增强智能应用的意识。

2. 思维训练

人工智能需要编写问题的解决方案,并将设计和计划的方案转换为计算机能准确执行的命令,然后分析评估这些命令的结果。规划和设计、分析计算机解决问题的策略需要计算思维,计算思维也是将问题和任务进行分解、具体化的过程,是计算机科学教育的基础,在成功的编码结果中发挥核心作用,儿童计算思维是面向未来行动的思维素养。杜威曾说过,儿童在婴幼儿时就开始了思维活动,例如婴儿玩的球丢了,就会想到把球捡回来,会预见到怎样实现这一可能的步骤,以自己的想法指引自己的动作。而在生活中进一步进行思维的训练有助于逻辑思维能力的形成,如儿童早起去学校,需要做哪些事情,去学校要走哪些路,这些任务的分解对于成年人来说很幼稚,但对于幼儿来说却有其价值,通过任务的分解,可以让其思维外化,使抽象的过程具体化,让其对任务过程有一个全局清

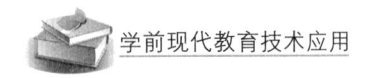

晰的认识,并通过行动检验自己的想法是否正确,促进计算逻辑思维能力形成。

智能时代儿童计算思维的培养可以在生活中进行有意训练,也可在学校里进行正式的教育,如通过编程教学和一些程序工具的使用如编程工具、机器人、游戏设计等来获得,还可融合到主题活动和具体学科课程教学中,融合的方式打破了计算机科学与具体学科领域之间的界限,为儿童理解计算机科学提供了具体途径,如不插电的主题活动可以在主题活动中培养。通常情况下,对于较小年龄阶段的儿童来说,更适合通过不插电的主题活动获得计算思维。

3. 编程启蒙

编程教育的最终目标不是学会使用图形化编程软件、制作机器人,不是塑造"小程序员",而是通过编程获得个体认知与思维的发展,通过儿童的编程教育使儿童问题解决、算法、批判、合作和创新等思维得到培养,同时使最年轻的数字居民理解他们不仅仅是科技消费者,也可以是科技的生产者、制造者和发明者,能够运用编程的方式表达自己和与人沟通。结合皮亚杰认知发展的阶段论和派珀特的建造主义,低龄儿童编程启蒙教育应强调用具体方式,在具体情境中,借助有形的"工件(artifact)"来学习,即通过在真实情境中积极探索"有形"实体的制作,让儿童思维的发展过程"外化于形",而后又"内化于心",如以图形化编程、游戏编程、乐高和有形机器人编程等形式进行,从而使编程体现趣味性和具象化,并助推其思维得以进阶发展。在儿童进行编程学习的时候,重要的不是学会创造一个计算机程序,而是学习用计算机解决问题的方式去思考,学会问题解决中每一步设计、规划的逻辑,体会程序运行的过程和运行后的功能,体会作为程序编排者指挥、操纵计算机的能力,并能通过计算机程序进行讲故事、表达自己、与别人沟通。

4. 伦理理解

在智能设备应用的主题活动中,通过设备的工作原理和作用的讨论使儿童初步理解人工智能和人类智能的区别,了解人工智能的由来及其存在的价值,让儿童认识到人工智能是辅助人学习和成长,而非替代人和操控人;同时也引导儿童理解人工智能利用的风险、伦理和道德,如通过讨论网络收集用户信息和习惯并推送商品和学习内容的好处和收束,理解人工智能中大数据滥用带来的不安全、不恰当和不道德的事实,如各类商业App过度收集用户信息并泄露用户信息的事件,存在用户个人隐私被他人利用的风险和频繁被打扰的困扰。据此让儿童认识到人工智能要为人类所用,在利用的过程存在风险,要注意使用的伦理和道德。

### 三、人工智能启蒙教育实施方式

建造主义认为,在编程和计算思维训练中,有形工具的使用使孩子感觉更舒适和愉悦,非屏幕的活动让孩子也更能聚焦于活动本身和技能的获得,且孩子的父母也更愿意接受这种教学方式。另外,根据低龄儿童的认知特点,人工智能教育应以一种有吸引力和有趣的方式进行,并通过游戏和互动方法激励他们学习。

1. 趣味性方式

传统的阅读和写作能力的培养始于幼儿园,一直持续到小学、初中和高中,直至大学。在幼儿园阶段,孩子们以一种有趣的方式了解字母,在小学则是一种更有方法学意义上的学习。每一个后续阶段的教育引入新的主题,深入探索之前已接触的某些主题,儿童早期对人工智能的教育同样应符合儿童的年龄,与认知特点相适宜,需要用有趣的方式吸引孩子,让孩子们能够专注于人工智能教育活动。提升吸引力可以通过动画、游戏玩法、视觉模块编码、故事叙述、竞争等等。游戏作为一种有吸引力的教育方式,更容易让孩子们参与到学习中来。如图4-15所示,Osmo是一个有形的智能编程游戏,儿童使用物理方块以交互方式控制屏幕上动画,不同的方块代表不同的动作和命令,可以用来指挥和控制屏幕游戏中的小怪物Awbie。连接上iPad后,iPad相机会识别屏幕前的方块及其指令。小孩子拼接方块就可以向iPad发出"开始""向上""跳"等指令,通过具体有形的玩具和的数字动画有趣结合,儿童能够在游戏中轻松明白如何将方块组合成更复杂的计算机程序来解决问题,获得算法和编程的初步理解。

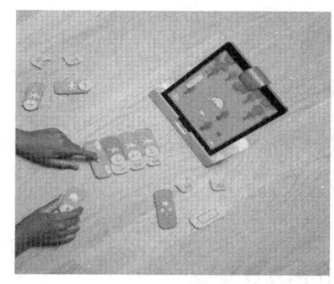
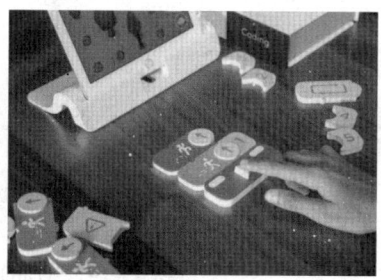

**图4-15 儿童使用Osmo编码程序**

2. 适宜性工具和方法

对于低龄儿童来说,人工智能中不管是智能感知和处理、交互等技术的理解,还是人工智能技术的理解和应用、计算思维的培养、编程教育,都是较难的事情。但是通过适宜的工具和方式方法,低龄儿童也是可以得到很好的意识培养、思维训练、能力提升。为适应儿童年龄和认知特征的需要,学习过程和方式方法应体现简易性、具身性和有形化、游戏化。如在人工智能意识、理解和应用能力的培养中,可让儿童通过手势、语音等操作使用智能设备,进行互动,获得使用的体验,并实现AI意识、理解和应用的培养目标。而在编程教育和计算思维培养中,通过有形工具和不插电的活动更适合低龄儿童的需要,处于前运算阶段的低龄儿童依赖于对物体直接感知和身体参与来理解并表达思想,有形工具可让儿童动手操作,有利于理解相对抽象的计算思维,如KIBO、乐高机器人、Beebot、Sphero、ALERT、Bluebot、Topobo等,这些工具通过不插电的有形、有趣的方式将编程技术、艺术和文化等活动结合起来,让低龄儿童进行设计和装饰、创建机器人。如果使用图形化工具,工具则应具有可视化、游戏化、美观画面的特征,能让儿童轻松操作、容易理解并吸引注意力,虽然一些孩子可能不认识汉字和拉丁字母,但可以很容易地识别和理解用符号和操作模块进行设计项目、解决问题,创造性地表达自己想法,如Scratch Jr可视化编程工具可让 5—7 岁幼儿完成自己的动画、互动故事或游戏的制作,幼儿在 Scratch Jr 中可轻松选择各种形象可爱的角色和艺术美观的背景,操作含有指令的模块,从而感知编程的过程(图 4-16),当使用 Scratch Jr 中合适的模块时,可以在代码界面中进行组合,在可视化窗口中可以看到编程的运行动画效果,操作简单,场景和动画角色符合幼儿审美、对儿童有较强吸引力,同时可以培养其设计和计算逻辑思维。另外一些混合编程工具如 Osmo、Codespark 等,通过有形的积木和可视动画,也是适合低龄儿童的编程工具,孩子利用 iPad 和积木来玩游戏,在游戏过程中学习编程思维方式。Codespark 采用互动游戏的方法,培养低龄儿童对计算机编程的兴趣,传授编程的知识及思维模式,通过网页和移动游戏教会孩子编码,积木块被拖动就会有即时的效果,动画的呈现方式能让抽象的知识具象化。

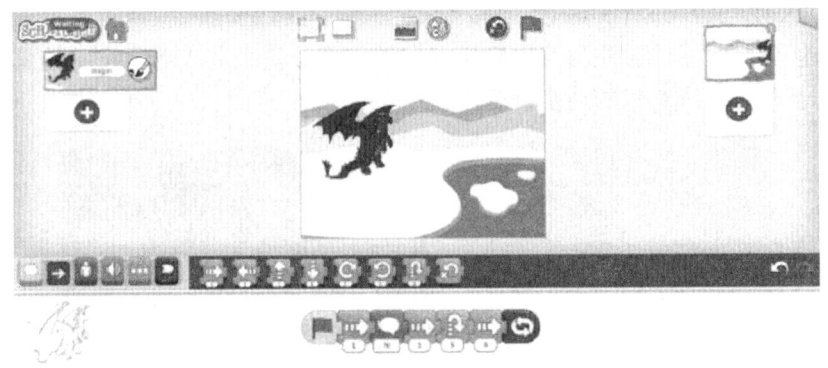

图 4-16 Scratch Jr 编程界面

3. 生活化活动

杜威在《思维的本质》里说到,只有充分利用儿童期经验中的思维因素,才能保证青年期较高的思维能力的出现。在儿童期,积极的思维习惯如缜密、透彻、连贯的特质,无论怎样都会养成的,这些习惯要从小培养,并应注意这些特质的产生情境。为了体现生活化、情境化,可在孩子生活和学习环境中设计和布置更多的智能应用,如从儿童早晨入学刷脸测体温入园,到进园进校后的教学、游戏和管理等,园内植物的智能识别和玩具中的智能反馈等,在 AI 自然融入的环境中开展智能意识、应用的活动,使儿童获得具体化的经验,增进幼儿在智能应用方面的情感,增强智能应用的意识和能力。而计算思维是 AI 教育中的重要的思维,培养目标是儿童能够清楚问题解决的过程,培养的时候即可结合孩子日常生活中遇到的问题和任务进行训练,引导他们将问题和任务的过程进行分解、具体化,隐性思维的外化也是思维科学化,有助于问题解决、计算思维、元认知和逻辑思维能力的提升。

据此,人工智能启蒙教育旨在促进低龄儿童全面发展、思维和意识培养、面向未来的 AI 素养的发展,应通过趣味性方式、简易性工具和方法、生活化活动等途径进行 AI 认知体验、思维训练、编程创新、伦理理解的教育实践,以达到对儿童 AI 意识、理解、应用和初步创新能力的培养目的。

案例 4-8

## 基于实物编程的计算思维培养活动的设计

### 表 4-2 基于实物编程计算思维活动的制订

| 活动主题 | 对应CT的能力 | 活动内容 | 活动目标 | 材料选用和设置 |
|---|---|---|---|---|
| 一、好玩的机器人 | 抽象概括算法 | 1. 操作前进指令卡、左转和右转指令卡等。<br>2. 按顺序摆好指令卡并执行。<br>3. 总结如何通过指令卡操控机器人的思路和方法。 | 1. 知道机器人（开关机）和点控笔（录入，结束）的使用方法，理解向前一步，原地左转，原地右转等指令卡含义。<br>2. 能够完成开关机操作，并给机器人发送"向前一步""原地左转""原地右转"指令。<br>3. 在探索指令的含义以及向机器人发送指令的过程中体验操作机器人的乐趣。 | 机器人和点控笔，前进、左转、右转指令卡，草地主题地图块。 |
| 二、开心的野餐 | 抽象算法概括评估 | 1. 操作"向前一步"与"向后一步"指令。<br>2. 幼儿为小熊猫设定吃竹子的路线并执行。<br>3. 在小熊猫吃到错误的食物时，幼儿对指令卡进行调整。<br>4. 总结路线设置思路方法。 | 1. 认识"向后一步"，分清"向前一步"与"向后一步"指令。<br>2. 能够综合使用原地左转，原地右转、向前一步、向后一步行动指令，用自己的方法解决错误配对问题。<br>3. 体会将机器人指令和机器人动作成功配对的乐趣。 | 机器人和点控笔，前进、后退、左转和右转指令卡，空白和草地地图块。 |
| 三、美好的一天 | 抽象分解算法评估 | 1. 操作"录入"和"执行"指令卡。<br>2. 接力跑中，幼儿思考并摆放所属赛道路线指令卡。<br>3. 为机器人"美好的一天"路线分段设置并执行。<br>4. 总结"美好的一天"的不同路线和指令卡摆放。<br>5. 回顾总路线设置，对重复卡进行删除或更换路线，重新组合指令卡并执行。 | 1. 理解地图上的"起点"和"终点"概念，能够从外形特征上区分"录入"与"运行"指令卡，初步理解设计路线时的"先后顺序"。<br>2. 能够使用"录入"与"运行"指令卡进行分段路线编程。<br>3. 体验为机器人"美好的一天"编程路线的乐趣。 | 机器人和电控笔，前进、左转、右转、录入和运行指令卡，空白和草地主题地图块。 |
| 四、勤劳的机器人 | 抽象算法评估概括分解 | 1. 操作重复指令卡。<br>2. 幼儿使用重复指令卡，简化机器人买饮料的路线。<br>3. 幼儿寻找机器人买饮料的不同路线，摆放相应的指令卡并执行。 | 1. 理解重复指令卡的含义，感受设计路线时先后顺序。<br>2. 掌握重复指令卡的用法，能够综合运用"重复""录入""运行"等指令卡进行路线简化。<br>3. 体验为机器人寻找最优路线的乐趣。 | 机器人和点控笔，前进、后退、左转、右转、录入、运行、重复指令卡，小镇地图块。 |

(续表)

| 活动主题 | 对应CT的能力 | 活动内容 | 活动目标 | 材料选用和设置 |
|---|---|---|---|---|
| 五、我是小侦探 | 分解概括算法评估抽象 | 1. 在实际操作检查程序中问题并寻找解决方法。<br>2. 幼儿按照教师设定的任务对给定路线进行调试，助力机器人完成任务。<br>3. 幼儿总结程序中出现的问题以及解决方法。 | 1. 初步感知调试的含义，能够根据机器人的反馈，尝试找出错误的位置并调试。<br>2. 能够综合运用"重复""录入""运行"等指令卡进行调试编程指令中错误的指令。<br>3. 树立正确对待错误的态度。 | 机器人和点控笔，前进、后退、左转、右转、录入、运行、重复指令卡，家庭地图块。 |

　　以活动二为例，① 活动的主题是开心的野餐，主题符合大班幼儿的经验和认知特点，能较好地引起他们的兴趣。② 表4-2中"对应的CT能力"是要培养的计算思维能力，也是活动开展的目的，该主题活动要培养计算思维中的抽象、算法和评估能力。③ 活动目标是在了解基本指令及其使用方法后（活动一），确定了该活动的三维目标。其中认知目标是认识"向后一步"指令，分清"向前一步"与"向后一步"指令的区别。能力目标为能够综合使用原地左转，原地右转、向前一步、向后一步行动指令，用自己的方法解决错误配对问题。情感目标是在探索指令含义以及向机器人发送指令过程中体验操作机器人的乐趣。④ 与活动目标相对应的，是活动内容。活动内容上，需要进行三方面内容，首先，操作"向前一步"与"向后一步"指令卡，然后幼儿为小熊猫设定吃竹子的路线并执行，另外，在小熊猫吃到错误的食物时，幼儿对指令卡进行调整。⑤ 材料的选用与设置。活动目的、目标和活动内容确定和编写后，要选用与他们相对应的实物编程材料，在活动二中，为了培养幼儿初步评估和修改调整的能力，相对于活动一，增加了"后退"指令卡。⑥ 活动过程设置。该活动过程包括创设问题和情境、探索与体验、巩固与提升、总结与延伸环节。在问题与情境中，设置了问题和情境，教师回顾活动一的基本指令，引出本次"和淘小鹰一起去草地野餐"的活动主题和情境。探索与体验中，首先引导幼儿选择角色，根据任务拼接地图，并在拼好地图后请小朋友们把萌小鹰放在地图上，思考应该给机器人发送什么样的指令让他吃到食物，从而探索指令卡的使用。交流与分享中，引导幼儿分享机器人吃到食物后的反馈。另外，引导幼儿探索如果机器人吃到的食物不对，如淘小鹰吃到了其他小动物的食物将会怎样，让淘小鹰怎样走才能吃到喜欢的竹子，教师演示回退指令卡的作用，并让幼儿组合新的指令卡并执行。而巩固与提升中，学习综合运用指令卡，寻找旋转木马。通过更改地图，引导幼儿观察旋转木马在哪里，如何让机器人找到它。并邀请幼儿进行分享探索问题解决的过程，说一说给淘小鹰发送的哪些指令然后到达旋转木马的。最后是教师的总结与延伸，总结活动所设置任务的解决办法和基本经验，找出错误的配对，然后介绍下次活动，激发幼儿继续参与下次活动的兴趣。

思考与练习

1. 对于幼儿来说，适宜、有效的技术和媒介的品质体现在哪些方面？

2. 你认为儿童进行数字化作品创作的意义是什么？

3. 选择一个合适的主题、合适的技术和媒体，设计一个教学活动，并付诸实施，在教学实践后，请思考：该次教学活动为什么要使用技术？使用哪些技术？技术和教学活动是怎么结合的？有什么样的教学效果？如果不使用技术，教学效果会有何不同？如果再来一次，你将做哪些调整？

4. 你认为 Melodist 和剪映这些软件在集体教学活动或区角教学活动中可怎么应用？应用过程中可能遇到哪些问题或困难？

# 第五章  多媒体素材的编辑与处理

## 本章导读

在当前教育数字化时代,面对海量的信息,教师在检索、筛选多媒体素材后,还需具备基本的编辑和处理素材的能力。本章将学习多媒体素材的编辑与处理,具体通过结合学前领域的多个任务,在任务中主要展现使用 Word、Photoshop、Audition 和 Camtasia 等软件编辑和处理多媒体素材的方法,除此之外,拓展学习部分的内容可以帮助教师更深入地学习相关技术。

## 第一节  文本素材的编辑与处理

### 一、字体的下载和安装

首先学习字体下载和安装的方法。

**任务目标**

了解字体下载的途径和方法,并且学会使用新字体。

**相关知识**

常用的下载字体网站:

站长之家字体站(http://font.chinaz.com/)

搜字网(http://www.sozi.cn/)

绘艺素材字体下载(http://www.huiyi8.com/font/)

艺术字在线生成(http://www.qt86.com/)

找字网(www.zhaozi.cn)

卡通字体在线生成器(www.akuziti.com)

字魂(http://www.izihun.com)

字由(http://www.hellofont.com)

**任务实施**

【Step 1】在字体网站 http://font.chinaz.com/搜索框里输入"点点的趣味",并单击"点击下载"按钮(如图 5-1 所示)。

第五章 多媒体素材的编辑与处理

图 5-1 下载字体

【Step 2】将下载的"点点的趣味"字体文件拷贝到 C:\Windows\Fonts 文件夹下(如图 5-2 所示),并双击文件进行安装。

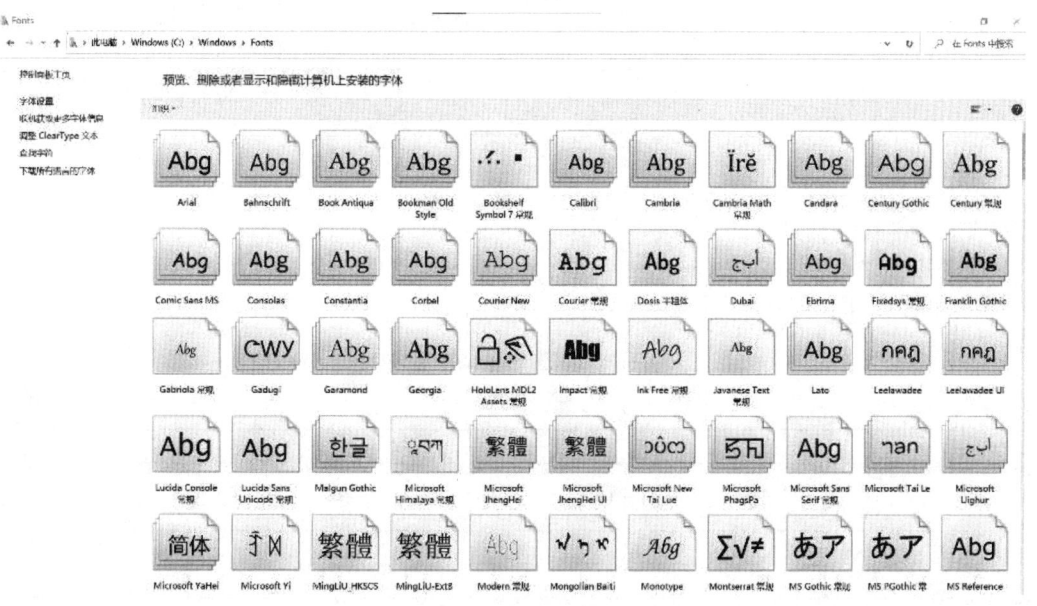

图 5-2 下载的字体安装到字体文件夹下

【Step 3】安装后在 Word 文档里可以找到该字体并应用。

## 二、制作报考表格

下面的任务是制作表格,具体包含插入表格、合并和拆分单元格、调整单元格的宽度等操作。

**任务目标**

在 Word 软件中,综合应用文本、表格、插图和排列等工具,制作报考表格。

**任务说明**

利用 Word 表格功能,制作非规则表格"××××资格考试报名表"。

**任务实施**

【Step 1】新建一个 Word 文档,选择菜单"插入"→"表格"→"插入表格",插入一个 7 列 12 行的表格(原则为要建表格中最大的行数和列数),如图 5-3 所示。

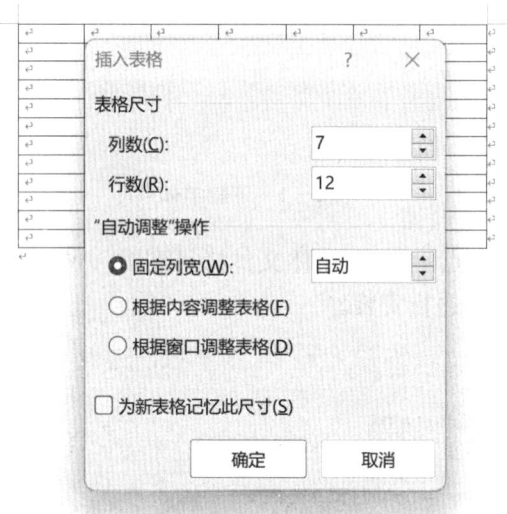

图 5-3 插入表格

【Step 2】鼠标放在第 1 行第 1 列的单元格中,按下回车键,表格自动下移一行,表格上面输入标题和表头,如图 5-4 所示。

××××资格考试报名表

考试类型:　　　　　　　　　　报名城市:　　　　　　　　　　报名时间:

| | | | | | | |
|---|---|---|---|---|---|---|
| | | | | | | |
| | | | | | | |
| | | | | | | |
| | | | | | | |
| | | | | | | |
| | | | | | | |
| | | | | | | |
| | | | | | | |
| | | | | | | |
| | | | | | | |
| | | | | | | |

图 5-4 输入标题和表头

【Step 3】"照片"占用了多行,选择第 7 列第 1—5 个单元格,单击鼠标右键,选择"合并单元格",如图 5-5 所示。其他的单元格如需合并,也做同样的操作。

【Step 4】"身份证号码"占用了多列,选择第 3 行第 2—6 个单元格,单击鼠标右键,选择"合并单元格",然后再选择"拆分单元格",将单元格拆成 18 个单元格,如图 5-6 所示。

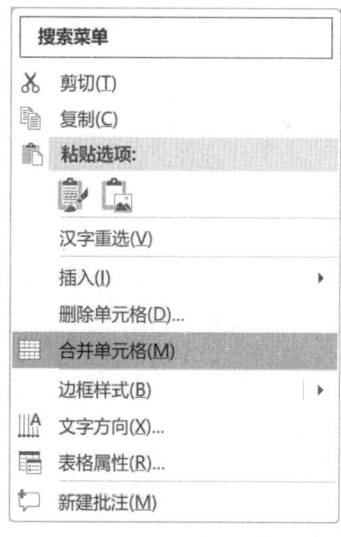

图 5-5 合并单元格

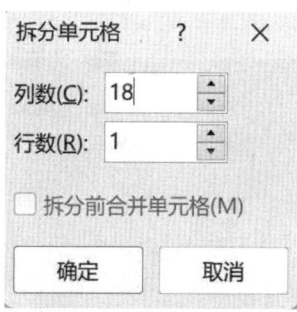

图 5-6 拆分单元格

【Step 5】输入表格中的文字,调整单元格宽度。如只需调整某个单元格宽度而不影响其他行内容,可将鼠标放置在单元格中,当鼠标变成向右上的黑色箭头时(如图 5-7 所示)选中单元格,拖动单元格边框,这样改变的只是当前单元格。

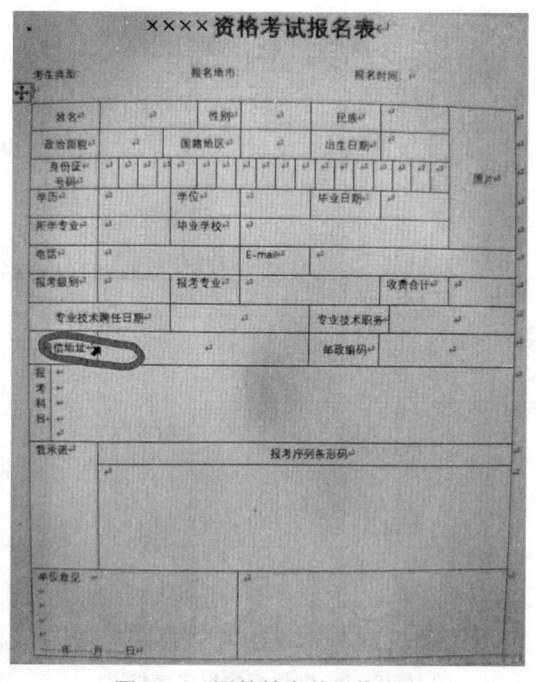

图 5-7 调整某个单元格宽度

【Step 6】设置单元格文字内容格式时，单击鼠标右键选择“表格属性”→“单元格对齐方式”，选择相应的对齐方式，如图 5-8 所示。

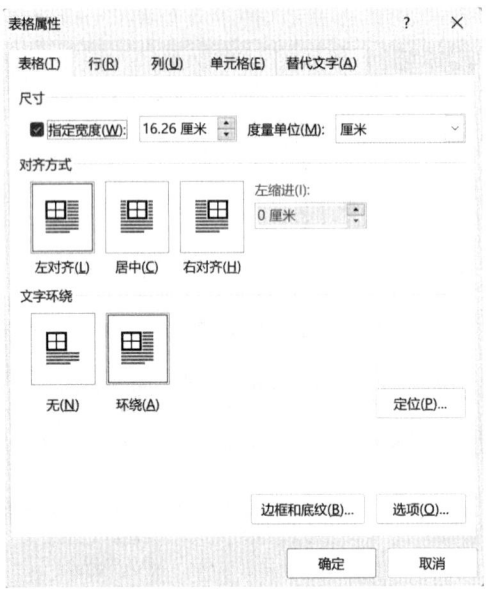

图 5-8 单元格对齐方式

【Step 7】执行完所有操作后，效果如图 5-9 所示。

**××××资格考试报名表**

考生类型:　　　　报名地市:　　　　报名时间:

| | | | | | | |
|---|---|---|---|---|---|---|
| 姓名 | | 性别 | | 民族 | | 照片 |
| 政治面貌 | | 国籍地区 | | 出生日期 | | |
| 身份证号码 | | | | | | |
| 学历 | | 学位 | | 毕业日期 | | |
| 所学专业 | | 毕业学校 | | | | |
| 电话 | | E-mail | | | | |
| 报考级别 | | 报考专业 | | | 收费合计 | |
| 专业技术聘任日期 | | | 专业技术职务 | | | |
| 通信地址 | | | 邮政编码 | | | |
| 报考科目 | | | | | | |
| 我承诺 | 报考序列条形码 | | | | | |
| 单位意见:<br><br><br><br>——年——月——日 | | | | | | |

图 5-9 制作好的报名表格

## 三、页面设置

下面的学习任务是页面设置,主要是学习在 Word 软件如何为 Word 文档设置页面边距、分节符,插入分页符,添加注释、页眉页脚和页码等。

**任务目标**

掌握五个页面设置技能。

**任务实施**

【Step 1】设置页面边距。在菜单栏里的"布局"菜单下找到"页面设置"菜单,打开页面设置窗口,如图 5-10 所示,设置相应的页边距,上、下、左、右均为 2.5 厘米。

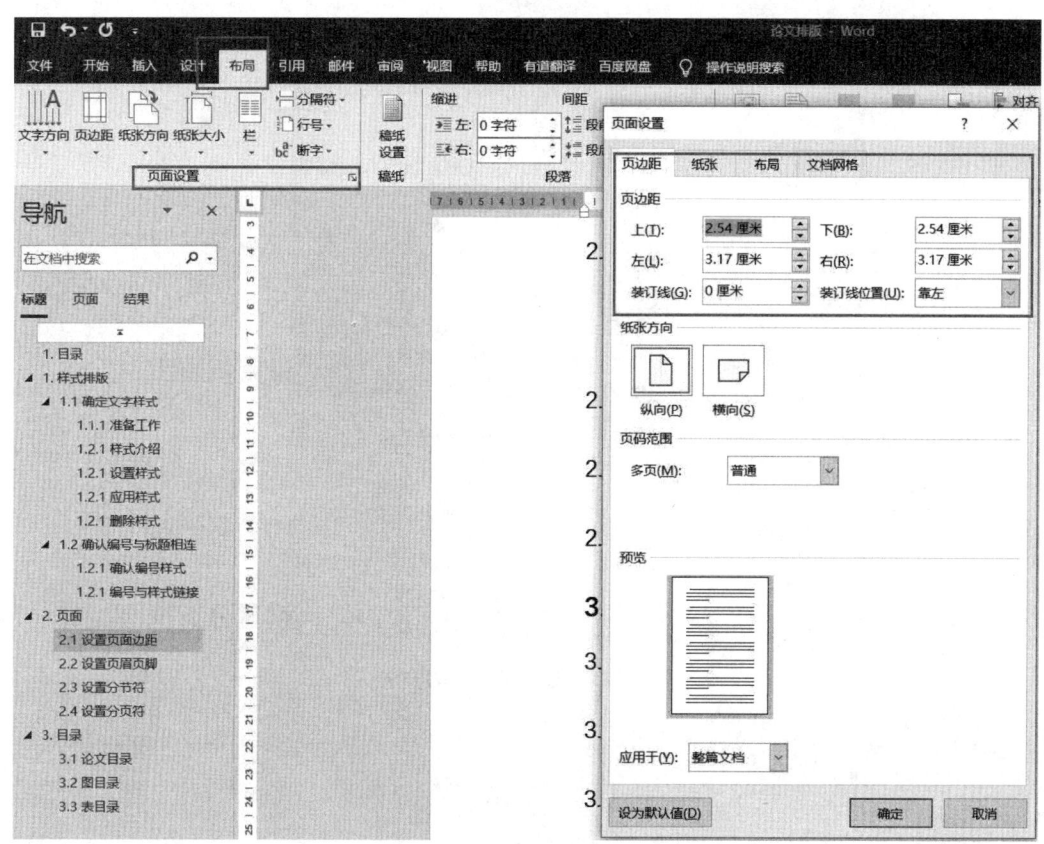

图 5-10　设置页边距

【Step 2】设置分节符。分节符的好处就是可以让文章有不同的页码格式和页眉、页脚,比如有的文章分为封面、摘要、目录和正文;封面不需要页码;目录的页码和正文的页码不是连续的,而且需要用不同的格式等,这样就可以通过分节符达到所要的效果。

Word 共支持 4 种分节符,分别是"下一页""连续""奇数页"和"偶数页"(如图 5-11 所示),它们之间的区别:

- "下一页"是指插入一个分节符后,新节从下一页开始。

- "连续"是指插入一个分节符后,新节从同一页开始。
- "奇数页"或"偶数页"是指插入一个分节符后,新节从下一个奇数页或偶数页开始。

因为不同部分的页码和页眉会有不同,如封面不设置页码和页眉,论文正文才有页眉,论文前的目录、摘要部分设置的页码是罗马序号且没有页眉,所以先根据需要把不同部分分开,如在封面页面下插入分节符,在正文前插入分节符,插入的分节符可以在视图中的"大纲视图"查看(如图5-12所示),同时可以点击分节符进行删除。

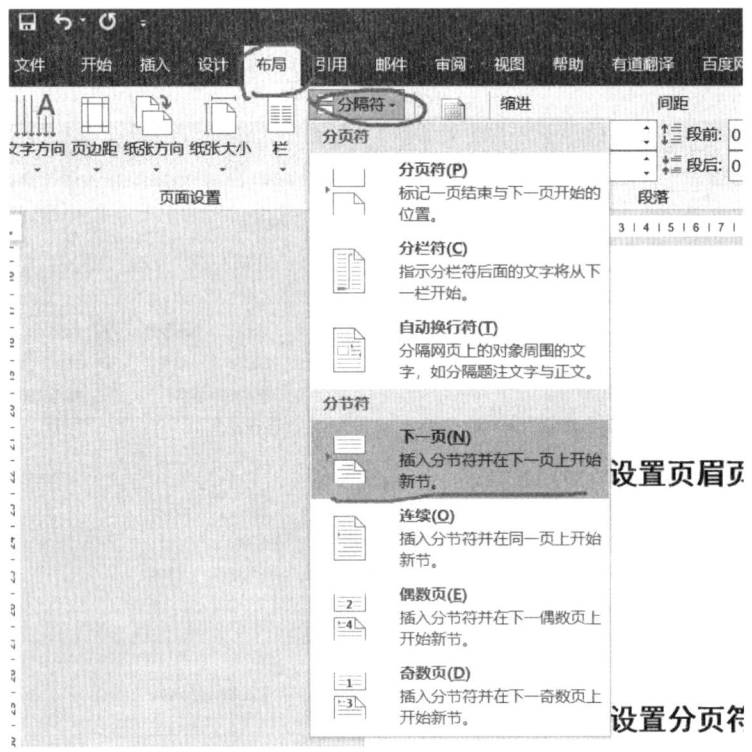

图 5-11 分节符插入的方法

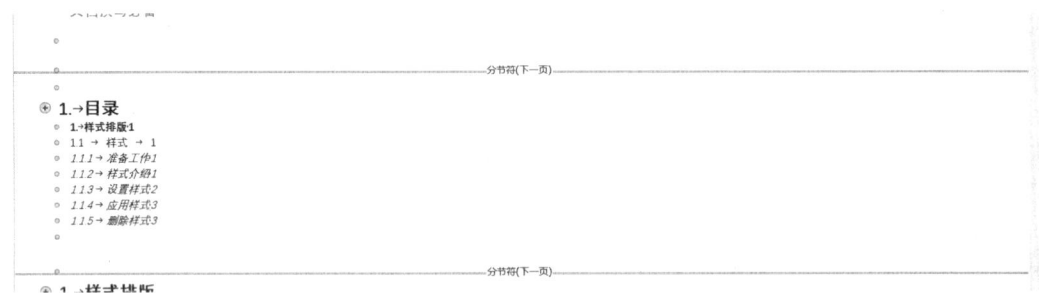

图 5-12 大纲视图查看分节符

【Step 3】设置页眉、页脚、页码。通过"插入"菜单插入页眉、页脚、页码,如图5-13、图5-14所示。

第五章 多媒体素材的编辑与处理

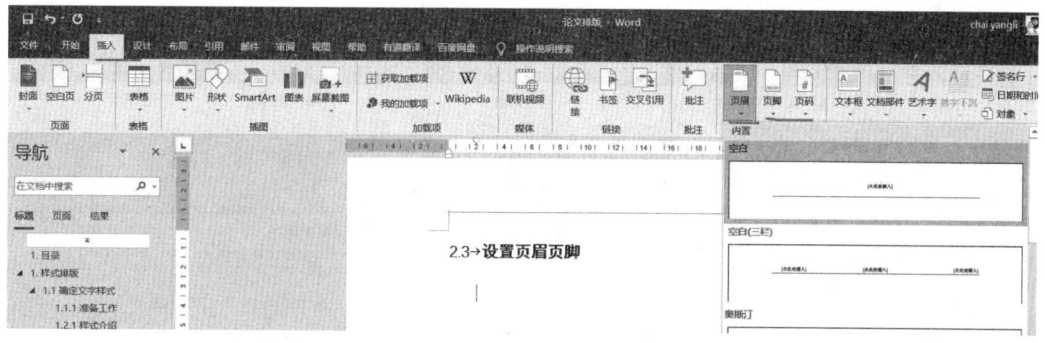

图 5-13 插入页眉、页脚

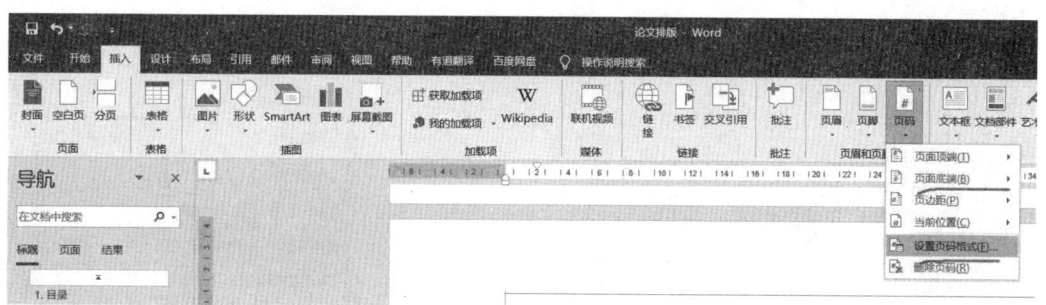

图 5-14 插入页码

【Step 4】添加注释。添加页面注释需要打开"引用"菜单下的"插入脚注"(如图 5-15 所示)。同时根据需要修改注释的编码格式(如图 5-16 所示)。

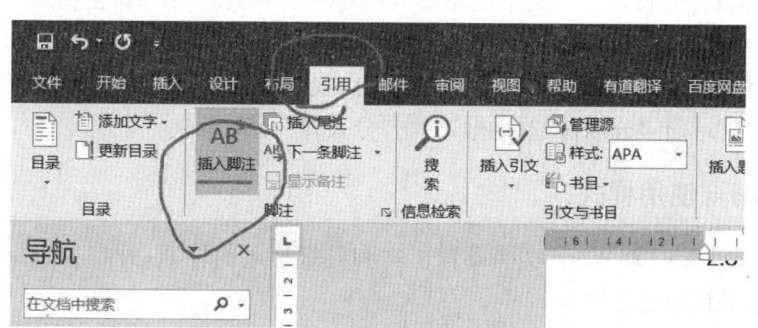

图 5-15 插入注释的方法

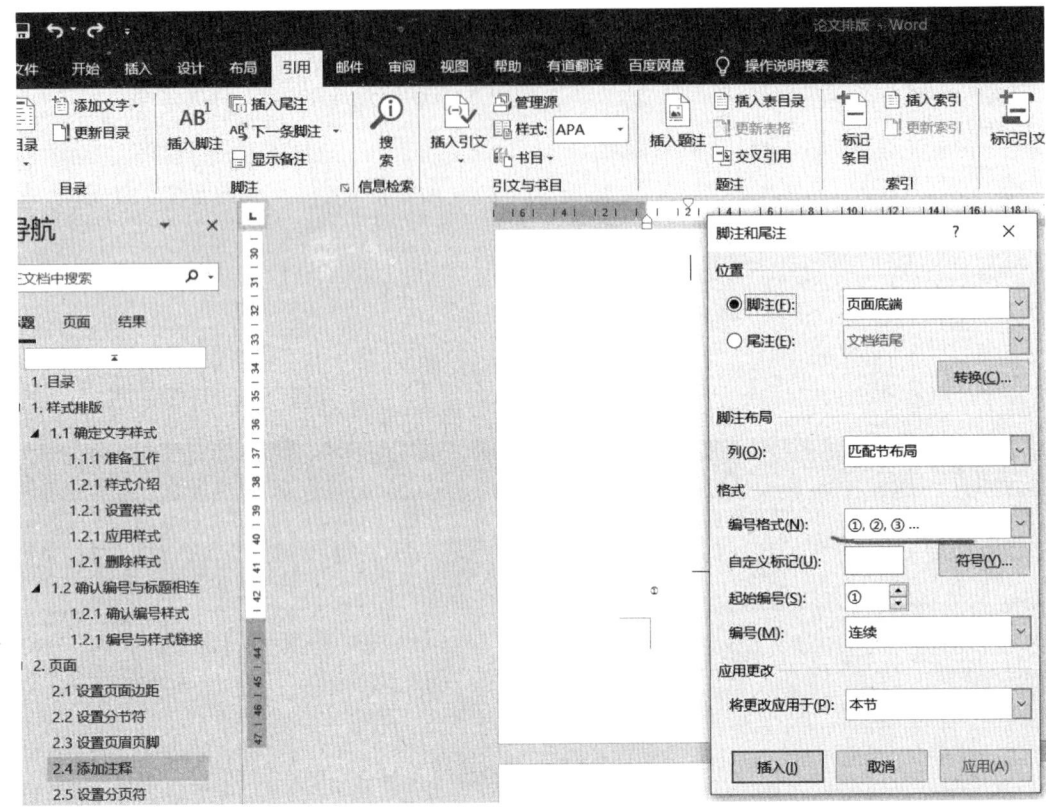

图 5‐16　修改注释的编号

【Step 5】设置分页符。当文本或图形等内容填满一页时，Word 会插入一个自动分页符并开始新的一页。如果要在某个特定位置强制分页，可插入"手动"分页符，这样可以确保章节标题总在新的一页开始。首先，将插入点置于要插入分页符的位置，然后执行"插入"→"分隔符"，打开"分隔符"对话框，单击"分页符""确定"。

## 四、定制与使用样式

本部分学习如何为 Word 文档设置正文和各级标题的样式，并将各级标题与标号连接起来，及生成目录的方法。

### 任务目标

在 Word 软件中，综合应用样式、插入目录等工具，实现目录自动生成功能。

### 任务说明

利用 Word 样式工具，给文本"浅谈幼儿角色游戏论文.Docx"加入样式，按三级标题格式自动生成目录。

### 任务实施

【Step 1】打开 Word 文件"浅谈幼儿角色游戏论文.Docx"，选中一级标题"1. 前言"，选择"字体"工具,将字体格式设置为"黑体""二号""加粗",如图 5-17 所示。

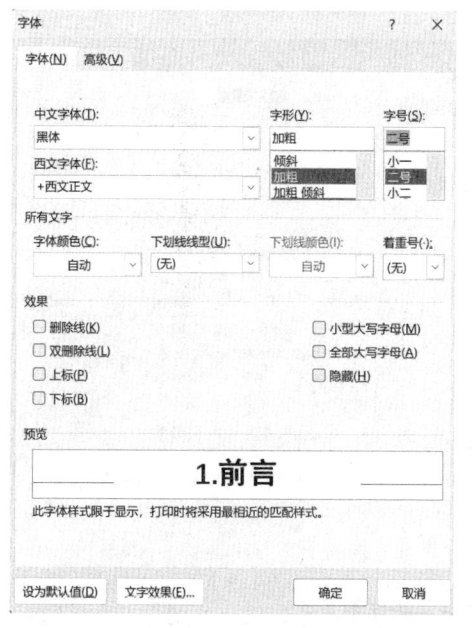

图 5-17　设置一级标题的字体字号 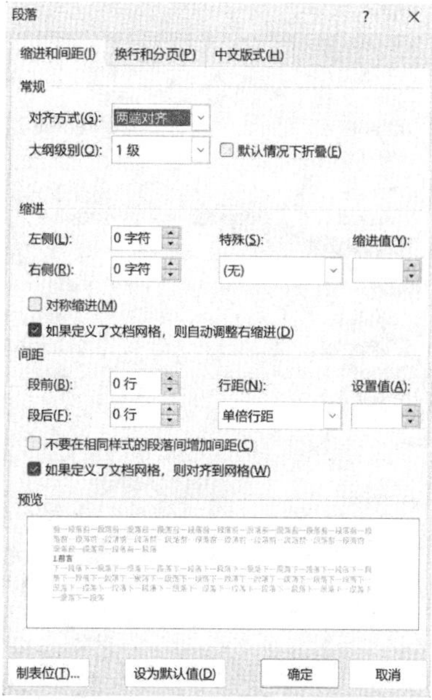　　图 5-18　设置一级标题大纲级别

【Step 2】选择"段落"工具,将一级标题"大纲级别"设置为"1 级",如图 5-18 所示。选中一级标题"1. 前言",在菜单栏中选择"开始"→"样式"→"根据格式设置创建新样式",设置该样式名称为"一级标题",并选择所有一级标题应用该样式,如图 5-19 所示。

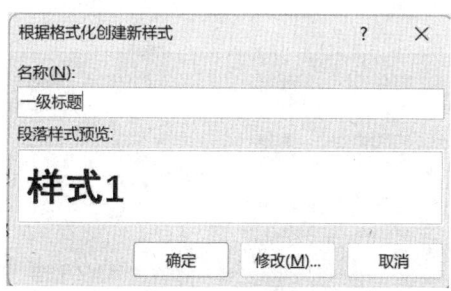

图 5-19　创建"一级标题"样式

【Step 3】选择二级标题"1.1 选题缘由",根据 Step 1 和 Step 2,选择"字体"工具和"段落"工具,设置参数为"黑体""三号""红色","大纲级别"为"2 级",并将该标题创建为"二级标题"样式,选择所有二级标题应用该样式,如图 5-20 所示。

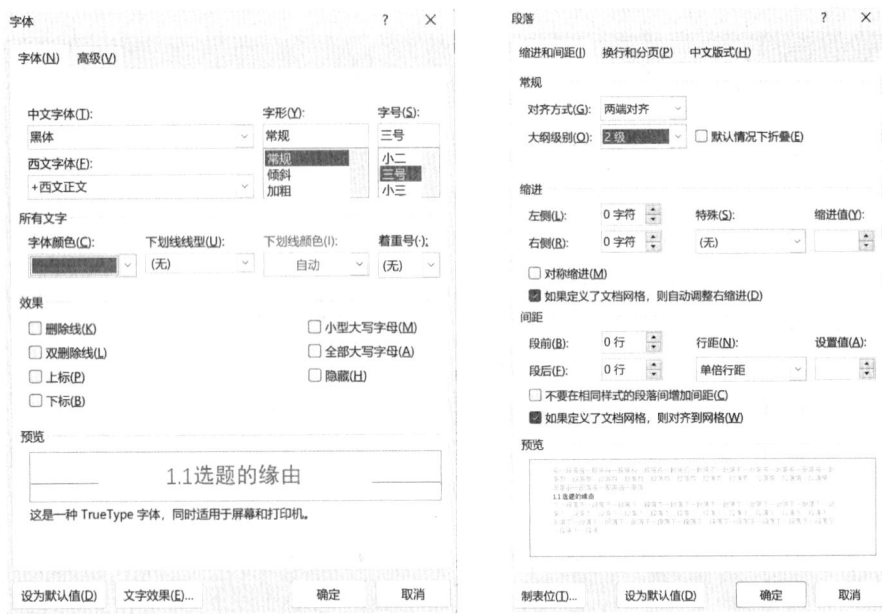

图 5‑20　设置二级标题参数

【Step 4】选择三级标题"1.1.1 理论意义",根据 Step 1 和 Step 2,选择"字体"工具和"段落"工具,设置参数为"黑体""四号""蓝色","大纲级别"为"3 级",并将该标题创建为"三级标题"样式,选择所有三级标题应用该样式,如图 5‑21 所示。

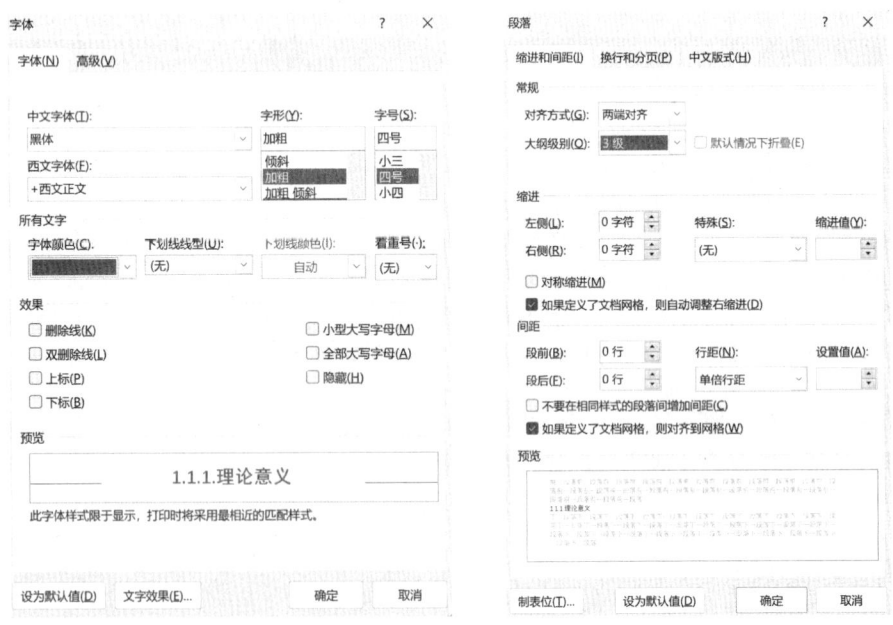

图 5‑21　设置三级标题参数

【Step 5】将光标定位在前言上面,输入文字"目录",并设置好格式,如图 5‑22 所示。

【Step 6】在菜单栏中选择“引用”→“目录”→“插入目录”，打开“目录”对话框，选择“目录”选项卡，在此对话框中，勾选“显示页码”和“页码右对齐”等选项，选择一种“制表符前导符”，“显示级别”选择“3”(前面我们设了三级标题)，单击“确定”按钮，自动生成目录，如图 5 - 23 所示。

目录

1.前言

1.1 选题的缘由

选择“幼儿角色游戏”这个研究课题是自己在带班的时候发现，孩子们对于各种角色游戏都很喜欢，特别的感兴趣，他们可能并不知道也不了解自己要做什么，都是先开始摆弄而已。孩子们的一切经验都来源于生活，都是他们自己的亲身经历，他们每天观察着自己的爸爸妈妈，自己的老师，以及社会中形形色色在各种岗位工作的人，孩子们好奇他们的所作所为，一切都感觉到很有趣，他们想要了解并模仿他们的这些行为。娃娃家是他们最喜欢的角色游戏，他们把自己想象成是“爸爸妈妈”，模仿自己的父母平时照顾自己的样子，照顾自己的“孩子”，在这个角色游戏中感受家庭气氛，促使他们很快适应幼儿园生活，积极参加幼儿园一日活动，健康快乐的成长。我们作为教师应该积极配合幼儿开展角色游戏，作为他们的引导者、支持者，在他们游戏中出现困难，需要帮助的时候，给予他们帮助。[1]

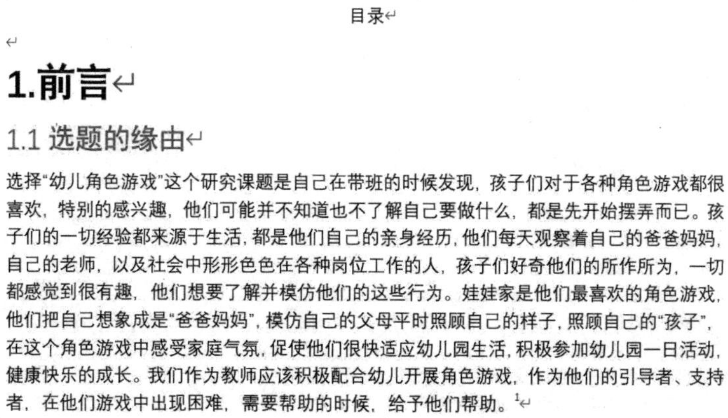

图 5 - 22　输入目录设置格式

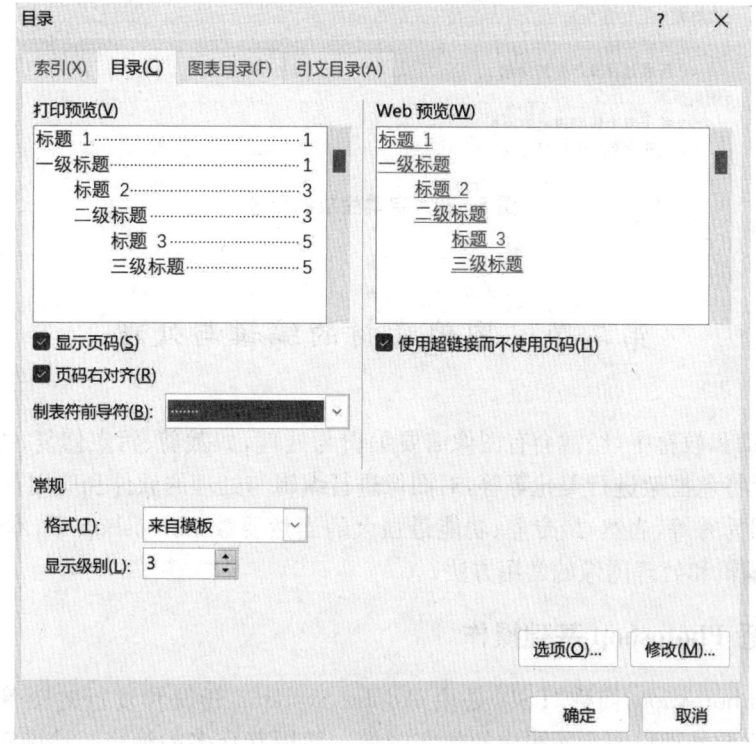

图 5 - 23　自动生成目录

【充电站】样式使用小技巧

样式分为内置样式和自定义样式，内置样式是 Word 本身所提供的样式，自定义样式则是用户将常用的格式定义为样式。使用样式可以快速同步同级标题的格式,还可以借助"文档结构图"快速在文档中定位,可以快速生成文档目录。定制样式前,必须对 Word 文档进行多级标题设置。在生成目录时,如果碰到目录中有不属于多级标题的内容,应单击"清除格式"进行删除。

【Step 7】所有操作完成后,自动生成的目录如图 5-24 所示。

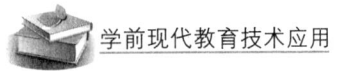

目录

1. 前言 ........................................... 3
  1.1 选题的缘由 ................................ 3
  1.2 研究意义 .................................. 3
    1.2.1 理论意义 ............................... 3
    1.2.2 实践意义 ............................... 4
    1.2.3 个人意义 ............................... 4
2. 角色游戏中存在的问题 ............................ 5
  2.1 环境问题 .................................. 5
  2.2 游戏材料 .................................. 5
  2.3 游戏时间 .................................. 5
  2.4 游戏主题的单一性 ........................... 5
3. 如何更好地开展角色游戏 .......................... 6
  3.2 提供丰富、适合幼儿的游戏材料 ................ 6
  3.3 根据幼儿年龄实际情况开设游戏 ................ 6
  3.4 提供丰富、适合幼儿的游戏材料 ................ 7
  3.5 教师适时介入游戏,正确指导幼儿 ............. 7
4. 实际案例 ....................................... 8
  4.1 背景介绍 .................................. 8
  4.2 开展过程及产生的问题 ....................... 8
5. 研究反思 ....................................... 10
  5.1 关于整个研究过程的反思 ..................... 10
  5.2 关于角色游戏的思考评价 ..................... 10

图 5-24  自动生成的目录

## 第二节  图像素材的编辑与处理

幼儿活动和教育中,经常会有图像需要编辑与处理,如裁剪、污点修复、去除水印、制作倒影、加上特色框架进行美化等等,对图像进行编辑与处理的软件和应用有很多也很好用,比如美图秀秀等,当然,最专业、功能最强大的当然要数 Photoshop 了,本节主要学习 Photoshop 编辑和处理图像的常用方法。

### 一、熟悉 Photoshop 基础操作

Adobe Photoshop,简称"PS",是由 Adobe Systems 开发和发行的图像处理软件。Photoshop 主要处理以像素所构成的数字图像。使用其众多的编修与绘图工具,可以有效地进行图片编辑和创造工作。PS 有很多功能,在图像、图形、文字、视频、出版等各方面都有涉及。下面通过操作几个常见的 Photoshop 小任务,熟悉 Photoshop 的基本操作。

# 第五章　多媒体素材的编辑与处理

**任务目标**

通过操作几个常见的 Photoshop 小任务，熟习掌握 Photoshop 软件常用工具。

**相关知识**

1. 像素

在 Photoshop 中，像素是组成图像的基本单元。一个图像由许多小方块组成，每个小方块为一个像素，也可以称为栅格。每个像素都有不同的颜色值，单位面积内的像素越多，分辨率(每英寸拥有的像素数，ppi)就越高，图像的效果就越好。

2. 位图和矢量图

位图是由像素组成的，也称为像素图或者是点阵图，图的质量是由分辨率决定的。一般来讲，如果不用于彩色打印，通常用 72 ppi 就可以了；如果是用于彩色打印，则需要 300 ppi。矢量图的组成单元是锚点和路径，无论放大多少倍，它的边缘都是平滑的，尤其适用于做企业标志。

3. 色彩模式

常见的色彩模式包括灰度模式、RGB 模式、CMYK 模式。色彩模式决定图像中能显示的颜色数量，还影响图像的通道数和文件大小。

4. 常见图片文件格式

常见图片文件格式如表 5-1 所示。

表 5-1　常见的图片文件格式

| 格式 | 格式说明 |
| --- | --- |
| JPEG | JPEG 格式被译为联合图片专家组，其既是 Photoshop 支持的一种图像格式，也是种压缩方案。JPEG 格式具有很好的压缩比，使用的是有损压缩——在存储文件时会丢失部分图像数据。 |
| GIF | GIF 格式使用无损压缩来控制图片的大小，当用户要保存图片为 GIF 格式时，可以自行决定是否保存透明区域或者转换为纯色。同时，通过多幅图片的转换，GIF 格式还可以保存动画文件，GIF 最多只能支持 256 色。 |
| PNG | PNG 格式是目前保证最不失真的格式，它汲取了 GIF 和 JPEG 二者的优点，存储形式丰富，兼有 GIF 和 JPEG 的色彩模式。它的另一个特点是能把图像文件压缩到极限以利于网络传输，但又能保留所有与图像品质有关的信息。 |
| PSD | PSD 格式是 Photoshop 进行平面设计的"草稿图"，它包含各种图层、通道、遮罩等多种设计样稿，以便于下次打开文件时可以修改上一次的设计。 |
| TIFF | TIFF 格式是 Mac 中广泛使用的图像格式，它的特点是图像格式复杂、存储信息多。正因为它存储的图像细微层次信息非常多，图像的质量也得以提高，因而非常有利于原稿的复制。 |
| BMP | 应用 BMP 格式最典型的程序就是 Windows 的画笔，该文件不压缩，占用磁盘空间较大。它的颜色存储格式有 1 位、4 位、8 位及 24 位，由于格式文件比较大，一般应用在单机上，不受网络欢迎。 |

**任务说明**

(1) 将伞.jpg 调整为 20kB 以内,宽为 150 像素,高为 212 像素。

(2) 裁剪花.jpg,亮度调整为 35,对比度调整为 14,色阶黑场、灰场、白场分别设置为 11、1.33、234。

(3) 修补鸡蛋.jpg 的壳。

(4) 将扫描仪.jpg 中文字"中关村 ZOL.com.cn"替换为"扫描仪",字体为新宋体,字号为 48、颜色 RGB 为"50、50、50"。

**任务实施**

(一) 调整照片尺寸

【Step 1】安装好 Photoshop 软件后,打开软件,新建文件,进入 Photoshop 软件工作环境,如图 5-25 所示。

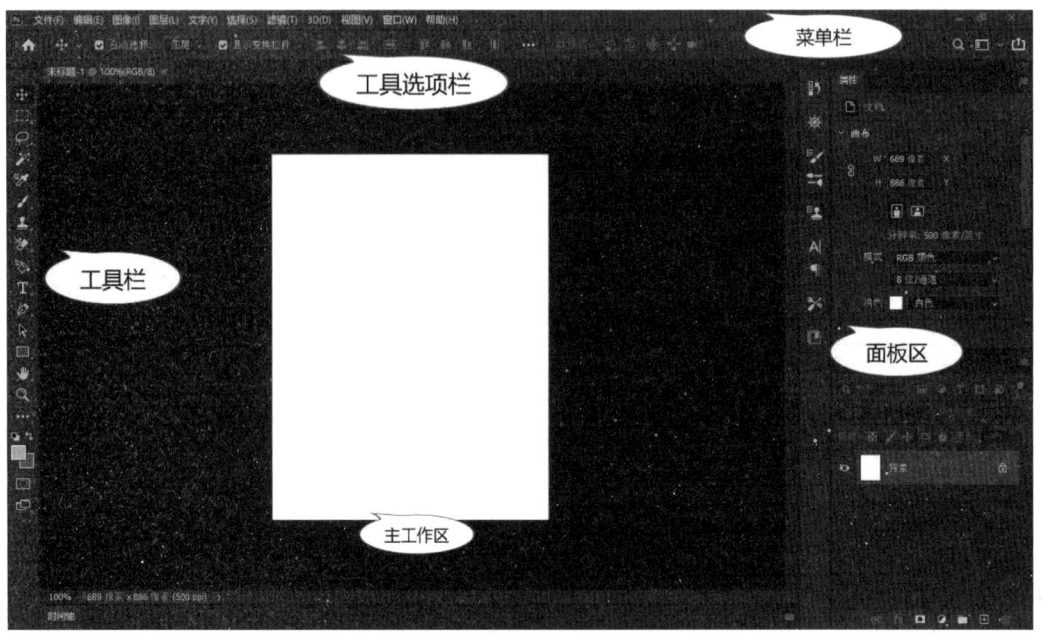

图 5-25　Photoshop 工作环境

【Step 2】选择"文件"→"打开"→"伞.jpg",导入素材到主工作区,如图 5-26 所示。

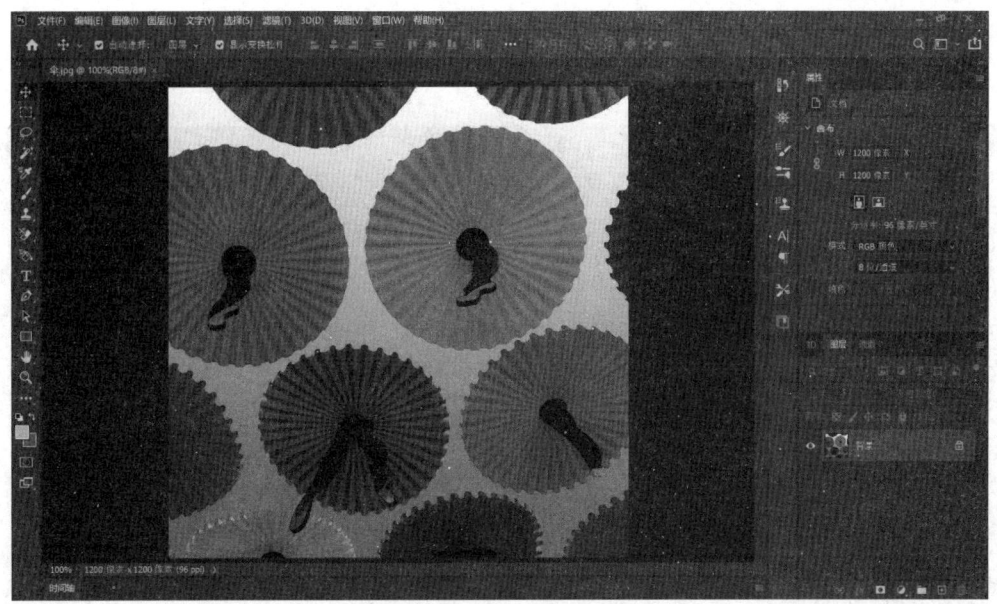

图 5-26 导入"伞.jpg"

【Step 3】选择"文件"→"导出"→"存储为 Web 所用格式(100%)",预设为"JPEG 高",在图像大小中,"W"为"150"像素,"H"为"212"像素,单击"存储"(图 5-27),文件名为"素材伞.jpg",单击"保存"。

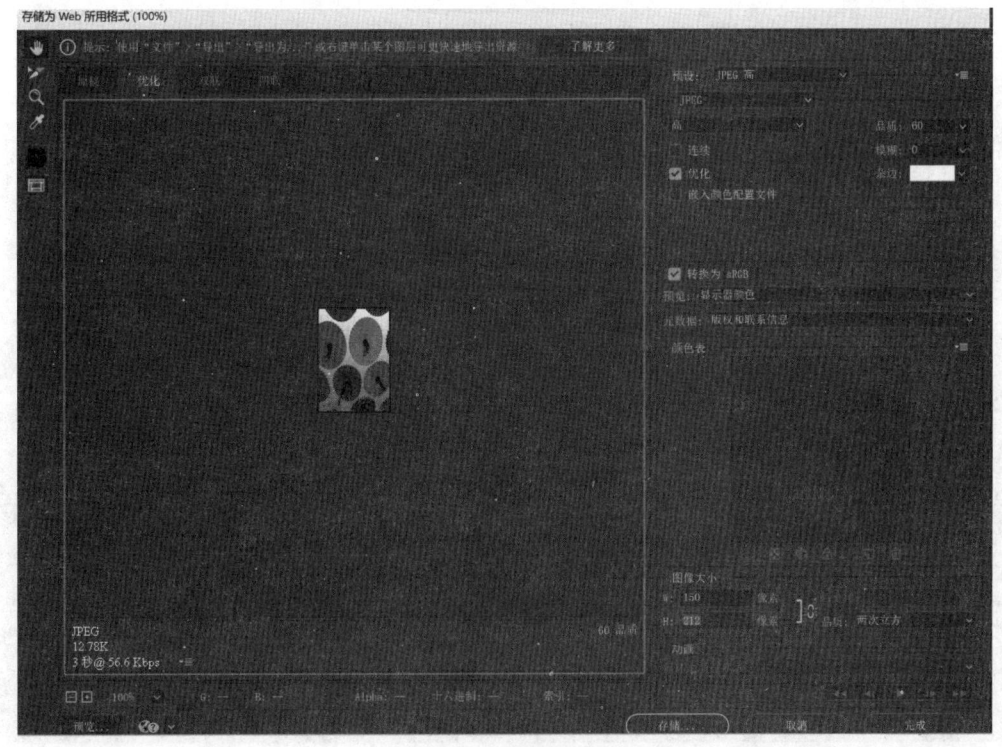

图 5-27 修改图片大小

## (二) 调整图片参数

【Step 1】选择"文件"→"打开"→"花.jpg",导入素材到主工作区,如图 5-28 所示。

图 5-28　导入"花.jpg"

【Step 2】选择裁剪工具,移动裁剪框的句柄到合适位置,单击工具选项栏的"√",确认裁剪,如图 5-29 所示。

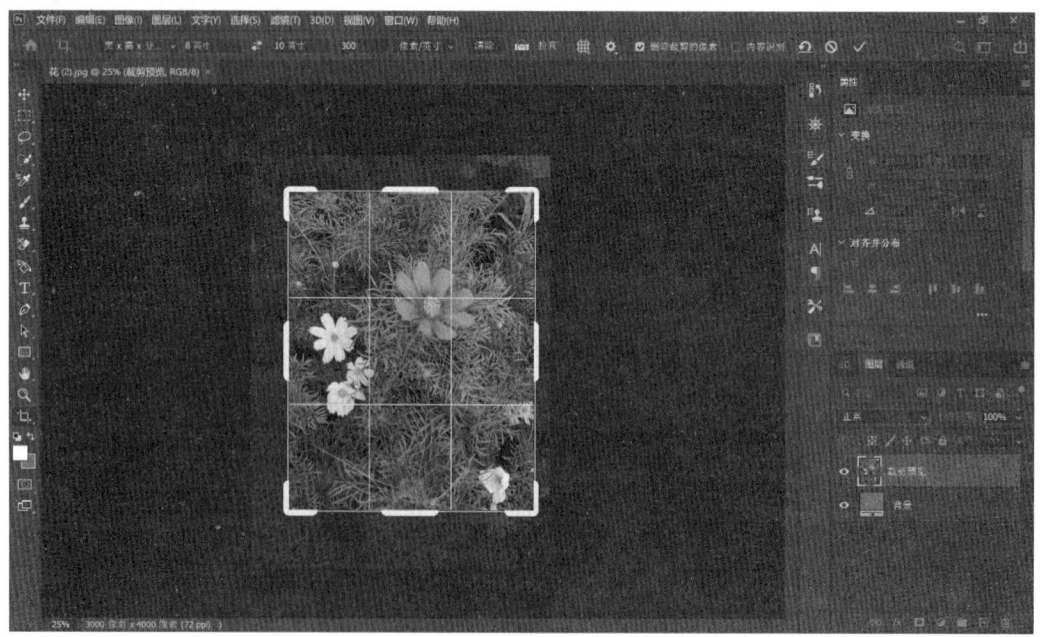

图 5-29　裁剪图片

【充电站】"裁剪"工具使用小知识

（1）当我们激活"裁剪"工具的时候，文档的四周就会出现虚线的裁剪框，可以移动鼠标在截剪组边缘进行图片缩小或者放大。

（2）可以拖动裁剪框句柄裁剪，也可以划定自己想要的区域进行裁剪。当裁剪好后，点击选项栏上面的"√"，裁剪就成功了。

（3）按住【Shift】键，结合拖动裁剪框句柄，可以保存原比例的裁剪结果。

【Step 3】选择"图像"→"调整"→"亮度/对比度"，在"亮度/对比度"面板中，设置亮度为"35"，对比度为"14"，单击"确定"，如图 5-30 所示。

图 5-30　设置亮度和对比度

【Step 4】选择"图像"→"调整"→"色阶"，在"色阶"面板中，设置黑场为"11"，灰场为"1.33"，白场为"234"，单击"确定"，如图 5-31 所示。

图 5-31　设置色阶参数

【Step 5】选择"文件"→"存储为",文件名为"素材花.jpg",单击"保存",品质设为"10",单击"确定",如图 5-32 所示。

图 5-32　设置存储品质

【充电站】复位基本功能

当遇到软件界面发生变化时,可以选择复位基本功能区,操作步骤:在菜单栏中,选择

"窗口"→"工作区"→"复位基本功能"。

（三）修补图片缺陷

【Step 1】选择"文件"→"打开"→"鸡蛋.jpg"，导入素材到主工作区，如图5-33所示。

图5-33 导入"鸡蛋.jpg"

【Step 2】在工具栏中选择"缩放工具"→"放大"，将鼠标光标移到修补区域，单击鼠标左键，放大修补区域，一直到合适大小为止，如图5-34所示。

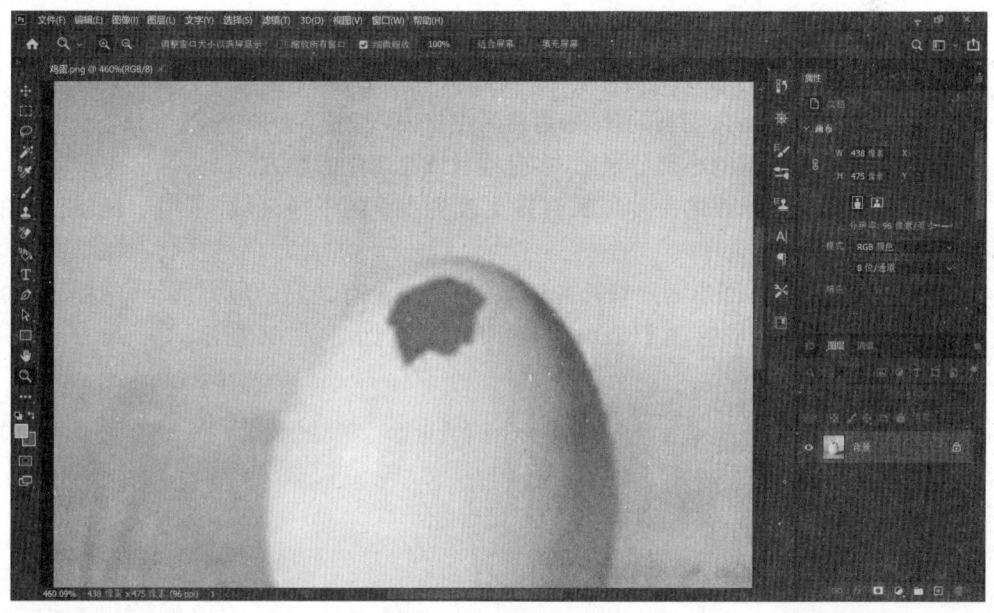

图5-34 放大修补区域

【充电站】"缩放"工具使用小知识

"缩放"工具用来缩放图像、选区或图层,可以进行放大、缩小、局部放大、100%显示图像以及适合屏幕等操作。

【Step 3】在工具栏中选择"修补"工具,设置"修补"工具属性为"源",如图 5-35 所示。

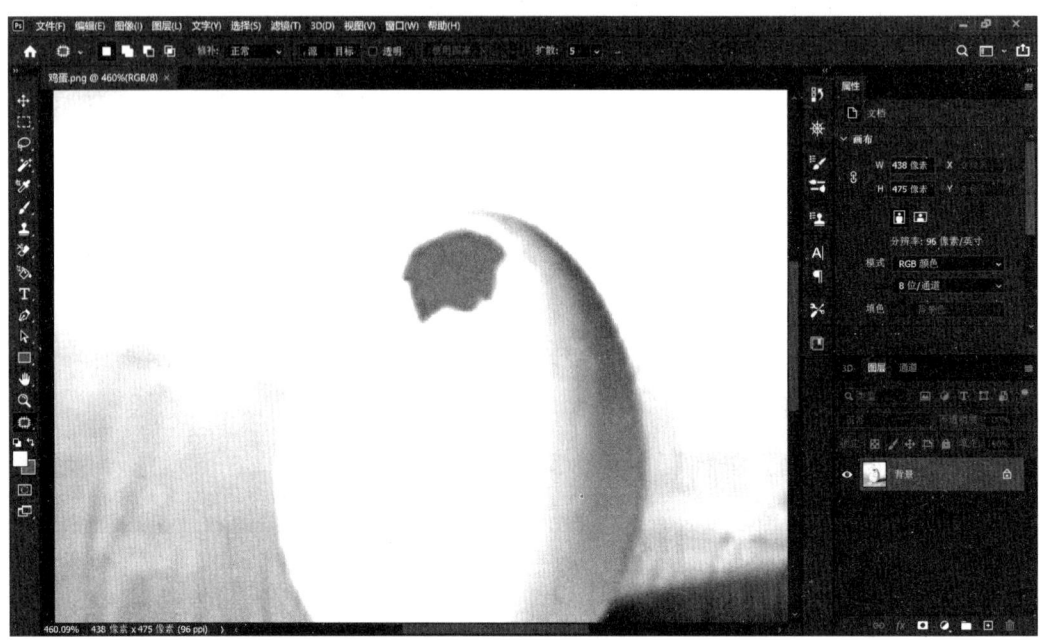

图 5-35 选择"修补"工具

【充电站】Photoshop 中 4 种不同"修补"工具的区别

仿制图章:将更改的地方改成与图中其他部分相同的样子,多用于大面积的修改。

污点修复:类似于涂抹工具的效果,可将污点抹去,多用于去掉斑点。

修复画笔:修改局部的小部分缺陷,多是线状或不规则的地方。

修补工具:可将需修改的一片区域直接更改为图中的干净区域,多用于比较孤立的部分。

【Step 4】使用鼠标,圈出需要修补的区域,向另一没有缺陷的地方移动,这样原来的位置就被融合掉了。完成后,按【Ctrl+D】键取消选区,如图 5-36 所示。

第五章 多媒体素材的编辑与处理

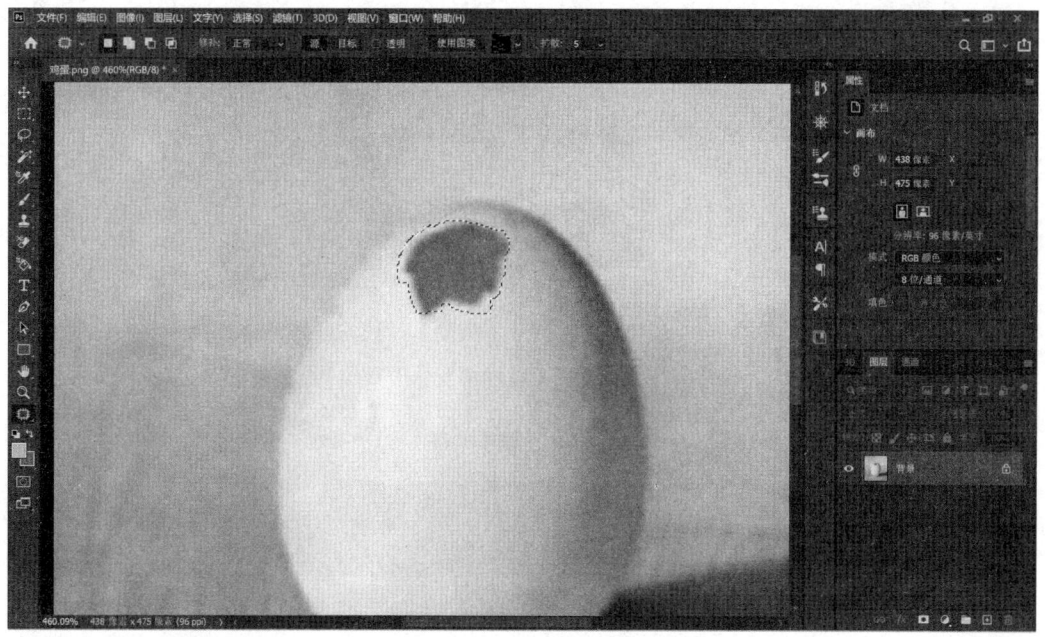

图 5-36 移动修补区域

【Step 5】选择"文件"→"存储为",文件名为"素材鸡蛋.jpg",单击"保存",品质设为"10",单击"确定",生成的图片如图 5-37 所示。

图 5-37 素材鸡蛋

(四)替换图中文字

【Step 1】选择"文件"→"打开"→"扫描仪.jpg",导入素材到主界面,如图 5-38 所示。

103

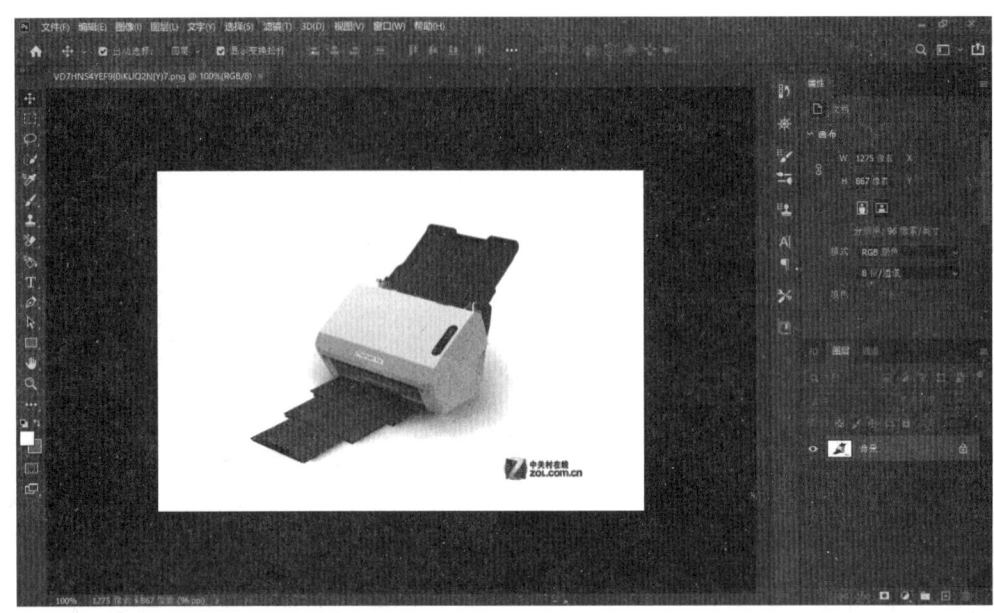

图 5-38　导入"扫描仪.jpg"

【Step 2】选择"魔棒"工具，容差为"32"，在白色背景上单击，按住【Shift】键，在部分没选中区域多次单击，使白色区域内的文字部分全部被选中，如图 5-39 所示。

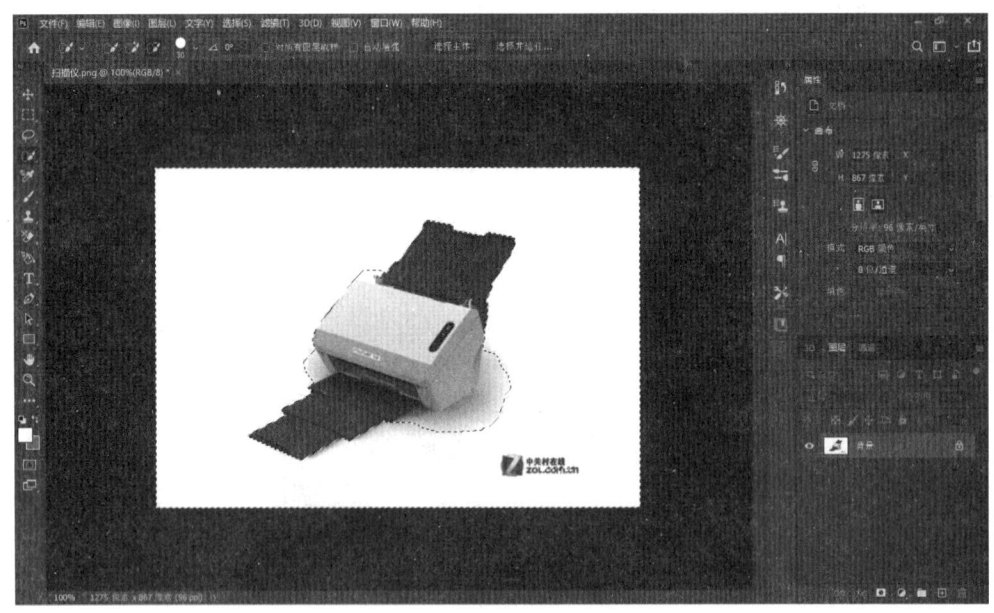

图 5-39　"魔棒"工具操作

【充电站】"魔棒"工具使用小知识

"魔棒"工具可用来做选区抠图，可以通过设置容差值的大小来设置所抠图范围的大小，"容差"的取值范围为 0—255，数值越大，选择的范围也就越大。

【Step 3】选择"吸管"工具,在白色区域单击,将白色设置为前景色,如图 5-40 所示。

图 5-40 "吸管"工具操作

【充电站】"吸管"工具使用小知识

将"吸管"工具对准要取样的像素区域单击鼠标左键,此时前景色按钮就变成了刚刚吸取的颜色,如果按住【Alt】键再单击左键,就可以将当前吸取的颜色设置为背景色。

【Step 4】选择"油漆桶"工具,在文字附近多次单击,使文字被白色覆盖,完成后按【Ctrl+D】键取消选区,如图 5-41 所示。

图 5-41 "油漆桶"工具操作

105

【Step 5】选择"横排文字"工具,在工具栏选项中,设置字体为"新宋体",字号为"48",颜色 RGB 为"50、50、50",在原文字区域输入文字"扫描仪",调整位置后,在工具选项栏单击"√"确认,如图 5-42 所示。

图 5-42 "横排文字"工具操作

【充电站】"文字"工具使用小知识

在"文字"工具中,用"横排文字"工具和"直排文字"工具可建立横排和竖排文本,并创建一个单独的文本层;用"横排文字"蒙版和"直排文字"蒙版可制作文字形状的选区,但是不创建文字图层;文本图层为特殊图层,任何绘图工具和编辑工具不能在文本图层中使用,如果需要编辑,需要先在文字图层上右击(用鼠标右键单击),可栅格化图层。

【Step 6】选择"文件"→"存储为",文件名为"素材扫描仪.jpg",保存类型为"JPEG",单击"保存",品质设为"10",单击"确定"。

## 二、巧用剪贴蒙版

"剪贴蒙版"是 Photoshop 中的一条命令,也称剪贴组,该命令是通过使用处于下方图层的形状来限制上方图层的显示状态,达到一种剪贴画的效果。下面通过图片剪贴蒙版的创建任务学习剪贴蒙版的使用。

### 任务目标

在 Photoshop 软件中,综合应用文字、图片剪贴蒙版、快速选择工具、图层样式以及投影效果等工具,实现背景替换效果,效果如图 5-43 所示。

图 5-43 创建图片蒙版效果

**任务实施**

【Step 1】导入背景素材图片,并单击缩放工具,在工具栏选项选择"适合屏幕",如图 5-44 所示。

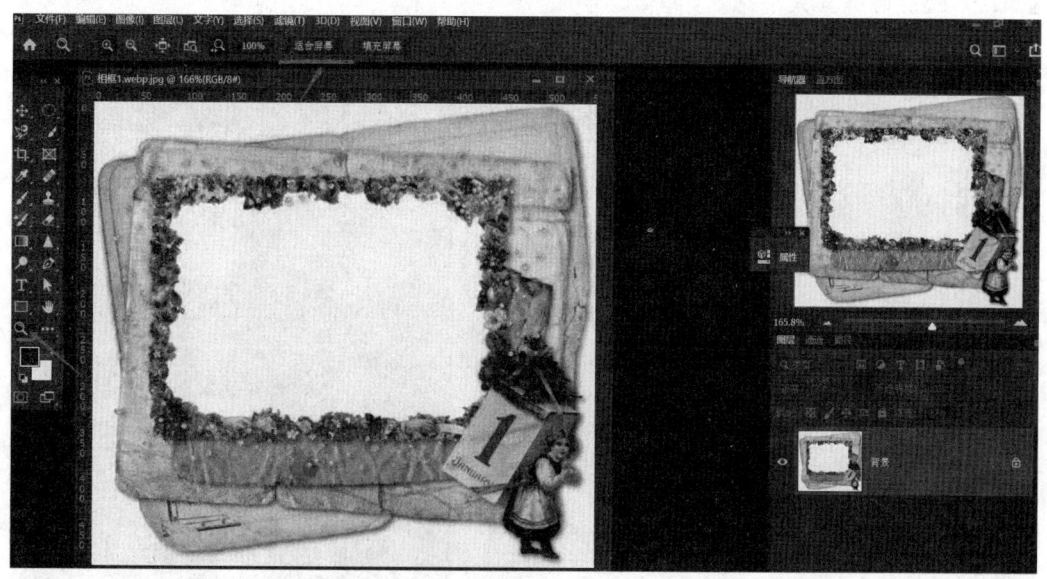

图 5-44 导入图片

【Step 2】用快速选择工具选择相框中的白色区域,按住【Ctrl+J】键,复制白色区域到新的图层"图层 1"中,如图 5-45 所示。

图 5-45 确定图片蒙版区域

【Step 3】打开"梅花鹿.jpg"素材,导入工作区,放到"图层 1"上方一图层,并使用【Ctrl+T】键调整其大小,如图 5-46 所示。

图 5-46 导入图片素材

【Step 4】在"图层"面板中,选择"梅花鹿"图层,右键单击,选择"创建剪贴蒙版",适当调整梅花鹿图片的位置,用梅花鹿来显示白色区域的内容,白色区域的形状限制梅花鹿的显示区域。

第五章 多媒体素材的编辑与处理

图 5-47 创建剪贴蒙版

【Step 5】选择文字工具,设置字体"黑体",字号为"48",颜色 RGB 为"0、0、0",输入"可爱梅花鹿"文字。

【Step 6】打开"纹理图片.jpg",导入工作区,创建文字蒙版图层,如图 5-48 所示。

图 5-48 导入纹理图片

【Step 7】在"图层"面板中,选择"文字蒙版",选择"创建剪贴蒙版",调整文字蒙版到合适的位置,如图 5-49 所示。

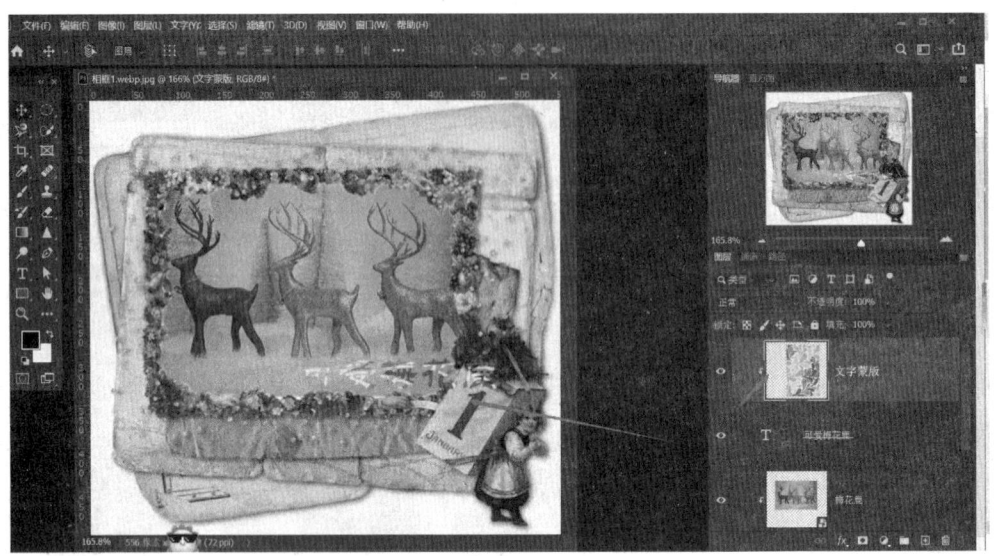

图 5-49 创建文字剪贴蒙版

【Step 8】选中"可爱的梅花鹿"图层,在"图层"面板选择添加图层样式按钮"fx",右键单击,选择"投影",进入"图层样式",设置结构不透明度为"75％",角度为"30",距离为"7",单击"确定",效果如图 5-50 所示。

图 5-50 设置文字投影效果

### 三、文字倒影

**任务目标**

在 Photoshop 软件中,综合应用文字、滤镜、垂直翻转、线性渐变和剪贴蒙版等工具,实现文字倒影效果。

第五章 多媒体素材的编辑与处理

**任务说明**

运用文字图层复制、变换工具、图层蒙版、渐变填充工具为文字"PHOTOSHOP"添加倒影效果。

**任务实施**

【Step 1】新建文档，1500×1000 的白色文档，回到工具栏，前景色设置为浅蓝色，效果如图 5-51 所示。

图 5-51　新建文档

【Step 2】回到工具栏，前景色设置为黑色，打开文字工具，输入自己喜欢的文字，按【Ctrl+T】键自由变换，调整好大小和位置，效果如图 5-52 所示。

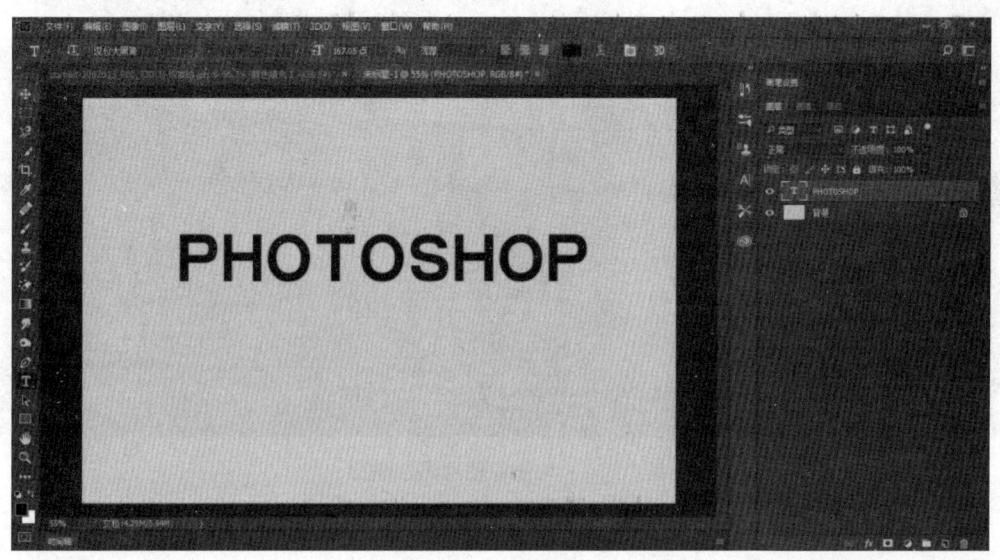

图 5-52　输入文字

【Step 3】回到"图层"面板,选中文字图层,按【Ctrl+J】键复制一层,按【Ctrl+T】自由变换,右键垂直翻转,移动好位置,效果如图 5-53 所示。

图 5-53 垂直翻转文字

【Step 4】回到"图层"面板,给文字拷贝图层(即文字倒影图层)添加图层蒙版,回到工具栏,打开渐变工具,选择黑白渐变,用渐变线由下往上拉,如图 5-54 所示,最终效果如图 5-55 所示。

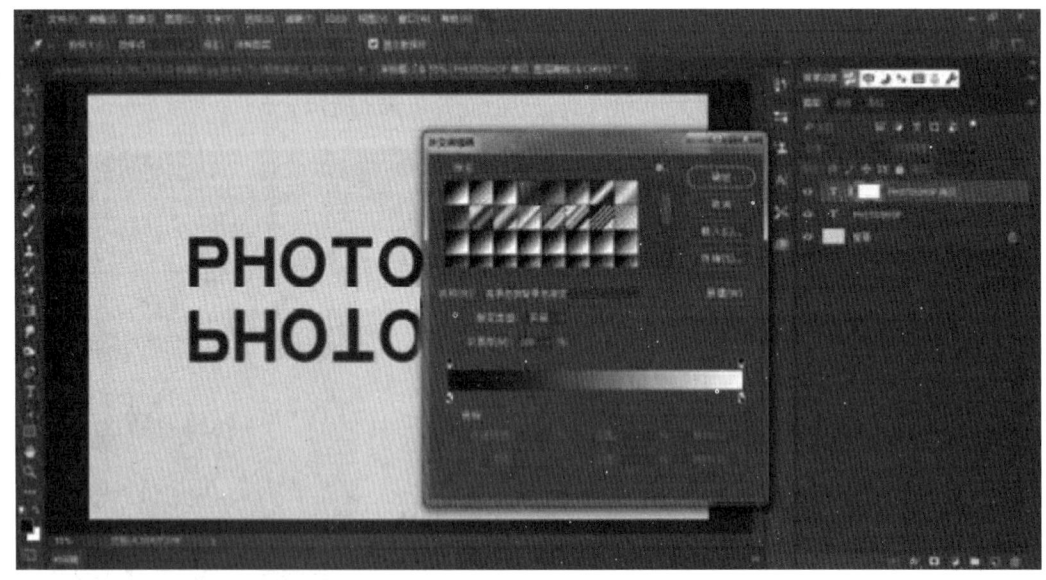

图 5-54 为倒影图层添加蒙版

# 第五章 多媒体素材的编辑与处理

图 5-55  文字倒影最终效果

## 四、制作优酸乳倒影效果

### 任务目标

在 Photoshop 软件中,综合应用文字、滤镜、垂直翻转、线性渐变和图层蒙版等工具,实现物体倒影效果。

### 任务说明

运用快速选择工具、图层复制、变换工具、图层蒙版、动感工具为图片增加渐变效果,如图 5-56 所示。

图 5-56  优酸乳倒影效果

**任务实施**

【Step 1】新建文件(800×600),嵌入对象,使用快速选择工具,添加图层蒙版,抠图,导出"优酸乳.png"。

【Step 2】嵌入"优酸乳.png"。

【Step 3】使用【Ctrl+T】键打开自由变换工具对图片进行缩小。

【Step 4】复制图层,使用【Ctrl+T】键打开自由变换工具,右键倒影,挪到合适位置。为了使倒影贴合图像,选择左边右边,并复制图层,使用【Ctrl+J】键复制,并使用【Ctrl+T】键使贴合。

【Step 6】同时选中复制的左边和右边图层,转换为智能对象,添加图层蒙版,使用渐变工具,选择倒影,使用动感模糊。

【Step 7】选择图层缩略层,变换选区。

【Step 8】复制两个,挪移、缩小。

## 第三节 音频素材的编辑与处理

音频,即声音,是信息交流的重要媒介,包括语音、音乐和声响等。在学前教育的课堂上使用音频文件,不仅可以活跃课堂气氛,提高学前儿童学习或活动的积极性,还可以通过展示字词的标准发音,调动幼儿听觉来接受知识,加深他们对知识的印象。编辑与处理的音频软件有 Windows 自带的录音机、Adobe Audition、GoldWave、Wave Editor 等。Adobe Audition 是一款非常优秀的数字音频处理软件,包含了用于创建、混合、编辑和复原音频内容的多轨、波形和光谱显示功能。本节将介绍 Audition 编辑与处理音频的方法,让学前教育的教师可以更灵活地使用声音素材,集中幼儿学习的注意力,陶冶幼儿情操,激发幼儿学习潜力。

### 一、掌握 Audition 基础知识

**任务目标**

熟悉 Audition 软件的波形和多轨两种工作模式,掌握 Audition 的基本操作。

**相关知识**

1. 声音

声音在物理学上被称为声波,它因物体振动而产生。声音有振幅、频率两个物理属性,还有音调、响度、音色三个感知特性,这三个感知特性被称为声音的三要素。声波的振幅决定了声音的响度,振幅越大,响度越大;声波的频率决定了音调的高低,频率越高,音调越高。

2. 音频数字化

日常生活中的各种声音为模拟音频信号,如果要用计算机对音频信息进行处理,则首

先要将模拟音频信号(如语音、音乐等)转换为数字信号,这个过程称为音频数字化,需要经过采样、量化和编码三个过程。

3. 声音文件的参数

(1) 采样频率:每秒采集声音信号的次数。

(2) 量化精度:音频信号的采集质量,以"位"为单位。

(3) 压缩率:音乐文件压缩前后大小的比值。

(4) 声道数:同时记录的信号数。

(5) 声音文件大小＝采样频率×量化×声道数÷8,单位为字节数/秒。在相同的采样频率下,量化精度越高,声音的质量就越好。同理,在相同量化精度的情况下,采样频率越高,声音效果也就越好。

4. 常见的音频文件格式

表 5-2　常见的音频文件格式

| 格式 | 格式说明 |
| --- | --- |
| WAV | WAV 格式是经典的 Windows 多媒体格式。WAV 文件由于没有被压缩而占据较大空间,但它的音质很高,是音乐创作的首选格式,也适合保存音频素材。 |
| MP3 | MP3 格式是网上最流行的音频文件格式。它采用有损压缩,压缩比可高达 1∶10,甚至 1∶12。MP3 文件体积小,音质也不错。 |
| AIFF | AIFF 格式是苹果公司开发的一种未压缩、无损音频文件格式,是苹果电脑的标准音频格式,属于 QuickTime 技术的一部分。 |
| WMA | WMA 的压缩率一般可以达到 1∶18,生成的文件大小只有相应 MP3 文件的一半,音质与 MP3 差不多,支持防盗版技术。 |
| APE | APE 文件是一种流行的无损音频压缩文件,在音质不降低的前提下,大小可压缩到传统无损格式 WAV 文件的一半。 |
| MIDI | MIDI 是 Music Instrument Digital Interface(数字化乐器接口)的缩写,它将音符记录为数字,通过重组数字(FM 或波表合成)回放声音,文件体积小,1 分钟约 3.4KB。 |
| ACC | ACC 是遵循 MPEC-3 的规格所开发的音频格式。和 MP3 比起来,它的音质比较好,可以和 CD 媲美,也能够节省大约 30% 的储存空间与带宽。 |

**任务实施**

【Step 1】安装好 Audition 软件后,启动软件,进入软件工作环境,如图 5-57 所示。

图 5-57　Audition 工作界面

【充电站】Adobe Audition 软件介绍

Adobe Audition 是一款功能强大的专业声音采集与处理的音频软件,它因界面简洁简单易学、功能齐全而被广大使用者喜爱。其原名为 Cool Edit Pro,后被 Adobe 公司收购,改名为 Adobe Audition。Audition 提供先进的音频混合、编辑、控制和效果处理功能,可以轻松创建音乐、制作广播短片、修复声音录制缺陷等。它有波形和多轨两种模式,通常在波形模式下对音频进行裁剪、降噪、压缩等处理,在多轨模式下进行混缩,最多支持 128 条音轨。

【Step 2】选择"文件"→"导入"→"文件"命令,如图 5-58 所示,在打开的"导入文件"对话框中按住【Ctrl】键,单击"小池(背景音乐).mp3"和"小池(人声).mp3"两个音频素材,可将它们同时选中,单击"打开"按钮即可导入,如图 5-59 所示。

图 5-58　导入文件

第五章　多媒体素材的编辑与处理

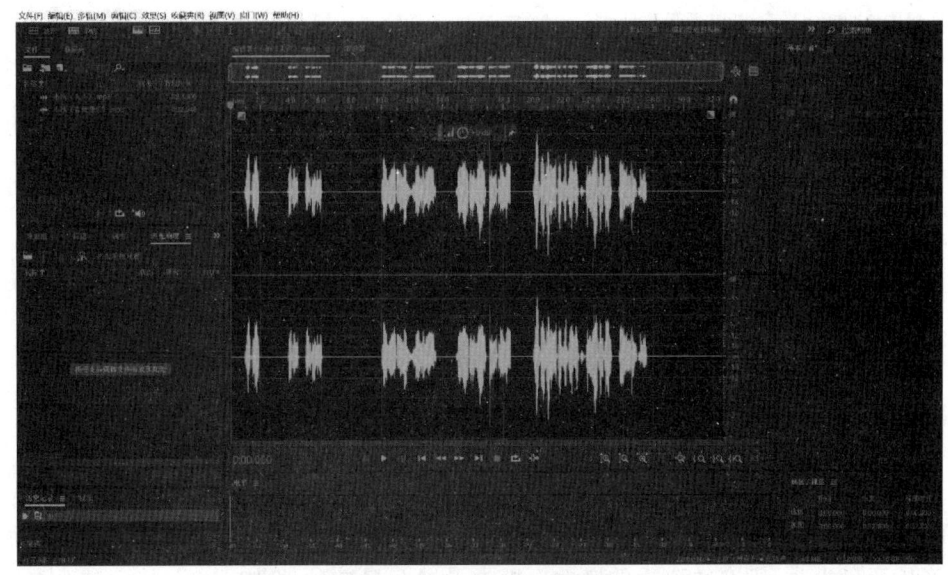

图 5-59　导入音频文件

【充电站】导入多个文件小技巧

在"导入文件"对话框中，按住【Ctrl】键可选择多个不连续的文件，以便同时导入。如果要选择多个连续文件，则按住【Shift】键依次单击第一个文件和最后一个文件，便可选中这两个文件和它们之间的多个文件。

【Step 3】单击工具栏中"多轨"按钮，在"新建多轨会话"对话框中设置参数，创建"任务一.sesx"文件。

【Step 4】将"文件"面板中的"小池（背景音乐）.mp3"和"小池（人声）.mp3"分别拖到音轨1和音轨2中，如图 5-60 所示。

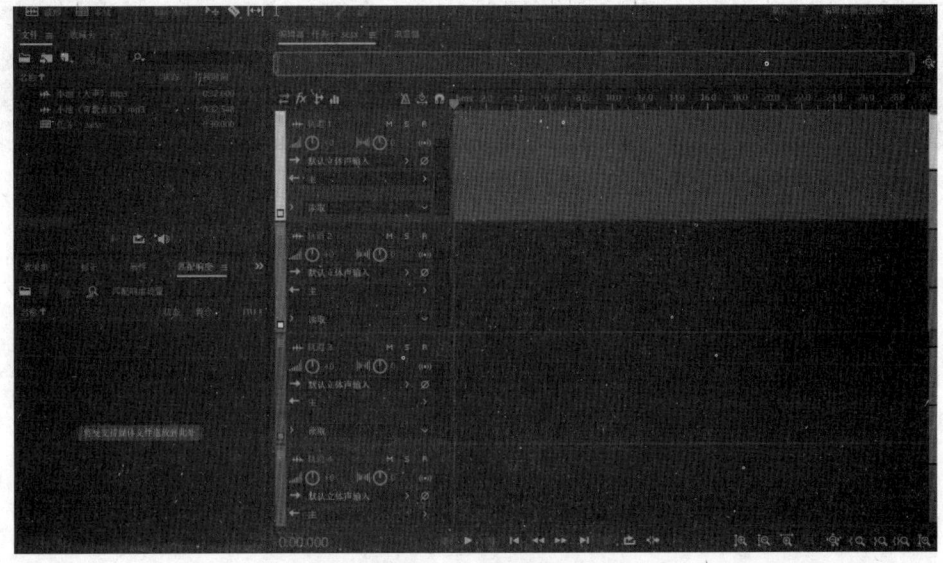

图 5-60　多轨界面

117

【充电站】采样率不匹配情况

如果插入音轨中的音频文件与多轨会话文件的采样率不一致,则软件会弹出一个提示框,如图 5-61 所示。在该对话框中单击"确定"按钮,则会生成一个与多轨会话文件采样率相同的音频文件副本,并插入音轨中。

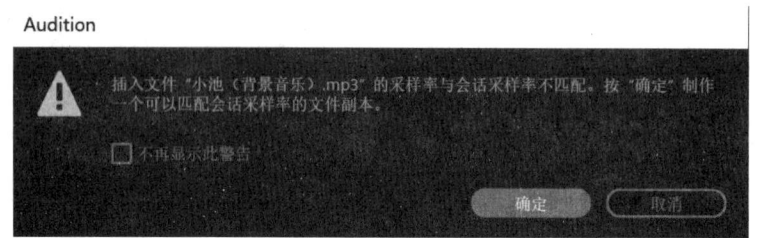

图 5-61　采样率不匹配提示

【Step 5】将时间指示器移至 0 秒处,单击音轨区下方的"播放"按钮,进行试听,如果背景音乐音量太大,则在轨道 1 的属性面板中设置音量选项值为"-6",从而减小背景音乐的音量,如图 5-62 所示。

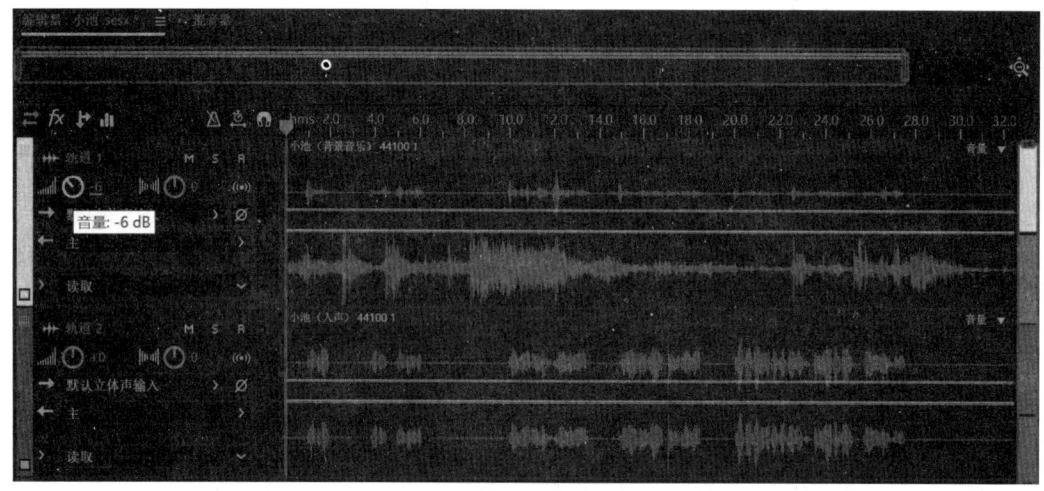

图 5-62　音量调整

【充电站】重置工作区

如果工作页面改变了,想恢复为系统默认状态,可使用工具属性栏右侧"工作区",从下拉列表中选择"重置"→"默认"。

【Step 6】使用"文件"→"保存"命令保存编辑好的多轨会话文件,然后使用"文件"→"导出"→"多轨混音"→"整个会话"命令,在打开的"导出多轨混音"对话框中设置好参数,单击"确定"导出 MP3 音频文件,如图 5-63 所示。

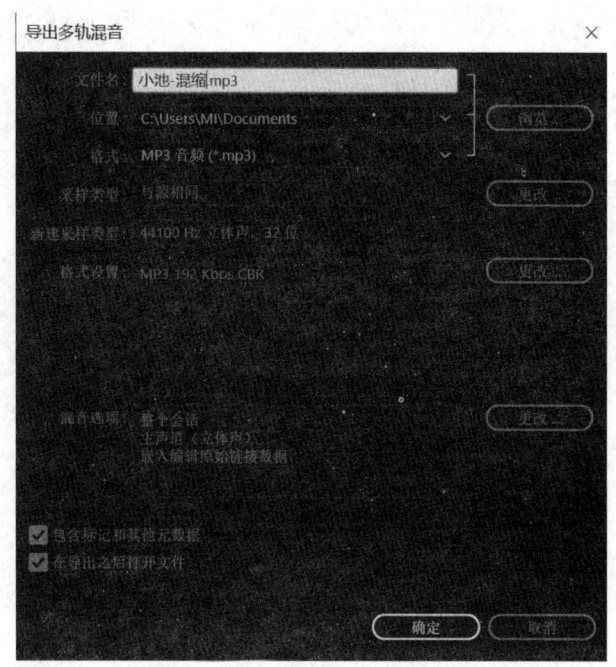

图 5‐63 导出多轨混音文件

【充电站】选择比特率

在"格式设置"后的"更改"中可以根据需要选择比特率,以调节文件的大小。音乐类音频的最佳质量在 192—320 Kb/s,可最大限度保留不同的乐器声,但文件较大;演讲、解说等纯语音类可以设置在 64—96 Kb/s,其文件较小;一般保持默认。

## 二、去除音频人声

### 任务目标

在 Audition 软件中,通过效果组中"效果"命令消除歌曲中人声部分,从而制作伴奏带。

### 任务说明

制作伴奏带,在波形模式下编辑音频文件"春晓.mp3"。
(1) 去掉歌曲中的原唱声音。
(2) 保存为"春晓伴奏.mp3"。

### 任务实施

【Step 1】在文件面板中点击鼠标右键,在右键菜单中选择"打开"或"导入"命令,打开"春晓.mp3",执行操作后,效果如图 5‐64 所示。

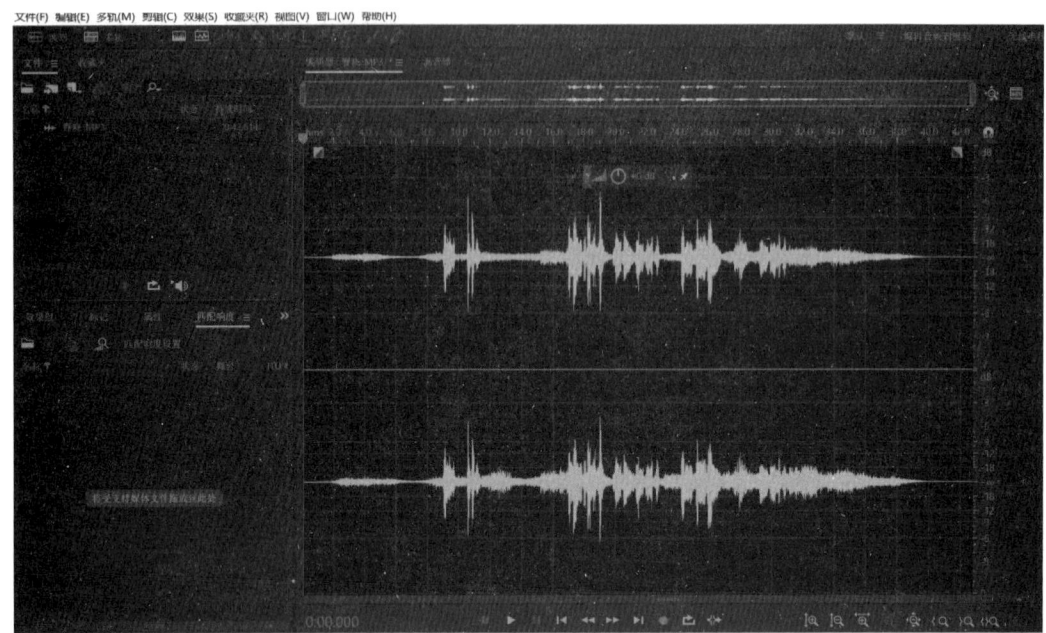

图 5-64 音频导入

【Step 2】在音频区下方的"选区/视图"面板中,设置开始和结束的时间,选择 0 min20 s—2 min4 s 的音频信息(也可以使用工具栏中的"时间选择"工具进行选择),如图 5-65 所示。

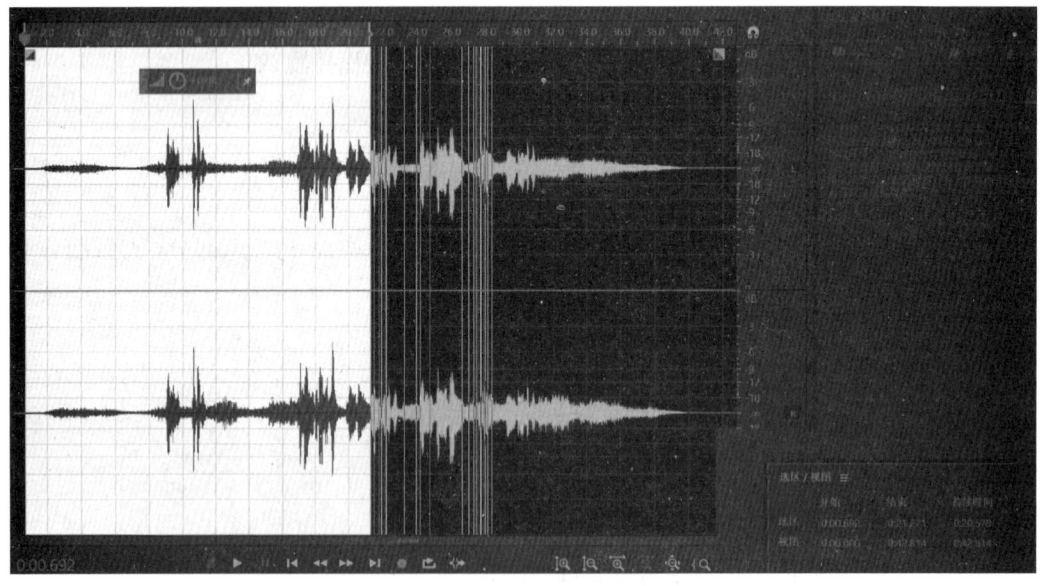

图 5-65 设置音频开始和结束时间

【Step 3】在选中的音频波形中点击鼠标右键,在右键快捷菜单中单击"裁剪"命令便可保留选中的音频片段,如图 5-66 所示。

第五章 多媒体素材的编辑与处理

| 全选 | Ctrl+A |
|---|---|
| 取消全选 | Ctrl+Shift+A |
| 选择当前视图时间 | |
| 选择反向 | |
| 存储选区为... | Ctrl+Alt+S |
| 插入到多轨混音中 | > |
| 将整个文件插入到 CD 布局 | > |
| 捕捉噪声样本 | Shift+P |
| 了解声音模型 | |
| 设置当前剪贴板 | > |
| 剪切 | Ctrl+X |
| 复制 | Ctrl+C |
| 复制到新建 | Shift+Alt+C |
| 粘贴 | Ctrl+V |
| 混合式粘贴... | Ctrl+Shift+V |
| 删除 | Del |
| 裁剪 | Ctrl+T |
| 静音 | |
| 自动修复选区 | Ctrl+U |
| 标记 | > |
| 变换采样类型... | Shift+T |
| 提取声道到单声道文件 | |
| 频段分离器... | |

图 5-66　音频裁剪

**【充电站】"历史记录"面板**

如果操作失误，可以使用【Ctrl+Z】键撤销上一步操作；如果想撤销多次操作，则可以在菜单栏中选择"窗口"→"历史记录"，将"历史记录"面板调用出来，如图 5-67 所示。

单击哪一步操作，即可恢复到该操作完成时的状态。

图 5-67　调用"历史记录"面板恢复操作

121

【Step 4】双击选中全部音频波形，单击菜单栏中"效果"→"立体声声像"→"中置声道提取"命令，在打开的"效果→中餐声道提取"对话框中设置参数，单击"预览播放/停止"按钮试听效果，如图5－68所示。

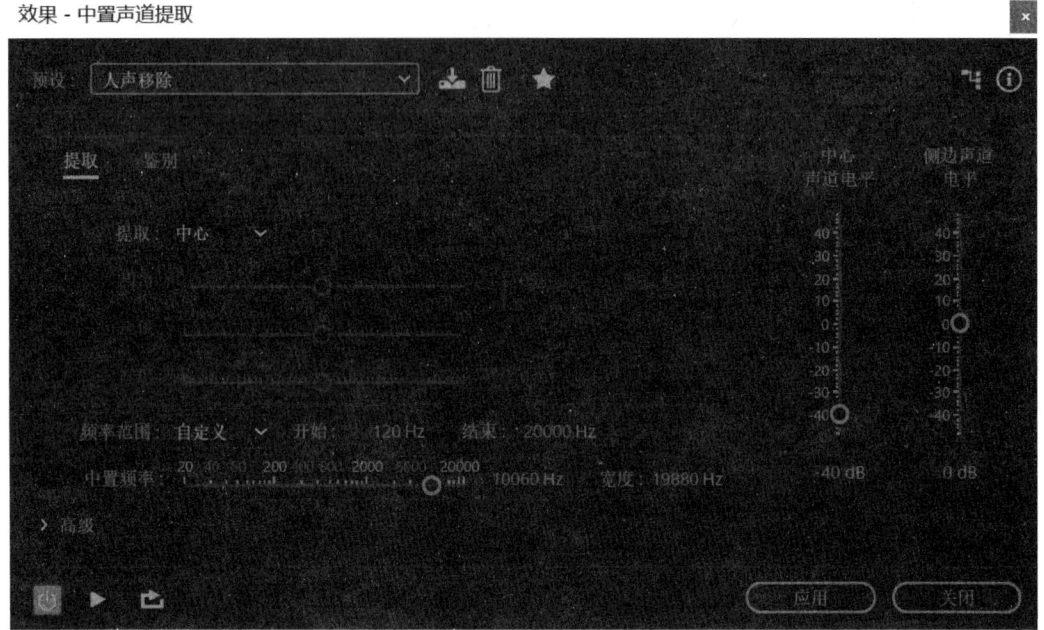

图5－68　去除人声

【充电站】"中置频率"参数设置

"中置频率"参数越小，人声移除效果越好，同时对音频的损伤也越大，一般选择适中即可。

【Step 5】试听效果满意后，单击"应用"按钮开始消除人声，消除人声前后的波形如图5－69所示。

第五章　多媒体素材的编辑与处理

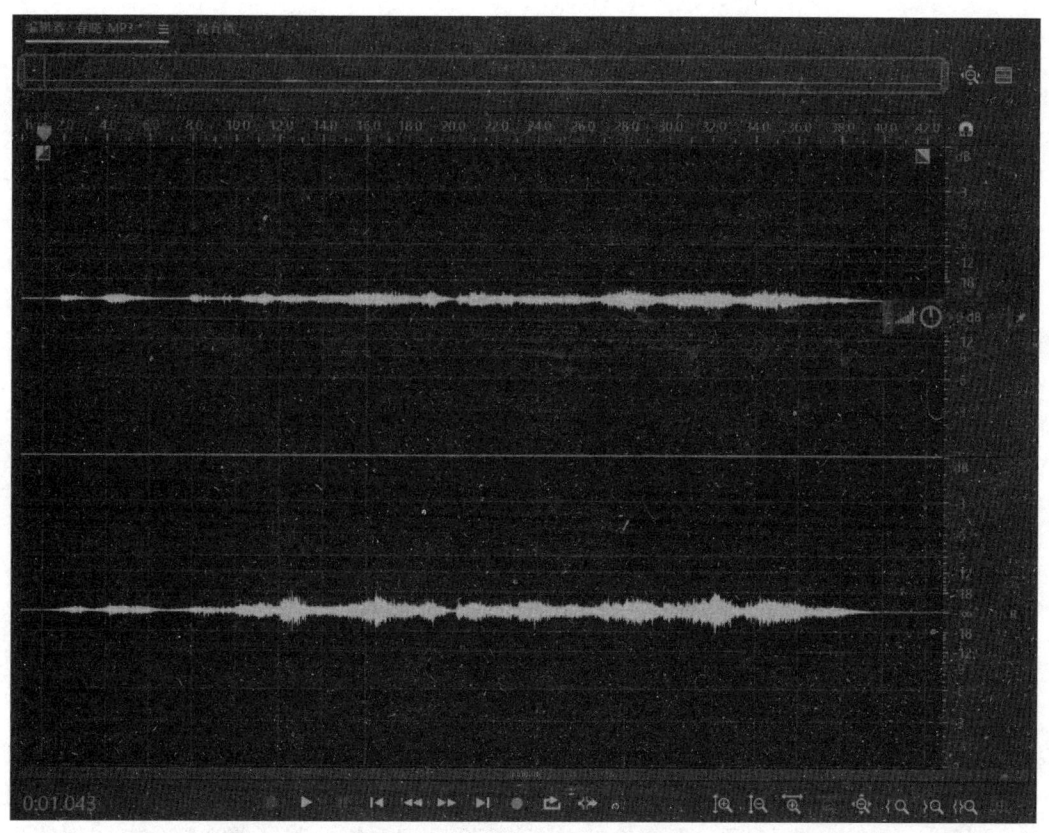

**图 5-69　消除人声前后波形图**

【充电站】伴奏带制作效果说明

　　用这种方法制作的伴奏带,原唱声音不会消除得十分干净,但是已经能够满足我们一般的需要了,演唱时,演唱者的声音可以盖住没消除干净的原声。制作伴奏带时尽量找音质非常好、原版声音混响不大的 WAV 文件。此外,单声道不能消除原唱声音,必须是立体声。

　　【Step 6】使用"文件"→"另存为"命令,保存编辑好的伴奏音乐为"春晓伴奏.mp3",如图 5-70 所示。

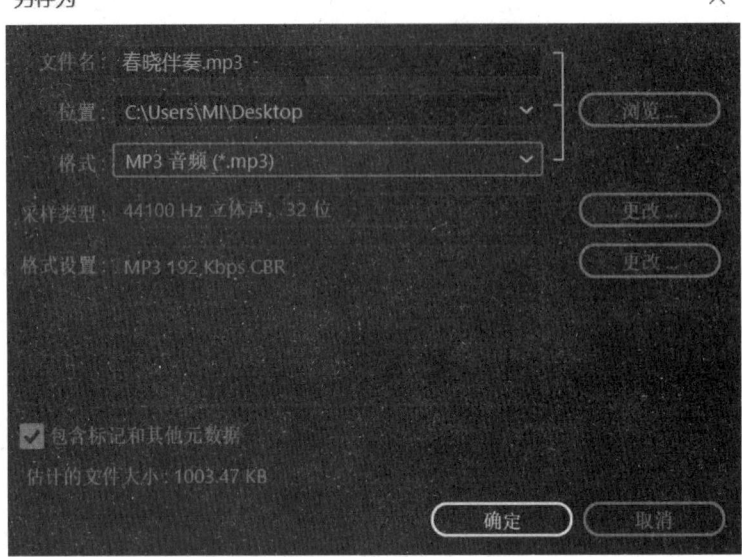

图 5-70 文件保存

## 三、作品创作

**任务目标**

在 Audition 软件中，通过导入音频、录制声音、降噪和拼接与裁剪音频信息制作幼儿故事作品。

**相关知识**

网上音频下载资源：

freepd(http://www.freepd.com)

陶生(http://www.tosound.com)

耳聆(http://www.ear0.com)

站长之家音效网(http://sc.chinaz.com/yinxiao/)

配乐网(http://www.peiyue.com/)

绘艺素材音效网(http://www.huiyi8.com/yinxiao)

世界好声音配音网(http://www.worldgoodvoices.com/)

百度音乐(http://music.baidu.com)

**任务说明**

自主录制幼儿故事作品。

**任务实施**

1. 使用 Audition 软件录制声音

【Step 1】使用菜单栏"文件"→"新建"→"多轨会话"命令,创建新文件。

【Step 2】接下来在轨道 1 中录音。在录音前,需先设置好麦克风录音音量。在 Windows 任务栏右侧,单击音量图标,再单击"录音设备",在"录制"选项卡中"麦克风"栏点击右键,将麦克风设置为默认设备。然后单击"属性",在"级别"选项卡中调整音量。

【Step 3】录制,将时间指示器移动至轨道 1 开头,单击轨道 1 左侧的录制按钮再单击音轨下方的录制按钮,开始录音,如图 5-71 所示。

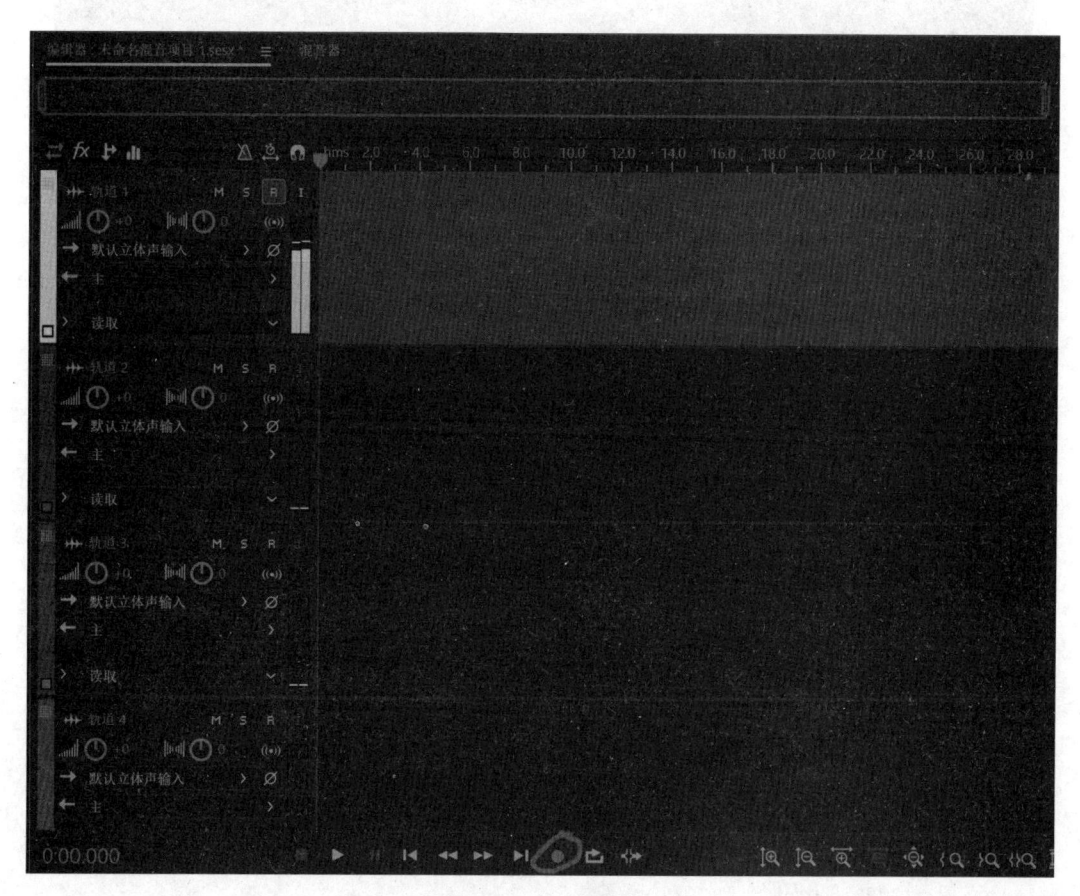

图 5-71 开始录音

【Step 4】录音完成时,再次单击录制按钮停止录音,再单击停止按钮,再次单击录制按钮,接着单击播放按钮听一听录制的声音,如图 5-72 所示。

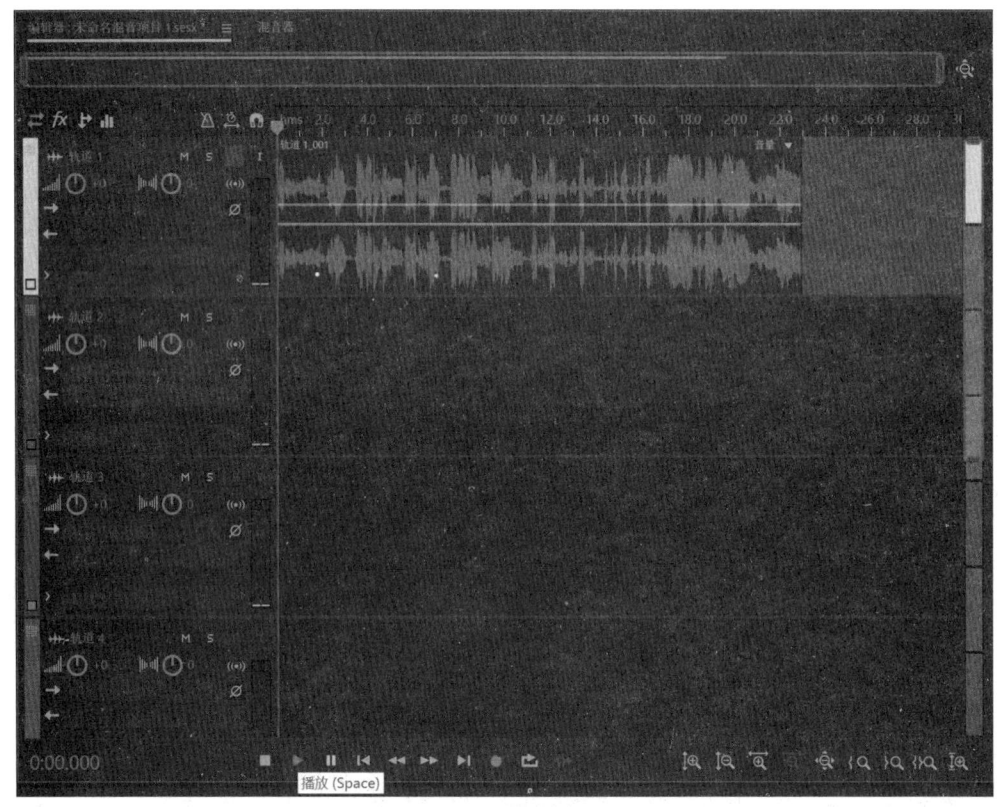

图 5-72 播放录音

【充电站】音轨属性面板按钮

(1) 静音按钮【M】:按下该按钮,则本音轨处于静音状态。

(2) 独奏按钮【S】:按下该按钮,则除本音轨外其他所有音轨都处于静音状态。

(3) 录制按钮【R】:按下该按钮,则本音轨被切换到录音状态。

2. 掌握音频渐入渐出技能

【Step 1】选中淡入的波形,选择"效果"→"振幅和压限"→"淡化包络(处理)"命令。在打开的"效果-淡化包络"对话框中,将预设设置为"平滑淡入",如图 5-73 所示,单击"应用"按钮,则完成了淡入效果处理。

图 5-73 淡入效果的应用

【充电站】音频淡入淡出处理小技巧

如果要处理成淡出的效果,则可在"效果-淡化包络"对话框中将"预设"设置为"平滑淡出",单击"应用"按钮即可。在进行淡入淡出效果处理时,需先选中音频波形时间范围,如果不选,则将对整段音频进行处理。

【Step 2】双击"滑动条",使所有音频波全部显示,将时间指示器移至音频末尾处,放大小方块,按住鼠标左键不放向左拖动小方块,完成淡出处理。

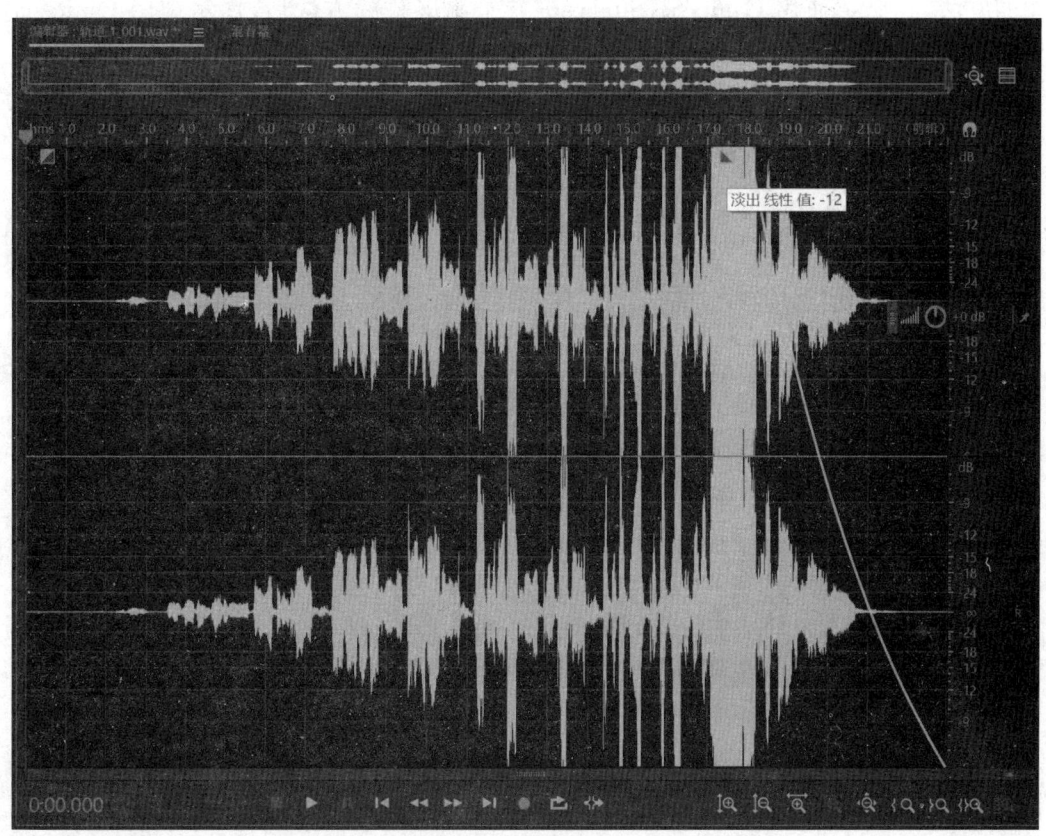

图 5-74　添加淡出效果

【充电站】三种淡入淡出处理方法

(1) 使用波形图像上左、右小方块(淡入、淡出)来控制淡入淡出。

(2) 多轨模式下,当两个剪辑重叠时会自动交叉淡化。

(3) 波形模式下,选择一段音频,使用"效果"→"振幅和压限"→"淡化包络(处理)"命令设置淡入效果,或使用"效果"→"淡化包络"→"平滑淡出"命令设置淡出效果。

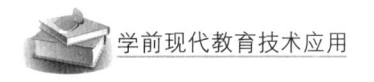

## 第四节 视频素材的编辑与处理

有关视频编辑与处理的软件有很多,比如剪映、Adobe Premiere、Adobe After Effects等等,Camtasia Studio 是专业的屏幕录制和视频剪辑软件,本节学习屏幕录制和视频剪辑的方法,在介绍使用 Camtasia Studio 进行录制屏幕的方法后,展示利用 Camtasia Studio 编辑素材、制作视频的过程和方法。

### 一、掌握 Camtasia Studio 的基础操作

**任务目标**

掌握视频编辑的相关知识,熟悉 Camtasia Studio 的工作界面和基本功能。

**相关知识**

1. 视频

视频是由一幅幅静态的图片按照一定的顺序和速度连续播放出来的,人眼由于有视觉暂留现象,所以会产生运动画面的感觉。根据视觉暂留原理可知,若视频的摄录速度和播放速度都保持在每秒 24 幅图片以上,则人眼无法分辨出单独的静态图片,于是看到平滑和连续的画面效果。

帧:组成视频的每一幅静态图片。

帧速率(帧频):每秒显示的图片数量,单位是帧/秒(f/s)。

目前,电影的帧频一般为 24 f/s,而电视的帧频约为 25 f/s 或 30 f/s。

2. 电视制式

各个国家对电视影像制订的标准各不相同,其制式也不同,目前国际上流行的制式有 PAL、NTSC 和 SECAM 三种,如表 5-3 所示。

表 5-3 常见的电视制式

| 制式 | 解释 | 帧频(f/s) | 每帧行数 | 扫描方式 | 分辨率 | 适用地区 |
| --- | --- | --- | --- | --- | --- | --- |
| PAL | 相位远行交换(phase alternate line) | 25 | 625 | 隔行扫描 | 720×576 | 中国、英国、澳大利亚、新西兰和大部分欧洲国家等 |
| NTSC | 国家电视制式委员会(national television standard committee) | 30 | 525 | 隔行扫描 | 720×480 | 美国、加拿大、墨西哥、日本、大部分中美和南美地区等 |
| SECAM | 顺序传输色彩存储(sequential color and memory system) | 25 | 625 | 隔行扫描 | 720×576 | 俄罗斯、法国和中东地区等 |

## 3. 像素与分辨率

像素与分辨率都是影响视频质量的重要因素，与视频的播放效果有着密切联系。像素是组成图像的最基本元素，每个像素就是一个小色块，只能显示一种颜色，多个像素共同组成整幅图像。分辨率则是指整幅图片中像素的数量，通常用"水平方向像素数量×垂直方向像素数量"的方式来表示，例如 1024×768、720×576 等。也就是说，如果一张图片的分辨率是 720×480，那么我们就应该知道这张图片在水平方向有 720 个像素（色块），垂直方向有 480 个像素（色块）。

在画面尺寸相同的情况下，分辨率越大，像素数量也就越多，视频的清晰度也就越高，同时所占用的存储空间也越大；反之，视频画面的清晰度也就越低。

## 4. 帧宽高比与像素宽高比

帧宽高比即视频画面的宽高比，常见的电视规格为标准的 4∶3 和宽屏的 16∶9，如图 5-78 所示。目前有的电影具有更宽的比例。

像素宽高比则是指视频画面内每个像素的长宽比，视频所采用的视频标准决定了像素宽高比，如选择 D1/DV PAL 制式的时候，默认像素宽高比是 1.07。通常情况下，计算机显示器使用正方形像素显示画面，其像素宽高比为 1.0；电视机通常使用矩形像素，如标准 PAL 制式的电视像素宽高比为 1.07，宽屏 PAL 制式的像素宽高比为 1.42。

(a) 标准的 4∶3

(b) 宽屏的 16∶9

图 5-75　帧宽高比

## 5. 常见的视频文件格式

常见的视频文件格式如表 5-4 所示。

表 5-4　常见的视频文件格式

| 格式 | 格式说明 |
| --- | --- |
| AVI | AVI 格式由微软公司开发，主要应用在多媒体光盘上，用来保存电视、电影等各种影像信号。它调用方便、图像质量好，但缺点是文件体积过于庞大。在 AVI 文件中，伴音与视频数据交织存储，播放时可以获得连续的信息。这种视频文件格式灵活，现在几乎所有运行在 PC 机上的通用视频编辑系统都是以 AVI 文件格式为主的。 |

(续表)

| 格式 | 格式说明 |
| --- | --- |
| MOV | MOV 格式是美国苹果公司开发的一种视频格式，具有很高的压缩率和较高的清晰度，文件体积小。其最大特点是跨平台技术，不仅能支持 Mac Os，同样也支持 Windows 系列操作系统，其文件使用 QuickTime 播放。 |
| ASF | ASF 格式是微软公司为了和 Real Player 竞争而开发出来的一种可以直接在网上即时观看视频节目的压缩文件格式。它采用 MPEG－4 的压缩算法，压缩率和图形质量都不错。 |
| MP4 | MP4 格式涵盖一套用于音频、视频信息的压缩编码标准，目前被广泛应用。采用先进的图像压缩标准，播放效果清晰，而且文件体积较小。 |
| RM/RMVB | RM/RMVB 格式是一种基于 Real Networks 公司的 Real Media File 格式的文件。其中，RMVB 是由 RM 视频格式升级延伸出来的，RM 格式的视频文件只适于本地播放，而 RMVB 具有较高的压缩比，除了能够进行本地播放外，还可通过互联网进行流式播放，从而只需进行极短时间地缓冲，便可使人不间断地长时间欣赏影视节目。 |
| FLV | FLV 格式的全称为 Flash Video，是一种流媒体格式。它形成的文件极小、加载速度极快，使得网络观看视频文件成为可能。它的出现克服了视频文件导入 Flash 后，导出的 SWF 文件体积庞大，不能在网络上得到很好使用等缺点。 |
| WMV | WMV 格式的全称为 Windows Media Video，是微软推出的一种流媒体格式，它是在"同门"的 ASF 格式上升级延伸出来的。在同等视频质量下，WMV 格式的文件可以边下载边播放，因此很适合在网上播放和传输。 |
| F4V | F4V 格式是 Adobe 公司为了迎接高清时代而推出的继 FLV 格式后的流媒体格式。它和 FLV 格式主要的区别在于，FLV 格式采用的是 H.263 编码，而 F4V 格式则支持 H.264 编码。在同等文件大小的情况下，F4V 格式能够实现更高的分辨率，并支持更高的比特率，也就是我们所说的更清晰、更流畅。目前主要在线视频网站都采用此视频格式，F4V 格式已经逐渐取代了传统的 FLV 格式。另外，从很多主流媒体网站上下载的 F4V 格式文件后缀却为 FLV，这是 F4V 格式的另一个特点。 |
| 3GP | 3GP 格式是一种 3G 流媒体的视频编码格式，MPEG－4 Part 14（MP4）格式的一种简化版本，常用于手机、MP4 播放器等便携设备上。其优点是文件体积小、移动性强、适合移动设备使用。其缺点是在 PC 机上兼容性差，支持软件少，分辨率、帧数低。大多数支持 3G 功能的移动电话都支持播放和录制 3GP 格式的视频。 |

**任务说明**

（1）熟悉 Camtasia Studio 的工作界面和基本功能。

（2）熟悉 Camtasia Studio 的工作界面。

**任务实施**

Camtasia Studio 是一款专门捕捉屏幕影音的工具软件，能在任何颜色模式下轻松地记录屏幕动作，包括影像、音效、鼠标移动的轨迹，解说声音等等。另外，它还具有即时播放和编辑压缩的功能，可对视频片段进行剪接、添加转场、加入标注、动画效果和抠图抠像。它输出的文件格式很多，有常用的 AVI 及 GIF 格式，还可输出 RM、WMV 及 MOV 格式，用起来极其顺手。

首先，我们来认识一下 Camtasia Studio 的工作界面。

【Step 1】进入工作界面。安装好 Camtasia Studio 软件后,启动软件,在开始界面中新建项目或打开已有项目便会打开 Camtasia Studio 的工作界面,如图 5-76 所示。Camtasia Studio 的工作界面主要由菜单栏、工具栏、属性栏、时间线、画布等组成。

图 5-76 Camtasia Studio 的工作界面

【Step 2】认识菜单栏。

上排菜单栏:是一些和文件操作相关的命令,常用的有新建项目、修改视频尺寸等等,如图 5-77 所示。

下排菜单栏:左侧"录制"是录屏功能;中间是编辑、平移、裁剪画布功能;右侧"分享",可以将编辑好的视频储存到本地文件,也可以直接上传网站,如图 5-78 所示。

图 5-77 上排菜单栏

图 5-78 下排菜单栏

【Step 3】认识工具栏。

"媒体":显示屏幕录制和导入的媒体文件,可以点击右下角"+"符号导入媒体文件到媒体箱,作为后期素材。

"库":库中有录像编辑软件 Camtasia 自带的媒体,例如片头片尾、音乐、图标等,可以直接使用。

其他的则是对视频添加后期效果的工具,常用的有字幕、转换、注释。添加的方式为选择一个具体的工具拖入时间线的某个媒体。

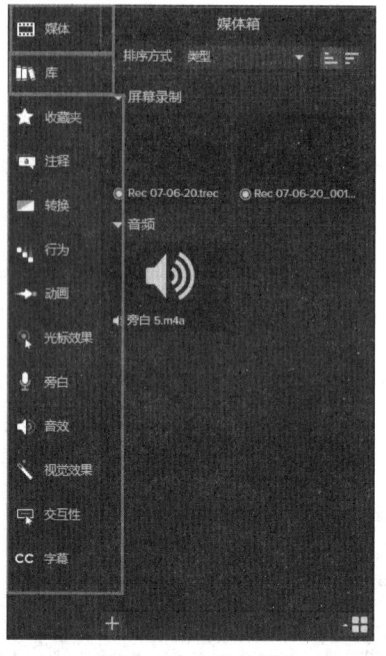

图 5-79 工具栏

【Step 4】认识画布栏。画布有两个功能：

一是可以预览视频，在工具栏添加的视觉效果都会在画布中实时反馈，如图 5-80 所示。

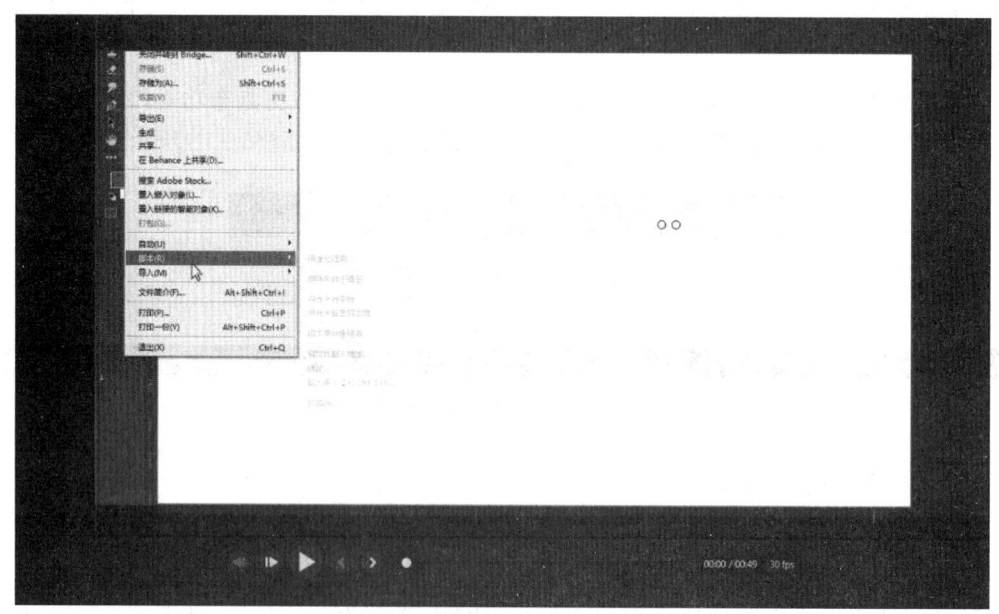

图 5-80 预览

二是可以编辑画布中的媒体。可以直接对视频进行缩放和平移，如图 5-81 所示，还可以在画布直接调整"注释"效果的大小和位置。

第五章 多媒体素材的编辑与处理

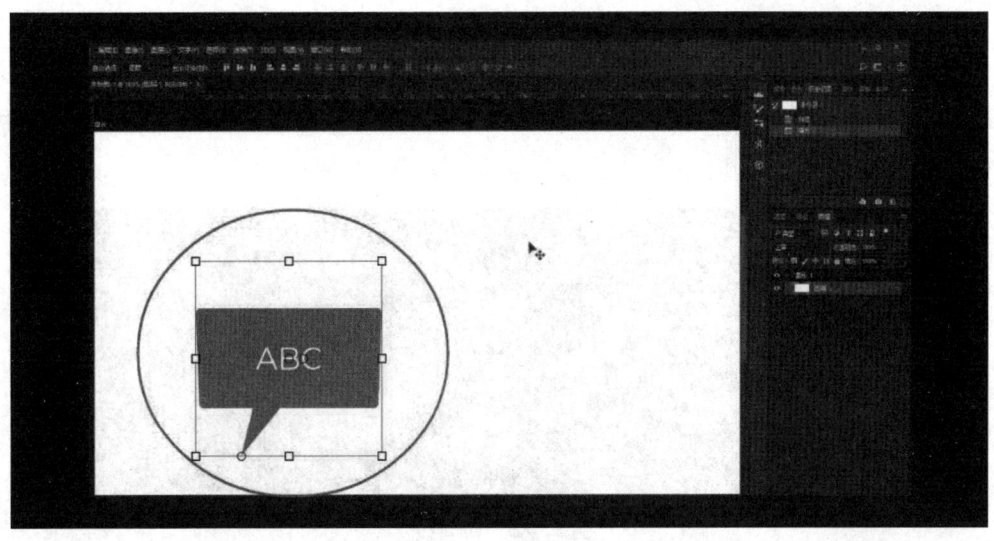

图 5-81　调整媒体

【Step 5】认识属性栏。

将工具栏中的效果添加后选中,具体的数值调整都在右侧的属性栏。如图 5-82 所示,"注释"功能的形状、轮廓、不透明度等调整都在属性栏内完成。点击右下角的"属性"可以隐藏/展开属性栏。

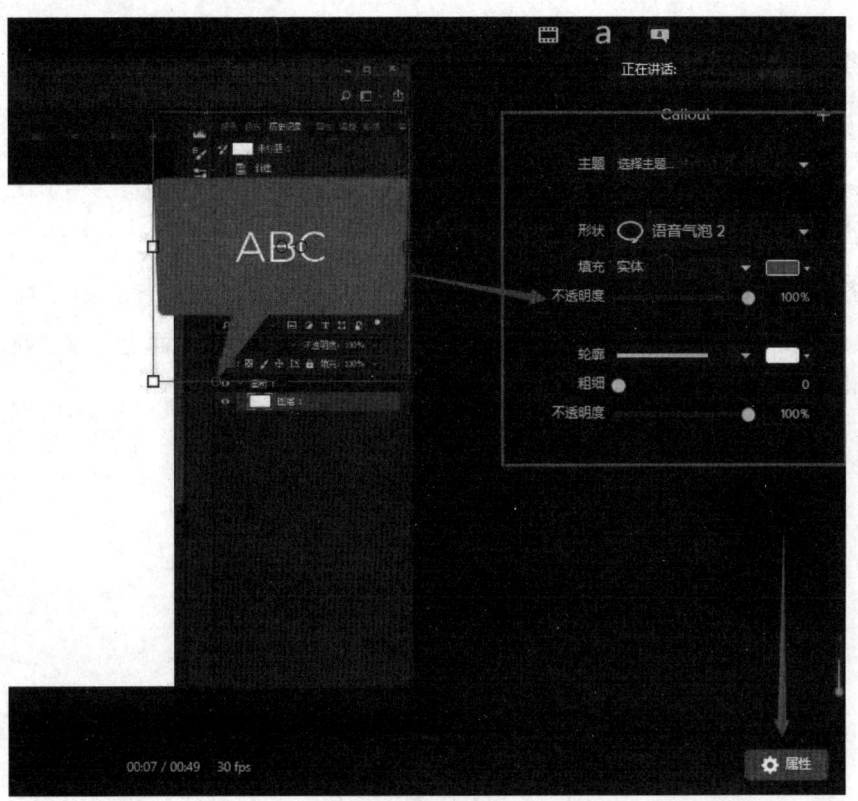

图 5-82　属性栏

133

【Step 6】认识时间线。

时间线，就是把整个视频的时间以轨道的方式表达出来。视频所需的媒体都将导入时间线。左上角方框可以"剪切、复制、拆分"媒体。圆框内的"帧"可以拖动来预览不同的时间点，如图 5-83 所示。

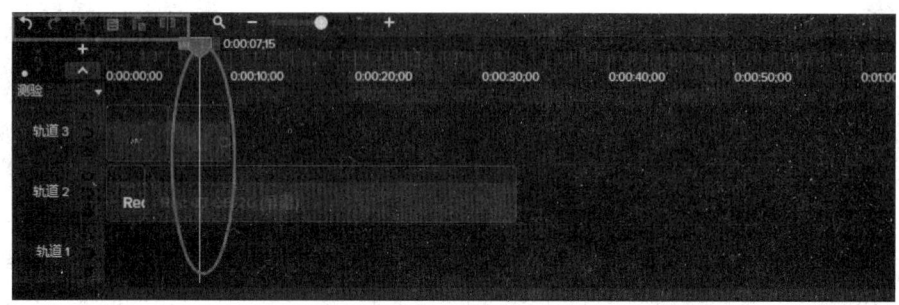

图 5-83 时间线

## 二、屏幕录制《小青蛙》

**任务目标**

掌握 Camtasia Studio 的基本操作，录制视频，导入和编辑素材，设置马赛克，并且导出视频。

**任务说明**

利用 Camtasia Studio 录制《小青蛙》。

(1) 新建一个项目，并导入所需素材。

(2) 对时间轴中的音频素材进行裁剪，并且设置马赛克。

(3) 将制作好的短片输出为 MP4 格式视频。

**任务实施**

【Step 1】录制项目。启动 Camtasia Studio 软件，在"开始"的界面上，单机"新建录制"按钮，如图 5-84 所示。

第五章 多媒体素材的编辑与处理

图 5-84 新建录制

【Step 2】录制完成和导入素材。在右下角点击"停止",如图 5-85 所示。在工具栏导入媒体,然后将媒体拖入时间线,从工具栏添加效果到时间线。

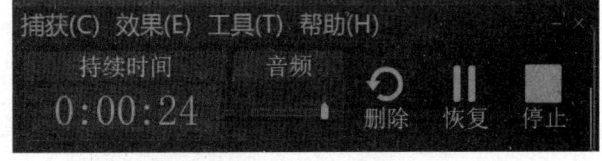

图 5-85 完成录制

【Step 3】添加马赛克。在工具栏中点击"注释",选择第四个图标,选择第五个马赛克,拖到预览窗口,放在相应位置,然后调节位置,即将位置调到覆盖要遮挡的位置。调节追踪问题,即让马赛克随着物体的运动而运动,如图 5-86 所示。

图 5-86 添加马赛克

135

【Step 4】导出视频。在右上角点击"分享"→"自定义生产设置",点击"下一步",选择系统推荐的 MP4 格式视频文件,可以设置"尺寸"等等,点击"下一步",设置文件名称"小青蛙",点击"完成",如图 5-87 导出视频。

图 5-87　导出视频

### 三、制作《校园一景》

**任务目标**

掌握 Camtasia Studio 的基本操作,导入和编辑素材,设置片头片尾,音轨,字幕,动态标注,抠图抠像,并且导出视频。

**任务说明**

利用 Camtasia Studio 制作《校园一景》。

(1) 新建一个项目,并导入所需素材。

(2) 将视频和图片素材添加到时间轴,删除视频中自带的音频并添加音频素材。

(3) 对时间轴中的音频素材进行裁剪。

(4) 将制作好的短片输出为 MP4 格式视频。

第五章　多媒体素材的编辑与处理

**任务实施**

【Step 1】创建项目。启动 Camtasia Studio 软件,在"开始"的界面上,单击"新建项目"按钮,如图 5-88 所示。

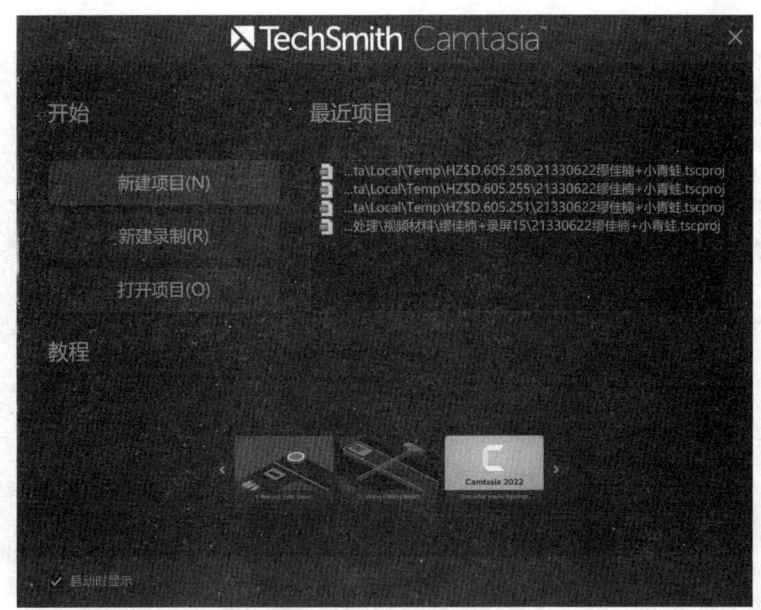

图 5-88　"开始"界面

【Step 2】导入素材。在工具栏导入媒体,然后将媒体拖入时间线,从工具栏添加效果到时间线,如图 5-89 所示。

图 5-89　导入素材和拖入时间线

【Step 3】设置转场。在工具栏中,选中"转场",点击需要的效果,拖动到轨道 1 相应的位置,如图 5‐90 所示。一般是两个素材之间的一个过渡效果。还可以用在独立素材的两头。想让一个图片或视频中间发生一点小的动画效果,可分割图片或者视频,再插入转场效果。

图 5‐90 转场

【Step 4】设置片头片尾。

片头:在工具栏点击"注释",找到"形状",选中矩形框,直接拖到预览窗口当中,然后调整位置,在属性栏中,调整它的颜色,用银色吸取器吸取黄色,将它的边框也调整为黄色。在工具栏点击"行为",选中"偏移",直接拖入矩形框,将素材拉长,在属性栏中,选中"持续","样式"选择"无",如图 5‐91 所示。同样的步骤设置圆。在工具栏点击"注释",找到相应的字体,拖到预览窗口,双击将里面的字改为"校园一景"和"南京晓庄学院方山校区",并且调整字体,颜色,大小,位置,行为,如图 5‐92 所示。

同样步骤设置片尾。

图 5-91 设置行为

图 5-92 设置文字和绘制形状

【Step 5】设置音轨。在工具栏中将"媒体"中的音频拖到轨道 2，如图 5-93 所示，右键点击音频，选择"添加音频点"，然后到属性栏中设置效果，如图 5-94 所示。

图 5-93　添加音频

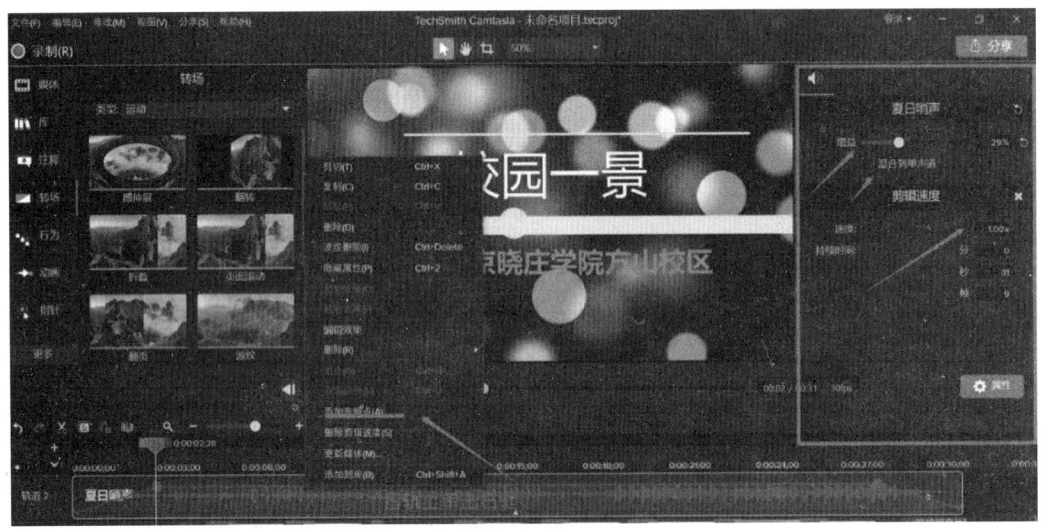

图 5-94　设置音频点

【Step 6】添加字幕。在工具栏中点击"更多",选择"字幕",在黑色区域编写字幕,输入完成后,在左下角点击"a",调整字体、大小、颜色等,填充选择透明度为"0",再点击黑色区域以外的地方,效果如图 5-95 所示。

图 5-95 添加字幕

【Step 7】动态标注。在工具栏中点击"注释",选择第五个图标,点击长方形框,拖到预览窗口,在属性栏中可以选择修改颜色,绘制时间等,如图 5-96 所示。

图 5-96 动态标注

【Step 8】抠图抠像。将工具栏中"媒体"里的素材"恐龙"拖到轨道,在工具栏中选"视觉",点击"删除颜色",拖到轨道"恐龙"的位置,再到属性栏中点击"删除颜色",将颜色改为透明色,如图 5-97 所示。抠图即扣掉图片的背景反色,抠像即扣掉视频的背景颜色,背景颜色尽量是单色。

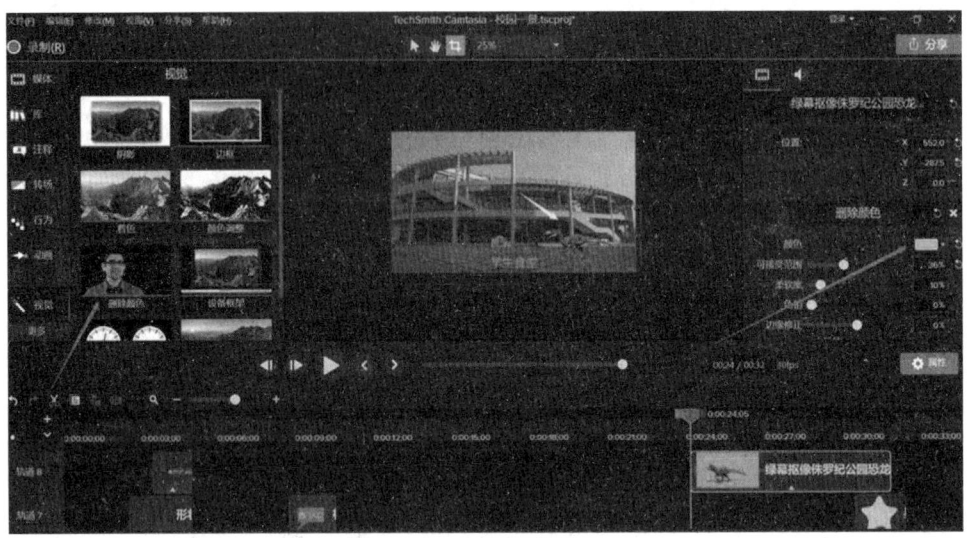

图 5-97 抠图抠像

【Step 9】导出视频。在右上角点击"分享"→"自定义生产设置",点击"下一步",选择系统推荐的 MP4 格式视频文件,可以设置尺寸等等,点击"下一步",设置文件名称为"校园一景",点击"完成",如图 5-98 导出视频。

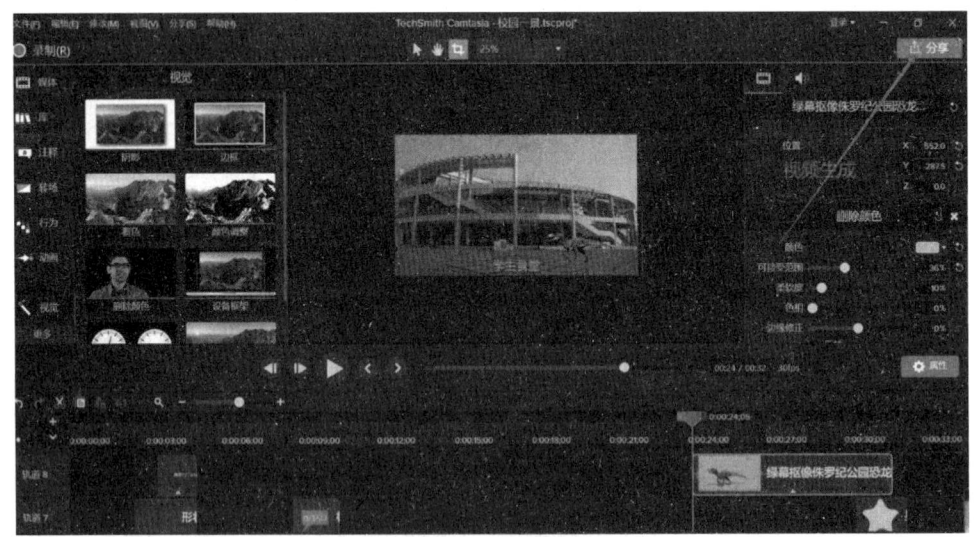

图 5-98 导出视频

## 思考与练习

1. 你认为幼儿教师在日常工作和生活中需要掌握的音频处理技术有哪些？
2. 请使用 Audition 软件录制自己的幼儿睡前故事。
3. 赏析学生作品《我爸爸》《青蛙搬家》。

# 第六章 PPT 设计与制作

本章基于上一章多媒体素材的编辑处理,学习使用 PowerPoint 软件进行多媒体作品的设计和制作,首先呈现并分析 PPT 作品的常见误区,然后阐述 PPT 多媒体作品设计的理论基础——多媒体认知学习理论,并介绍设计 PPT 作品的技巧和方法,最后以操作技能的学习为主,从形状绘制和形状合并、图片处理、动画添加等方面学习 PowerPoint 软件的操作。

## 第一节 PPT 设计

PPT 是由微软公司推出的一款图形演示文稿软件,全称为"PowerPoint",人们习惯说成英文 PPT,也可以算作缩写。中文名称叫"幻灯片"或"演示文稿",通常是文本、图形、动画、声音及视频等多媒体素材的集成。一般来说,PPT 多媒体作品会用于教学、说课、总结汇报、自我介绍、数字故事等场景中,主要作为沟通的辅助工具,吸引受众的注意力,帮助理解等。一个好的 PPT 作品,通常具有布局合理、结构良好、颜色协调、文图搭配、合适的动画效果等特点,对于 PPT 新手来说,制作的 PPT 作品通常会出现一些常见的问题。

### 一、PPT 作品常见误区

1. 滥用字体

关于 PPT 中字体使用,存在的误区是:字体使用越多越好,字体使用越个性越好。但事实上,滥用字体往往会给设计造成混乱和不专业感,如图 6-1 所示,改成合适的字体后使 PPT 看着工整大方,清晰好看,能更有效地传达信息(如图 6-2 所示)。PPT 中也不宜使用过多字体,最多使用三种字体,但最好使用两种字体。

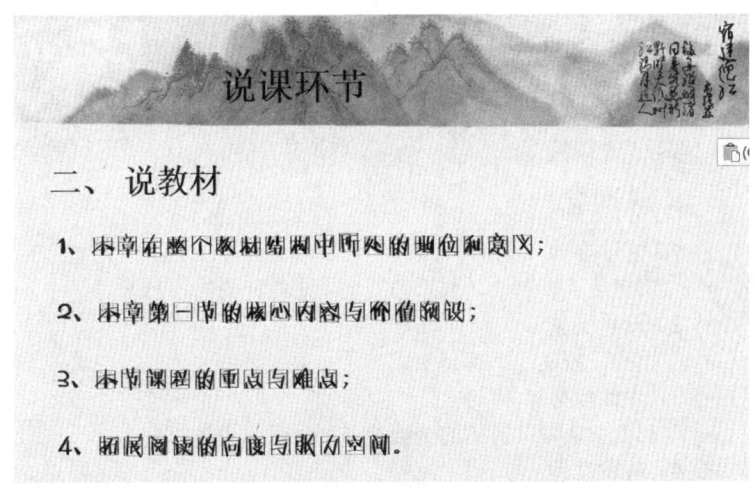

图 6-1　滥用字体

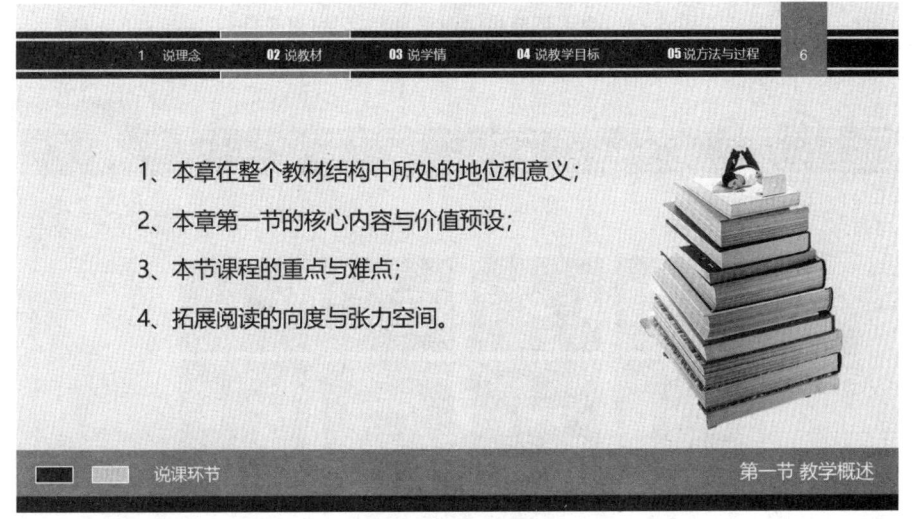

图 6-2　合适的字体

2. 没有重点

有的 PPT 制作者认为将 PPT 作品颜色丰富且图片、动画、音效俱全，这样才能显示出专业和效果，其实不然，有时候太过追求技巧与特效可能会产生本末倒置的结果，简洁大方的 PPT 有时候更能够达到沟通、吸引受众的效果。

3. 缺少层次和结构

设计中的一个重要原则是视觉层次和整体结构。它向观众传达每个元素的位置，每个元素与其他元素间的关系。例如，在一般的设计中，应该呈现 PPT 页面的内容所属的节点和内在结构。大标题是最重要的信息，其次是小标题，然后是正文文本。通常对于大篇幅或者大段的文字，我们会对它进行内容提炼和分层划板块、分层次、找重点、转图示，这样好让受众把握整体结构,知晓各部分之间的关系,如图6-3、图6-4所示。

图6-3 说课环节中的说理念幻灯片(修改前)

图6-4 说课环节中的说理念幻灯片(修改后)

4. 对比度不合适

对比度是元素之间的视觉差异。对比度主要指明暗对比差异,明暗对比不仅适用于黑白,而且适用于所有颜色。

在PPT作品中,许多制作者缺乏对比度意识,容易出现对比刺眼或者对比过弱的现象。比如图6-5所示的幻灯片。

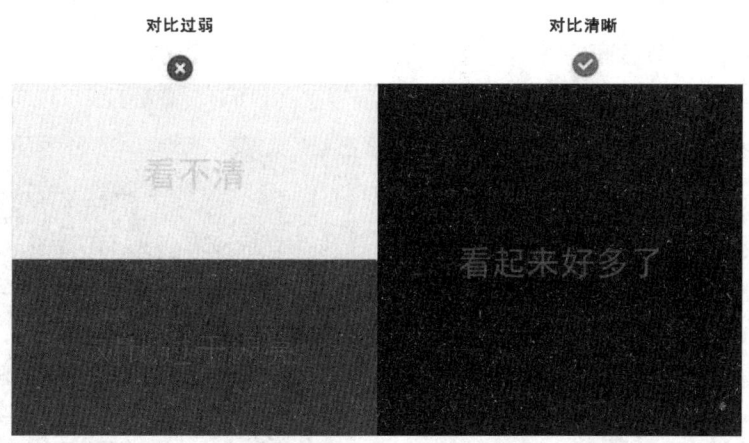

图 6-5 对比度问题

对比刺眼最简单的解决办法是把色调降下来。从一种颜色开始,尝试调整其亮度、暗度或饱和度。有时候一点对比度就是你所有的画面需求。

另一个常见问题是在设计中不能有效使用对比度。不知道如何有效使用对比度可能意味着有效设计和无效对比之间的差异。

一般情况下可以尝试浅底用深色文字,深底用浅色文字。前景与背景宜用对比色,但是也不宜用强对比色,如图 6-6 所示。

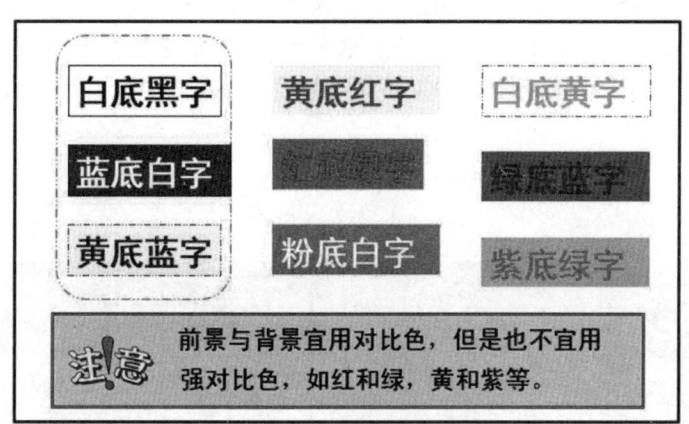

图 6-6 颜色搭配的效果

对比过弱也容易造成难以有效传递信息的问题(如图 6-7 所示)。好的设计目标不仅仅是美观,而且要有效传达信息,因此,幻灯片上的文字内容要达到设计目标,需要易于阅读。图片上添加文字,文字容易出现难以阅读现象,不妨在图片之上加一层半透明色块增加文字与背景的对比,以易于阅读(如图 6-8 所示)。

图 6-7 对比过弱造成的文字难以阅读　　图 6-8 对比度合适下的清晰文字

可读性是任何设计中的必备要素。PPT 的颜色应该清晰易读,特别是在处理文字时,文字的颜色注意与背景、图片的颜色搭配好,宜用对比色,当然也不是一定要用强对比。对比色的使用,意味着不使用强调——至少不是每个小细节都进行强调。

中性色,如黑色、白色和灰色可以帮助你平衡你的设计,所以当你使用其他颜色,它能让这个颜色真正脱颖而出。

除了颜色,其他表现手法如:加粗、下划线、倾斜等,使用时需要克制。

5. 字体风格与内容不符

字体如同一个个有个性的人,也有自己的风格和性别。字体的大小、重量、刚柔应与当前 PPT 内容相匹配。如果你的内容是阳刚有重量的,字体也应该也是刚劲有力的,而不是婉约柔弱的,如图 6-9 所示。如果画面是呆萌可爱的,字体使用呆萌的更合适些,如图 6-10 所示。

图 6-9 字体风格应该同 PPT 内容保持一致(一)

字体风格不一致     字体风格一致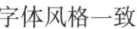

图 6‑10　字体风格应该同 PPT 内容保持一致(二)

6．图文不配

PPT 设计和制作的目的是通过幻灯片更好地传达制作者的意图，制作的目的不是为了美观，当然美观也是制作者的追求，美是为了更好地传达主题而服务，有的制作者却为了好看，放上不相关的图片，或者使用不适合的 PPT 模板，如看到一页很好看的图文排版模板，下载下来直接替换文字内容就用了，却没有考虑是否与文字和主题相配，如图 6‑11 所示的背景如果换成图 6‑12 所示的儿童会更能够为主题服务。

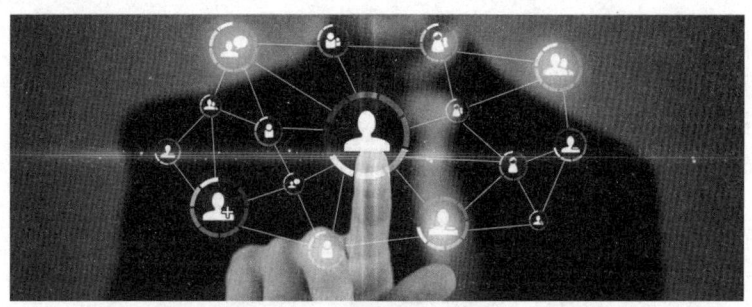

图 6‑11　关于促进儿童健康成长的 PPT 封面页(修改前)

图 6-12　关于促进儿童健康成长的 PPT 封面页（修改后）

7. 无关元素过多

每张幻灯片都有表达的主题，幻灯片上的内容应该围绕这个主题进行组织文图等元素，不宜设置无关元素，否则容易分散受众注意力，不能很好凸显主旨。如图 6-13 所示的主旨是"美好的亲子时光"，这张幻灯片上不管是背景还是前景，无关的元素太多，使观众在看图的时候，注意力会被这些无关的元素分散，图 6-14 所示幻灯片的背景和文字、构图都符合受众的视觉需要，让受众认知无负荷，符合视觉的需要。

图 6-13　亲子相册之亲子时刻幻灯片（修改前）

图6-14 亲子相册之亲子时刻幻灯片(修改后)

8. 图片拉伸变形

图6-15 图片拉伸变形(修改前)

图6-16 图片拉伸变形(修改后)

新手制作 PPT 时,常常发现自己的图片和别人的不太一样,自己的图片总是会变形失真。解决方法其实很简单,只需选中图片四个角之一,按住【Shift】键+鼠标左键拖动(或【Ctrl】键+【Shift】键+鼠标左键拖动)即可等比例缩放(如图 6-15、图 6-16 所示)。

9. 图片不清晰

多媒体作品中的图片应用的关键之一是清晰,也只有清晰了,才能和谐美观,观众才能有良好的视觉感受。下面是两张使用清晰图片和不清晰图片的幻灯片的效果,模糊的图片看着费劲,影响观众体验(如图 6-17、图 6-18 所示)。

图 6-17　有趣的夏至之鹿角解(模糊)

图 6-18　有趣的夏至之鹿角解(清晰)

## 二、多媒体学习的认知理论

多媒体作品该怎么设计才能更符合受众的需要?更能产生有意义的学习?通过前面设计误区的修正,我们应该有所体会,从更深的机理上讲,多媒体学习认知理论帮助我们找到了答案。

多媒体学习认知理论是由美国当代教育心理学家、认知心理学家理查德·E·迈耶（Richard E·Mayer）提出，是在双编码理论、认知负荷理论和建构主义学习理论基础上建立起来的，并通过大量的心理实验证明该理论的正确性和科学性。

迈耶认为"按照人的心理工作方式设计的多媒体信息比没有按照人的心理工作方式设计的多媒体信息更可能产生有意义学习"，基于此认识，迈耶研究了多媒体学习的认知规律，依据双通道假设、容量有限假设、主动加工假设的心理学原理提出了多媒体学习的三个假设和多媒体认知模型，并且提出了多媒体设计的七个原则。

**（一）多媒体学习认知理论的三个假设**

（1）双通道假设。指人们进行认知加工时对视觉表征和听觉表征的材料都有相应的信息加工通道。

（2）容量有限假设。人们进行认知加工时是需要消耗认知资源的，而认知资源是有限的，因此在每个信息加工通道上一次加工的信息的数量也是有限的，只能保持信息的七个元素（Miller，1956），通过组合、对比处理的信息不超过约两至四个元素。同时，持续时间的有限性，在没有复述的情况下，工作记忆保持的内容会在约二十秒内消失（Peterson，1959）。

（3）主动加工假设。是指人们为了对呈现的材料与他们的经验建立起一致的心理表征会主动参与认知加工。主动的认知加工过程包括形成注意、组织新进入的信息和将新进入的信息与其他知识整合。

表 6-1 多媒体学习认知理论的三个假设

| 假设 | 描述 |
| --- | --- |
| 双通道 | 学习者拥有两个独立的信息加工通道，可分别加工视觉信息、听觉信息。 |
| 有限容量 | 学习者在进行信息加工时，每一个通道一次可同时加工的信息数量是有限的。 |
| 主动加工 | 学习者是主动进行信息加工的——包括了学习者对新信息的注意、对所选择的信息建立一致的心理表征，以及将此心理表征与相关的知识经验进行整合。 |

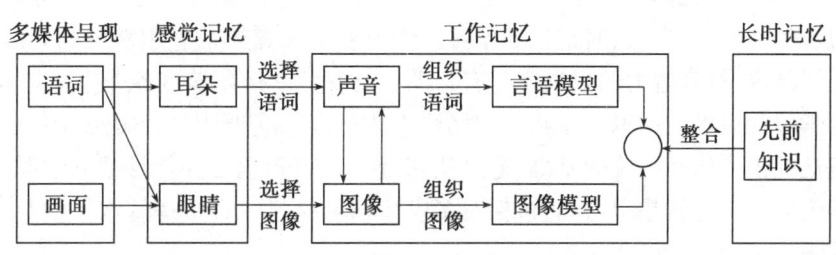

图 6-19 多媒体学习认知模型

**（二）多媒体学习的认知模型**

该理论认为，多媒体教学信息主要以两种方式呈现，即语词和画面。图 6-19 提供了一个多媒体学习的认知模型，这个模型代表人类信息加工系统。多媒体作品教学的信息

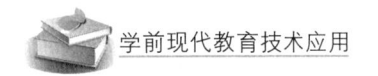

以语词和画面的方式,通过眼睛和耳朵进入学习者的感觉记忆中。学习者将感觉记忆中登记的语词信息和画面信息有选择地储存于工作记忆中。多媒体学习的主要过程发生在工作记忆中,在积极主动的意识状态下,学习者将语词和画面分别组织成言语模型和图像模型,然后调用长时记忆中相关的先前知识,最后将三者之间建立起相互的联系,最终实现信息的整合。上述信息加工过程会在学习者的学习过程中不断重复出现,并且不遵循固定的步骤。该理论强调了:① 在多媒体学习中,语词和画面材料是在不同的加工系统中分开加工的。尽管信息是通过一个通道进入信息系统,但是学习者也能够对信息的表征方式进行转化,从而使其能在另一条通道得到加工。通过分析和转换,语词通道最终产生语词表征,而画面通道最终产生图像表征。② 认知建构取决于学习者的主动认知加工。主动加工过程包括形成注意、组织新进入的信息和将新进入的信息与其他知识进行整合。只有完成了主动加工的过程,学习者才能对新的知识建立起心理模型,学习才是有意义的。③ 每个通道上一次加工的信息数量是有限的。因此,若对视觉通道和听觉通道一次呈现太多的加工元素将会超出学习者的认知负荷而阻碍学习。

  多媒体学习认知理论主要通过整合语词和画面进行有意义的学习。为了进一步研究多媒体对学习者学习成效的影响,Hede 提出了多媒体对学习效应的整合模型。他认为多媒体对学习效应的整合模型由四类十二个元素组成。第一类元素与多媒体输入有关,包括视觉输入、听觉输入和学习者控制。视觉和听觉是信息输入的两个主要通道。视觉输入和听觉输入都可以采用多种形式。多媒体课件可以由任何输入形式的组合来形成,但这些组合却并非一定是有效的。多媒体课件同时提供给学习者一定程度的控制和交互,而这个程度则应根据他们的学习能力来决定。第二类元素与认知加工有关,包括注意和工作记忆。在工作记忆中学习者进行认知加工,并在此过程中发挥多媒体的作用。工作记忆对多媒体信息进行加工受到许多影响因素的作用,例如认知负荷、信息之间的语义干扰、通道效应等等。第三类元素与学习者的动力特性有关,包括学习动机、学习者的认知参与和学习风格。学习动机是学习的主要变量。最初诱发学习者学习动机的是外部动机因素。但当学习内容有趣且富有挑战性时,学习者内在的学习动机会被激发,学习者会对学习内容产生持续的兴趣,并积极地进行认知参与。第四类元素与知识和学习有关,包括了学习者的智力、反省、长时记忆和学习。学习者从多媒体信息中获得的刺激越多,学习效果也就越好,对其智力的发展也越有帮助。反省可以指导学习者进行自主学习,对当前知识的学习开展批判性思考。长时记忆用于储存信息,它既从工作记忆中接收信息,也为工作记忆提供了认知链接的基础,通过认知链接新旧知识之间能够建立起联系。整合模型中的最后一个元素是学习,它包括对多媒体学习材料的直接理解水平以及唤起和应用已有知识的能力。

  这个整合模型提供了设计多媒体教学课件时需要考虑的主要元素,它说明多媒体对学习的效应是复杂的,各元素之间存在着彼此的交互作用。在设计多媒体教学课件的时候必须考虑到学习者信息加工的复杂性和学习者的个体差异性,多媒体作品设计应当遵循相应的原则。

## (三) 多媒体作品设计的原则

### 1. 多媒体原则

多媒体原则是指教学内容的呈现应同时使用画面和语词,而不是单独使用其中一种呈现方式。语词和画面是两种不同的知识表征方式,它们分别在两种不同信息加工通道中进行加工。当只用一种方式呈现信息时,学习者在工作记忆中进行信息加工时则可能会因为言语表征或视觉表征的缺失而发生整合困难,尤其是对于那些学习能力较低的学习者而言,他们更加需要言语表征和视觉表征的同时提供,以帮助他们完成知识整合的过程。因此,在设计多媒体作品的时候应当适当地呈现与画面对应的解说、提示等等,以促进学习者的认知加工,比如图 6-20 所示对画眉鸟表征时,进行的文字、图片结合的效果会更好,当语词和画面同时呈现时,学习者有机会形成言语和图像的心理模型并在二者之间建立联系。当只呈现语词时,虽能建立言语的心理模型,但难以建立图像的心理模型,也无法在两种模型之间建立联系。包含文字、图片的多媒体呈现比仅仅有文字呈现的效果要好。

**图 6-20 文字和图片结合的多媒体呈现**

### 2. 接近性原则

画面上相关联的语词和画面应在空间和时间上接近。具体来说空间接近就是要求文本的相关插图不能离得太远,应在一个屏幕上能显示出来,时间接近就是要求在相应的语词和画面要同时呈现,例如在用声音加画面说明某一事物时,对应的画面和解说需要同时呈现。时空接近使得学习者更有可能在言语表征和视觉表征之间保持两种材料的心理表征,因此有可能在言语表征和视觉表征之间建立心理联系。如果不是同时呈现,学习者需要消耗相应的认知资源来形成语词表征和视觉表征之间的有关联系。因此,多媒体信息在位置和时间上尽量接近是必要的,语词和画面在呈现的时间上应当同时而不是继时,在呈现的空间位置上应当邻近而不是远离,比如,将与图有关的文字整合到图中,尽量将相关内容用一个屏幕显示,使声画同步,采用同步交流等。

如图 6-21 所示,右边同步的效果比左边不同步的效果要好。如果动画和解说在时间上保持协调,学习者更能在工作记忆中整合相应的视觉表征和言语表征。同样,如果画面与语词在空间位置上保持彼此相邻,也能促使学习者更好地整合信息,在多媒体设计时,应当合理安排解说与动画、文本与动画之间的时间及空间的对应。

突触的亚显微结构模式图　　突触的亚显微结构模式图

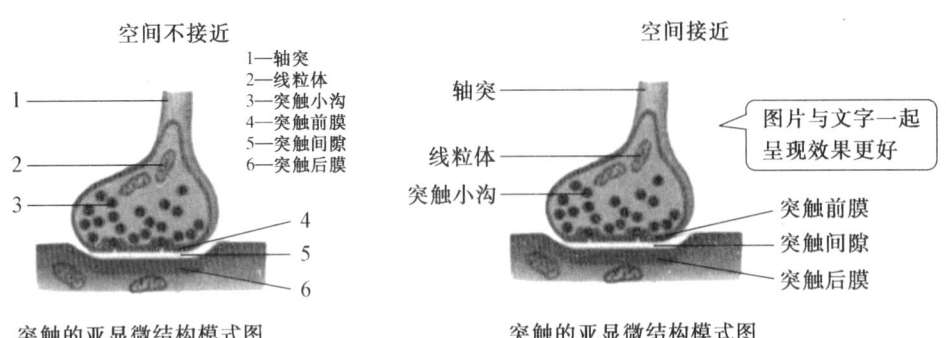

**图 6-21　接近性原则的应用**

在 PPT 设计中，应避免违反空间接近原则，具体说来，有以下几种情况需要避免：

(1) 使用滚动屏幕时，文字与图片分离。

(2) 问答分离。

(3) 练习与练习说明相分离。

(4) 解释文本位于屏幕底部。

(5) 解释文本与其相对应的图片部分相分离。

3. 聚合性原则

该原则指出，以多媒体形式呈现的各个信息元素应当相互支持、有关联，而不仅仅起装饰的作用。在多媒体教育教学作品中，以各种媒体形式呈现的知识应当相互支持、联系或扩展，促使学习者充分利用工作记忆进行信息加工。如果为了增加作品的趣味性，增加有趣但无关的信息时，反而会干扰学习者的学习，如图 6-22 所示，作品的画面添加可能时有趣的动画但是与作品无关的信息，会对画面信息的吸收造成干扰。正如 Hede 的整合模型指出的，多媒体作品中的趣味性及画面的设计感能在学习初期激发学习者的外部学习动机，但是这仅限于在学习初期起作用，要使学习者保持学习的兴趣并持续努力的学习，学习内容本身必须有趣且富有挑战性，这样才能激发学习者内在的学习动机。因此，在设计多媒体作品时，画面和语词应选择以支持性的方式呈现给学习者，以激发学习者的内在学习动机为主，尽量避免不必要的信息出现在画面和解说中。

不一致　　一致

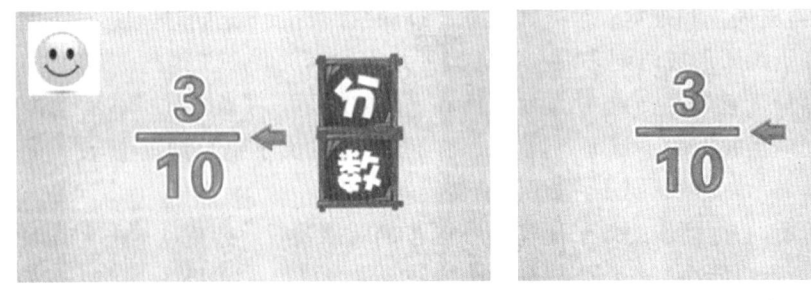

**图 6-22　聚合性原则的应用**

另外,无关的图像可能会干扰学习者对演示材料的意义建构。无关的图片可能会干扰和打断学习的进程。当图片仅用于装饰页面和屏幕时,那它们不太可能会促进学习进程。

4. 交互原则

根据该原则,多媒体教学课件应使用交互式界面,使学习者能够控制、操作和探索学习材料。在使用交互性教学动画时,学习者可以自己控制动画的播放节奏,也可以通过输入参数改变动画下一帧呈现的内容。这种交互可以鼓励学习者精细加工学习材料,激发学习者的内部学习动机和认知参与。

5. 双通道原则

该原则指出,学生通过动画和解说进行学习比通过动画和屏幕文本学习的效果要好。因此,在播放多媒体作品时,语词信息的输入应当采用从听觉通道输入的方式而不是从视觉通道输入的方式。多媒体学习的认知理论的前提假设之一是双通道假设,当学习者在每个通道中选择、组织、整合所获得的信息时,才有利于产生有意义的学习。而每一个通道一次加工的数量有限,因此,当一个通道发生了超载,信息加工过程就会受到限制(如图6-23所示)。当学习者在观看连续的动画并不间断地获取言语信息和图像信息时,采用这一原则更加合适,如果仅仅图像和文字信息,这样容易造成视觉单一通道的超载(如图6-24所示)。因此,在多媒体教学动画中,如果某段动画持续一定时间,且在此过程中未设置学习者交互操作,那么,应尽量使用解说来代替屏幕文本。但是,在提供了交互操作的动画部分,学习者可以控制动画播放节奏和控制材料呈现,则可用屏幕文本作为提示,引导学习者认知加工。

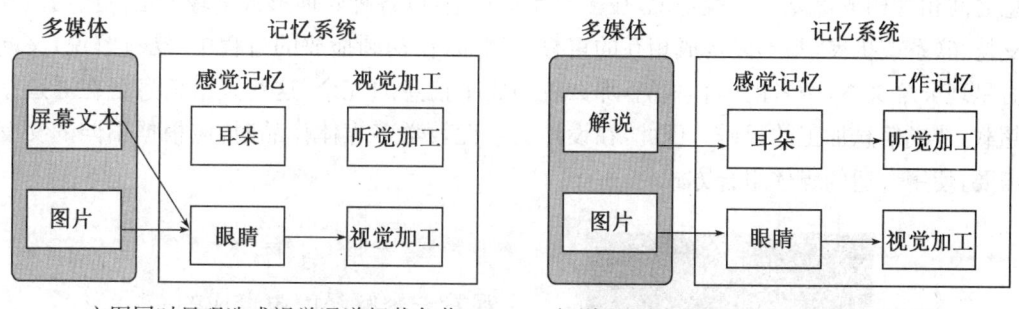

文图同时呈现造成视觉通道超载负荷　　解说和图同时呈现,视听通道均不超载

图6-23　多媒体中的双通道原理

图 6-24　多媒体中的双通道原理

6. 冗余原则

冗余控制的实验结果显示：无冗余组的学生在问题解决的迁移测验中比冗余组的学生产生的解决方案要多 43%—69%（如图 6-25 所示）。即当用语音解释图像时，不需要再增加冗余的屏幕文本，也就是说学生对解说加图像的学习材料比对解说加图像和屏幕文本的学习材料进行学习的效果要好。

根据该原则，图片和文本所传递的信息不应与已呈现的信息重复，或两者所呈现的信息之间相互构成重复。也就是说，在多媒体材料中，以各种媒体形式呈现的信息应当相互支持、联系或扩展，却不能构成相互的重叠。例如，在动画播放的过程中，既有解说，又同时呈现屏幕文本，两者的内容相同，那么就构成了信息的冗余，这些冗余信息会在通道中超载，造成信息加工的阻碍。因此，在设计交互性教学多媒体作品时，应根据不同的交互需要，使用合适的媒体组合方式。

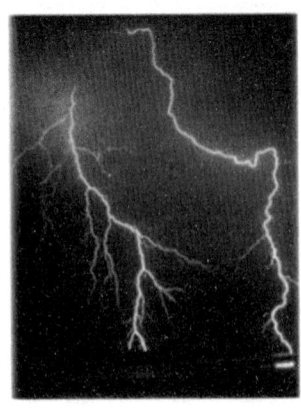

**无冗余组**
观看一个解释闪电形成的动画，有同步的语音解说

**冗余组**
同样的多媒体演示，多了和语音同步的屏幕文字

图 6-25　冗余控制的实验

7. 个体差异原则

该原则指出，在进行多媒体教学设计时应注意学习者的已有知识经验、学习风格和学习能力等个体差异因素。研究表明，多媒体信息对于先前知识较少或能力较低的学习者更有效，对于高视觉风格的学习者比低视觉风格的学习者也更有效。还有一些研究发现，当用多媒体呈现信息时，幼小儿童更倾向于对刺激的知觉方面进行编码，他们更关注多媒体信息的外在特征，而年长儿童及成人学习者则更多地倾向对语义信息进行编码，他们更关注多媒体信息的内在意义。因此，针对不同的学习者，交互性教学动画应根据其特点，设计合理引导措施，促使学习者对多媒体信息由外在特征转向内在意义的加工。

### 三、设计攻略

#### （一）合理布局，结构清晰

PPT 设计中，合理的布局、简洁的版面和突出的内容是非常重要的。PPT 的本质是 Power Your Point，是一种辅助表达的工具，其目的是让观众能够快速地抓住表达的要点和重点。因此整体布局来说，逻辑框架要清晰，分层、分类、分章节，单个页面要突出重点，并最好能够定位所在全部文稿内容中的位置（如图 6-26 所示）。

图 6-26　单个页面通过导航条定位

页面布局杂乱或者内容多，会让受众认知产生负荷，而通过条理的布局和简单的版面可以让受众快速抓住展示的主题并理解展示的信息（如图 6-27、图 6-28、图 6-29、图 6-30 所示）。页面元素之间的对齐、行距、字距、字体大小等也要考虑到整体感和视觉效果。

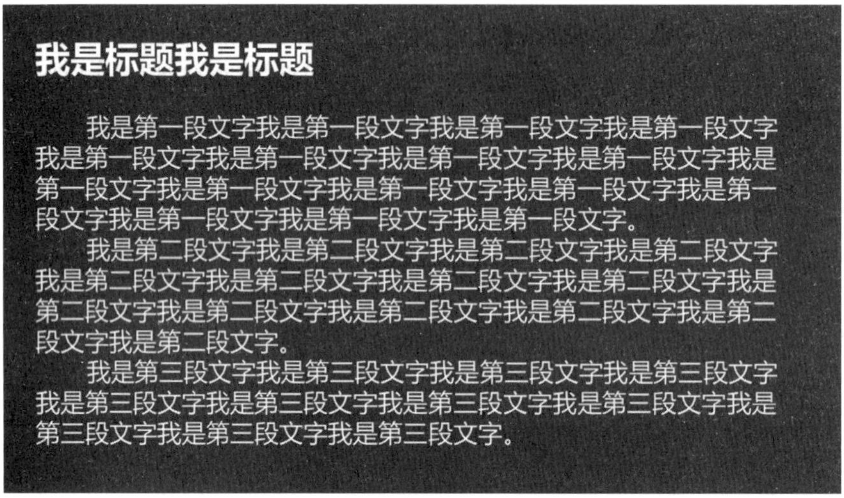

**我是标题我是标题**

　　我是第一段文字我是第一段文字我是第一段文字我是第一段文字我是第一段文字我是第一段文字我是第一段文字我是第一段文字我是第一段文字我是第一段文字我是第一段文字我是第一段文字我是第一段文字我是第一段文字。

　　我是第二段文字我是第二段文字我是第二段文字我是第二段文字我是第二段文字我是第二段文字我是第二段文字我是第二段文字我是第二段文字我是第二段文字我是第二段文字我是第二段文字我是第二段文字我是第二段文字。

　　我是第三段文字我是第三段文字我是第三段文字我是第三段文字我是第三段文字我是第三段文字我是第三段文字我是第三段文字我是第三段文字我是第三段文字我是第三段文字我是第三段文字。

图 6-27　页面布局杂乱和内容过多

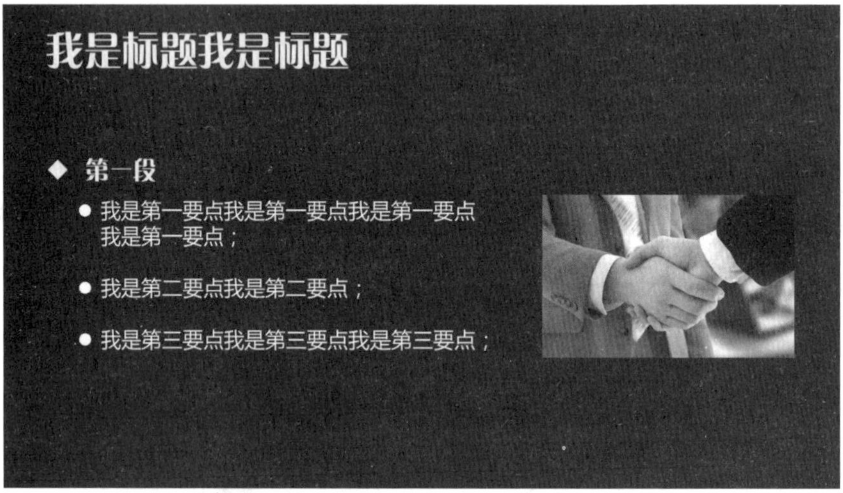

**我是标题我是标题**

◆ 第一段
- 我是第一要点我是第一要点我是第一要点我是第一要点；
- 我是第二要点我是第二要点；
- 我是第三要点我是第三要点我是第三要点；

图 6-28　通过分条、分点进行布局(一)

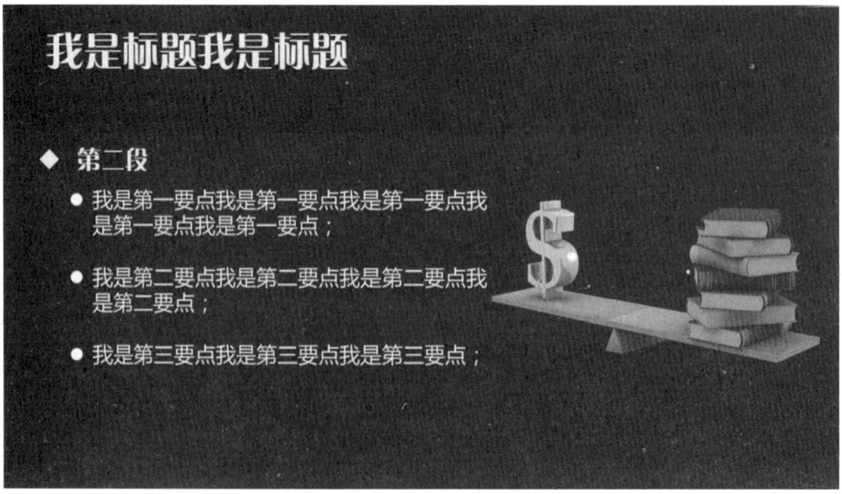

**我是标题我是标题**

◆ 第二段
- 我是第一要点我是第一要点我是第一要点我是第一要点我是第一要点；
- 我是第二要点我是第二要点我是第二要点我是第二要点；
- 我是第三要点我是第三要点我是第三要点；

图 6-29　通过分条、分点进行布局(二)

图 6-30　通过分条、分点进行布局(三)

另外,页面布局中可将文字转换为图或表,因为对于受众来说,文不如字,字不如表,表不如图,如果是纯文字可用大字报,色块对比要有张力,动画渲染添光彩,并进行必要的切换设计。

(二) 合适字体,字有妙用

对于 PPT 来说,文字是最重要的组成部分,因此在文字设计上也要下一定的功夫。文字的设计包括字体的选择、字体的下载和安装、强化文字对比、字体的造型等方面。

1. 字体的选择

一般在制作 PPT 课件时使用的都是 Windows 自带的字体,也就是宋体、黑体、隶书、楷体等常见的字体。虽然本身字形变化不多,但经得起岁月的推敲。每种字体都有自己的风格,都有适宜的场合,先介绍几种常见的字体风格(如图 6-31 所示)。

宋体:风格典雅工整,严肃大方,展现出标宋、苏宋、大宋、中宋、仿宋等种类繁多,差别不大,一般用于正文。

黑体:朴素大方,笔画单纯,结构严谨,引人注目,具有浓厚凝重的气度,是较为稳重醒目的标题字,实用性很强。有不同的粗细,延展出中黑、平黑、细黑等字体。常用于论文标题、封面和广告设计,具有现代感。在这里要特别说一下,微软雅黑对应的是兰亭黑,微软雅黑比一般黑体更清晰、更好看、更明亮,一般用于标题文字。

隶书:字形略扁,近乎方,整体看来具有流动性,笔画生动,造型优美,用来做标题较好,做投影时慎用。

楷体:古朴秀美,历史悠久,字体温和。现在的幼儿读物大多用楷体。书法界的楷体气象万千,几乎每位书法大家的楷体都独具个性,但发展到电脑里的开启稍显呆板。一般用来点缀,不用在正文,尤其是投影的时候慎用。

图 6-31 常见字体的风格

这些都是比较常用的字体,还有一些比较新式的字体,如方正静蕾、方正正黑、方正粗雅宋、方正喵呜等(如图 6-32 所示)。

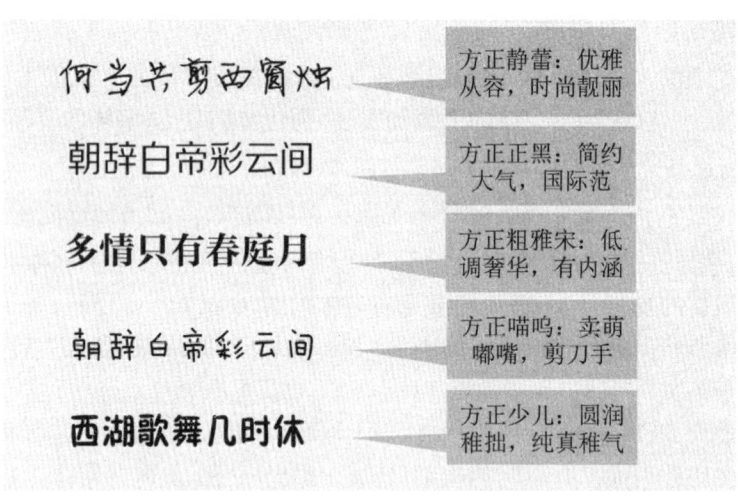

图 6-32 新式字体的风格

字体的种类很多,如何选择合适的字体?一般根据制作的内容、受众和文字的功能来选择。PPT 内容和受众可以指导字体风格的选择(字体的常见风格如图 6-31 所示),而文字功能则要求使用不同的字体来区分。比如学前领域的文字适合使用活泼的搭配,可以使用方正少儿、方阵喵呜体等,比较可爱,能表现俏皮的语言(如图 6-33、图 6-34、图 6-35、图 6-36 所示)。

图 6-33　字体常见风格分类

4岁儿童用黏土做的"人"

图 6-34　方正少儿简体＋黑体

图 6-35　活泼字体应用于儿童节标题中

图 6-36 书法字体应用于传统文化中

【充电站】字体的下载和安装

大家可以通过网络搜索就能方便地找到自己需要的字体并进行下载,下面提供几个字体网站供大家参考。

站长之家字体站(http://font.chinaz.com/)

搜字网(http://www.sozi.cn/)

绘艺素材字体下载(http://www.huiyi8.com/font/)

找字网(www.zhaozi.cn)

卡通字体在线生成器(www.akuziti.com)

字魂(http://www.izihun.com)

字由(http://www.hellofont.com)

字体下载网(http://www.ztxz.org/)

安装字体时只要将后缀名为".tff"".ttc"".otf"的字体文件复制到电脑的字体库中即可,即双击字体文件安装到 C:\Windows\Fonts 文件下。

2. 强化文字对比

一般采用加粗的方式突出关键字(如图 6-37 所示),除此之外还有其他方式。以下将介绍四种强化文字对比的方法。

(1) 大小对比,一般使用大字强调内容,小字详细陈述。字号大小的区分除提示主次、层次以外,还可突出情感的倾向。

(2) 粗细对比,通过字体的粗细对比来凸显重点内容(如图 6-38 所示),但要注意有些字体本身就已经够粗,如汉仪简体,继续加粗反而影响阅读效果。

图 6-37 通过加粗的文字突出内容

图 6-38　通过字体粗细对比凸显内容

(3) 色彩对比,通过颜色对比来凸显重要内容(如图 6-39 所示),在颜色的选择上,需要选择对比较强的颜色。

图 6-39　通过颜色对比突出凸显重点

(4) 方向对比,通过横纵字体的表现形式来区分和对比(如图 6-40 所示),但这种方式在排布上要注意,不要影响阅读。

图 6-40　通过横纵字体的表现形式区分和对比

3. 字体的造型

文字可以有很多表现形式,可以设置成各种造型(如图 6-41 所示)。下面介绍两种设置的方法。

(1) 可以利用词云图生成器来生成词云图。比如,虽然目前 WordArt 只有英文版,但是它也能支持中文,能生成中文词、音图,并且它还可以自定义形状。

图 6-41　使用词云工具生成的词云图

(2) 妙用合并形状是通过形状之间的相互处理,如减除、拆分等来得到新的形状。合并形状这个功能,可以在 PPT 绘图工具的格式里面找到,具体内容介绍在本章第二节。图 6-42 所示的文字则为合并形状的"拆分"运算后修改得到。

图 6-42　通过合并形状后形变文字

### (三) 合理搭配色彩,有效传递

颜色搭配是PPT设计中另一个非常重要的部分。颜色的选择要考虑到信息传递、观众体验等多个因素。合理的配色方案将为PPT页面增添更多的生命力和趣味性。白色背景在PPT设计中表现出清晰、清新、简洁、高雅和不失专业感的特点,最大限度地减少干扰,提高观众的专注度。在设计PPT时需要考虑到观众所处的角度,为他们提供具有吸引力的视觉和信息传递效果。这样才能达到预期效果。同时,PPT设计需要根据不同的展示场景和目的进行调整,保证PPT展示的质量和效果。

1. 选取PPT的主色和辅助色

PPT设计中的一般都会存在主色和辅助色之分。PPT主色是形成视觉冲击的中心点,是整个画面的中心点,它的明亮度、大小、饱和度都直接影响辅助色的存在形式以及整体的视觉效果。而PPT辅助设置在画面中起到平衡阻塞的冲击效果,减轻主色对观看者造成的视觉疲劳,形成一定的视觉分散效果的作用。需要注意的是,制作PPT是将两种和多种队列对比强烈的色彩作为主色的同时,还必须找到平衡他们之间关系的一种色彩,即辅助色,如黑色、灰色、白色等,且需要注意各辅助色的明亮度、对比度和占据的空间比例。

2. 确定PPT页面的色彩基调

在确定了PPT主色和辅助色以后,还要确定页面色彩的基调,所有色彩的基调都要以页面整体的基调为参考标准进行调整(如图6-43所示)。相同色相的色彩在变淡、变深、变灰时的效果差异可能很大,但总体要有一种色调,比如是偏蓝或偏红,还是偏暖或偏冷。如果PPT没有一个统一的色调,就会显得杂乱无章。

图6-43 确定色彩的基调

3. 添加辅助色——黑、白、灰

在PPT的配色中,无论在什么色彩之间,黑、白、灰都能起到很好的过渡作用。黑、白起到了间断式的过渡作用,而灰则起到比较平稳的过渡作用,但它们往往并不是最好的过渡色。在利用黑、白、灰等PPT辅助色的同时,不要忽略了它们的过分稳定性对整个画面造成的影响,其中黑、白比其他色彩更容易成为视觉的中心。制作PPT时色彩搭配非常重要,但是色彩搭配不外乎色彩的对比、色彩的辅助、色彩的平衡以及色彩的混合。在制作PPT时要有意识地注意这些,并多加练习。

### (四)使用图表,适当动画

图片和图表是PPT设计中常用的元素,文图结合符合多媒体原则,同时提供言语表征和视觉表征,帮助受众完成知识的整合,增强信息传递的效果,让观众更容易地理解内容。设计师在选择图片和图表时需要考虑到其质量、尺寸等因素,并结合不同展示场景使用适当的图片和图表。动效和转场效果是PPT设计中常用的元素,它们可以增强PPT的互动性和视觉效果,提高观众的兴趣。但使用时需要注意控制好效果的使用频率和时机,不宜过分夸张,过于炫目,同时也需要注意动画的效果。

### (五)巧用工具

#### 1. 使用SmartArt

一图胜千言,图是形象直观表达信息的最有力方式,按处理方式可分为图片和图表两大类。图片通常通过插入或粘贴方式从外部文件中引入,其内容一般不能更改。而图表则是在软件内部制作,可以编辑修改其内容。图表又分为数据图表和逻辑图表,数据图表用于数据分析,表现各种数据关系,如直方图、饼图等;逻辑图表用于表现知识之间的关系,如并列、循环、组织结构、流程图等。SmartArt图形就属于逻辑图表,它能快速将知识之间的关系通过可视化的图形形象清晰地表达出来。

SmartArt图形出现之前,制作逻辑图表的方法是先绘制各种图形,添加文字,再通过箭头、线等将它们组织起来,对各个对象进行美化和排版,最后组合成一个图表对象。很显然,这种做法费时费力,而且美化效果不佳,编辑修改也很不方便。SmartArt图形的引入大大提高了制作效率,PowerPoint 2007开始提供SmartArt图形,可根据知识之间的关系套用相应类型,我们只需更改其中的文字和样式即可快速制作出各种逻辑图表。

如同图形和艺术字一样,在PowerPoint"插入"菜单下(如图6-44、图6-45所示),可以看到很多图示类型,有列表、流程、循环、层次结构、关系、矩阵、棱锥图、图片等,可以根据PPT不同的内容、不同的逻辑关系进行选择。

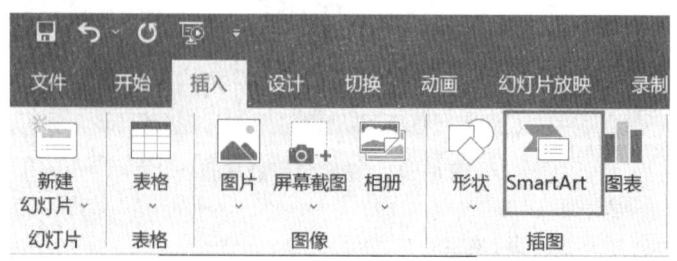

图6-44 SmartArt位置

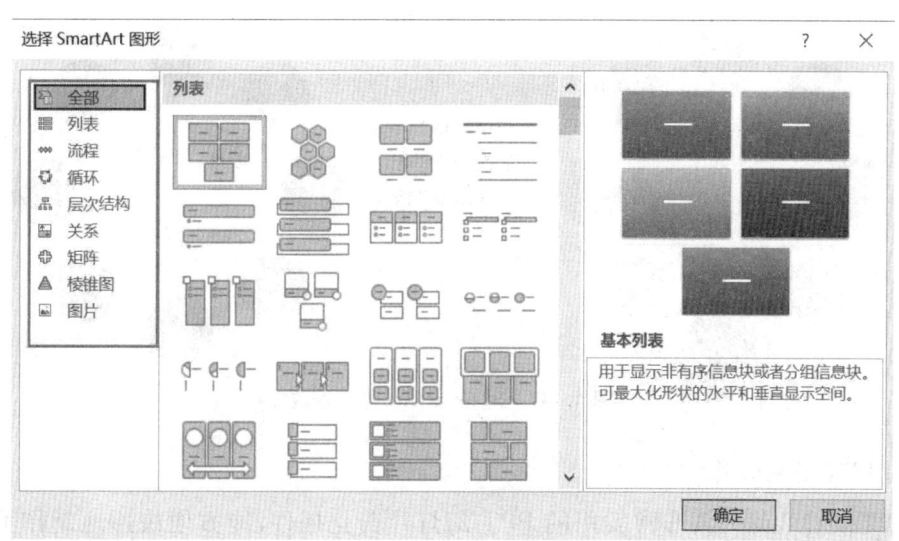

图 6-45　SmartArt 图形类别

如图 6-46 所示,利用 SmartArt 图片中的"六边形群集",在中间的三个六边形中输入文本,调整文本的字体和大小、颜色等,在文本的旁边插入与文本关联的图片,这样可以清晰地显示文本及其相对应的图片,图文结合,效果好。这种图片版的 SmartArt 是利用已有图片布局方便地进行多图的组合排列,运用的时候需要记住一个原则:在多图的组合上图片类型一定要一致,否则会产生违和感。

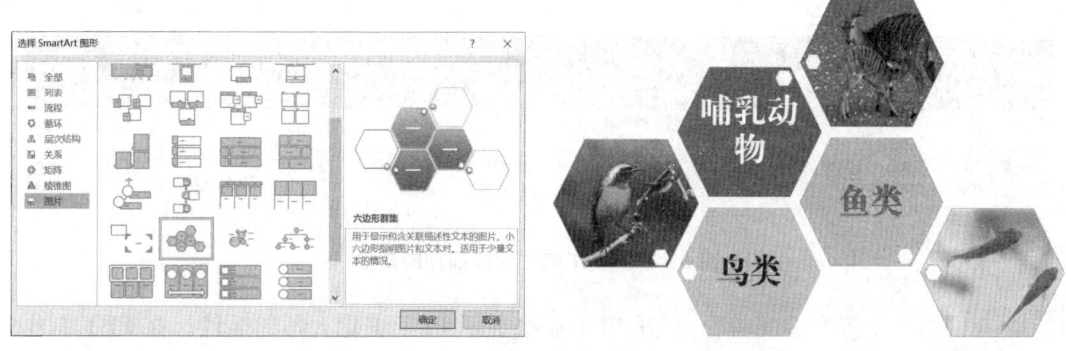

图 6-46　使用图片 SmartArt 生成 PPT 内容

通过 SmartArt 图形的插入,可以在图形上输入文本,也可插入图片,运用其逻辑结构组织和呈现内容,增强 PPT 页面的易读性和吸引力。当然,如果给定的 SmartArt 图形并不是完全不可以改变的,图形中项目内容可以增添、删除等,也可以将 SmartArt 中的图片通过"取消组合"拆分成一个个小的形状,如图 6-47 所示,在 SmartArt 图形中选择"循环"中的"基本循环"插入如图 6-48 左图所示的图形,然后选中该图形,并通过单击右键→取消组合→再次取消组合,删除图形中的箭头,并修改颜色,在此基础也可以再做其他改变,比如添加钟表的指针等。

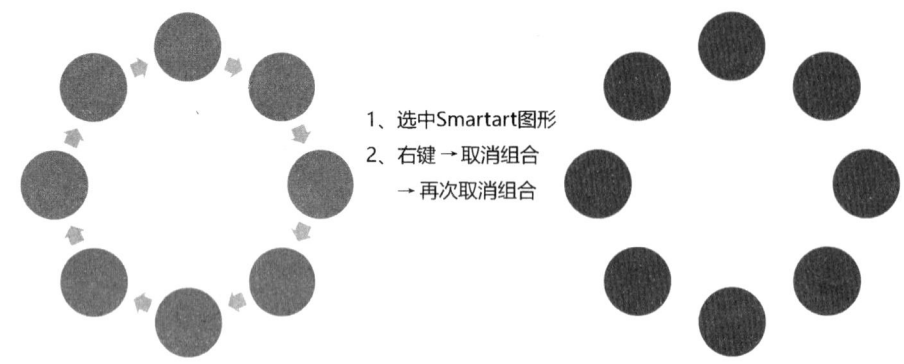

图 6-47 对 SmartArt 进行修改

2. PPT 美化工具

PPT 美化大师一款非常实用的 PPT 幻灯片美化插件,能方便快速地制作美美的 PPT。PPT 美化大师提供了丰富的背景和精美的图片、形状、图示等资源(如图 6-48 所示),PPT 美化大师提供了一种更简洁直观的方法来制作及美化 PPT,这为快速制作 PPT 提供了更加便利的手段。

图 6-48 PPT 美化大师插件

图 6-49 PPT 美化大师插件的功能

在网络上下载安装成功后,打开 PPT 就会显示 PPT 美化大师的插件。在 PPT 制作的时候就可以使用,非常方便。如果需要更多资源,可以进入美化大师资源广场,里面有很多模板可供选择。下面介绍一下主要功能。

(1) 模板功能

更换背景:如果你对随机模板不满意,可以在更换背景中全部替换,注意右下方可以调整幻灯片比例,体验非常人性化。

魔法换装:其实就是重新随机换模板,点一下就知道这是一个很好玩的功能。

内容规划:直接输入相关内容,选择风格后,点击"完成"即可创建一套完成的模板。

(2) 幻灯片功能

① 幻灯片:可选择插入或替换当前幻灯片,自动配色,非常方便。

② 魔法图示:类似魔法换装,点击会随机生成一张幻灯片。

③ 插入功能:体现了美化大师PPT海量素材库,让制作者只需用关键词即可快速找到自己想要的素材。

形状:近300页的ICO图标矢量素材,已清晰分好了类别。双击鼠标插入,形状大小、颜色均可编辑。

图片:600多页图片,主要以PNG图片为主。

图册:图册功能也是插入功能中的良心之作,选择合适的版式,傻瓜式地插入图片。

(3) 批量工具

批量工具在PPT的二次修改上提供了很大的便利。

替换文字:一个好的PPT不可能只有一种字体,也不可能有太多字体,但是修改下来可不是一件小事,PPT虽然也有自带的替换字体功能,但美化大师提供的字体替换功能更加灵活,不然要插件有何用有更多的选择。

设置行距:除了字体,设置统一的行距也是PPT分页特性的一个难点。美化大师的行距设置功能可谓提供了一个福音。

(4) 工具功能

导出:可以导出长图和单页图片。

只读:为了防止篡改,美化大师提供的只读功能提供了一种新角度的解决方案,那就是打开PPT不能编辑的只读模式。

另外,利用PPT美化大师可以导出各种形式的文件,包括多页拼图、全图、PPT图片和视频,尤其是图片和视频对教师制作微课或者录制课程是非常有用的(如图6-50所示)。

图6-50 PPT美化大师将PPT导出为视频

总之,PPT应充分体现以多媒体为辅助手段、以教师为主导、以学生为主体的教学方式,要以充分发挥学习者的潜能、强化教学效果、提高教学质量为重心。因此,应该不断积累经验,努力探索设计技巧,制作出更多图文并茂,形声俱佳的优秀多媒体课件,努力获得最佳的教育教学效果。

## 第二节 PPT中的形状

### 一、形状的使用

PowerPoint为用户提供了多种形状,这些形状在各个版本中差别不大。

PowerPoint 2007以后的版本,形状都在"插入"选项卡中。以PowerPoint 2013为例,共为大家提供了九大类形状选项,分别是线条、矩形、基本形状、箭头、公式、流程图、星与旗帜、标注、动作按钮(如图6-51所示)。

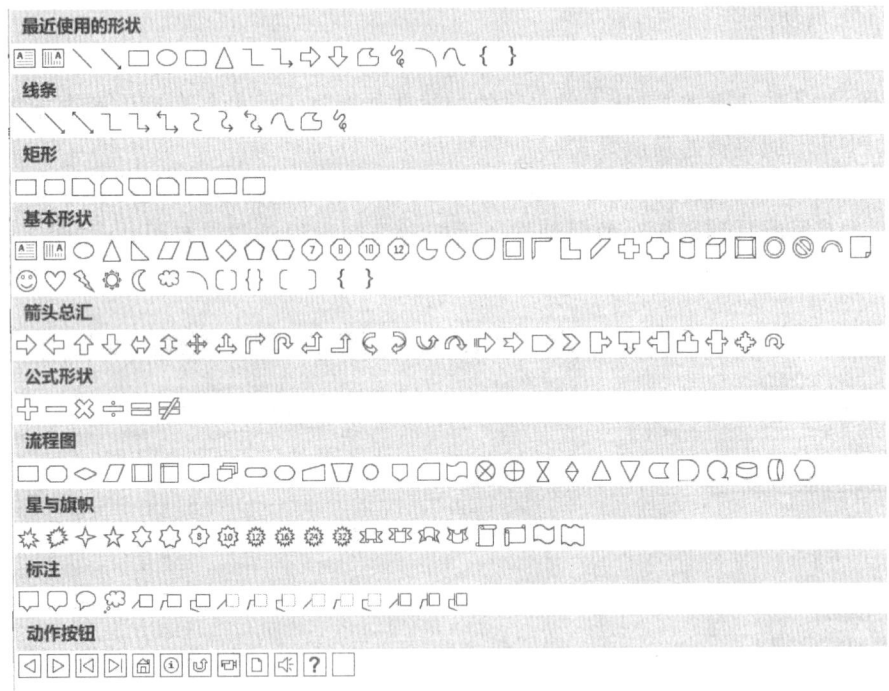

图6-51 PowerPoint提供九大类形状

PPT中的形状众多,下面主要以线条、矩形、基本形状、星与旗帜为主介绍其用法。

（一）认识 PPT 中的形状——线条

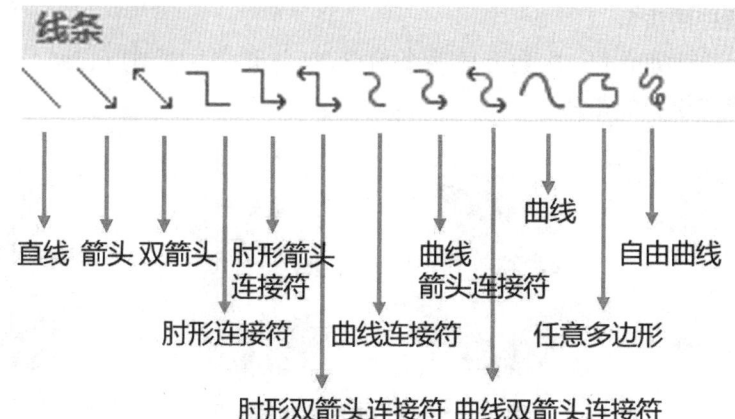

图 6‑52　PowerPoint 中的线条

1. 直线的用法

直线有两种用法。

（1）直线的轮廓，选择绘制直线后，可以在"绘图工具"中为直线设置轮廓、颜色、粗细和虚实，另外也可为线条设置"形状效果"，包括阴影、发光、柔化和映像等效果。如图 6‑53 所示。

图 6‑53　为线条添加"形状效果"

（2）【Shift】键＋直线，可以绘制水平、垂直和 45°角的规则直线。

虽然是简单的直线，但是在 PPT 作品制作中，将其与文字搭配使用，可以起到画龙点睛的效果，如图 6‑54 所示。

图 6‑54　直线和文字搭配在画面中使用

2. 曲线的用法

曲线有两种用法。

(1) 鼠标左键每单击一次会形成一个拐点,双击鼠标左键结束绘制。图6-55所示就是用这种方法绘制的花朵。

图6-55　使用曲线绘制的花朵

(2) 当按住【Ctrl】键进行绘制时曲线会变成直线。

也可以结合这两种方法绘制形状,比如图6-56所示PPT中的形状则为结合这两种方法进行绘制,绘制的时候,先使用第一种方法绘制曲线,曲线绘制完后,按住【Ctrl】键绘制直线,并将结束点和起始点封闭,填充纹理,同时复制一个,垂直和水平翻转后形成图6-56所示内容模板形状。同样的绘制方法绘制图6-57所示的内容模板页。

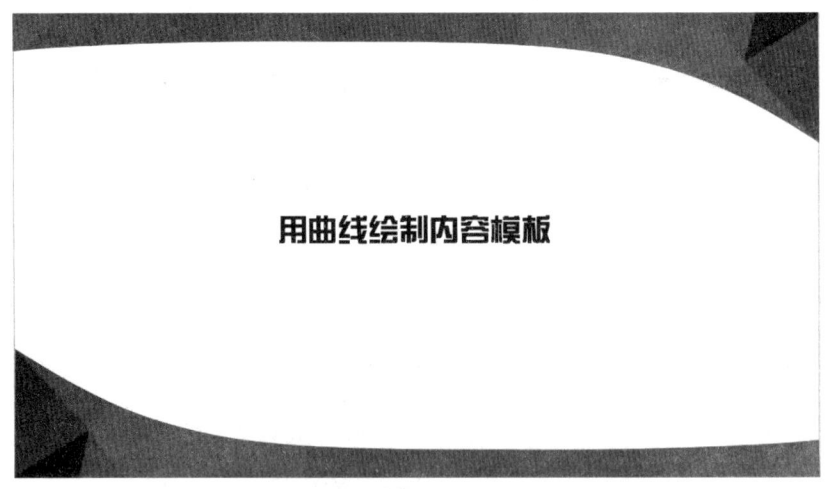

图6-56　使用曲线工具绘制内容模板的形状

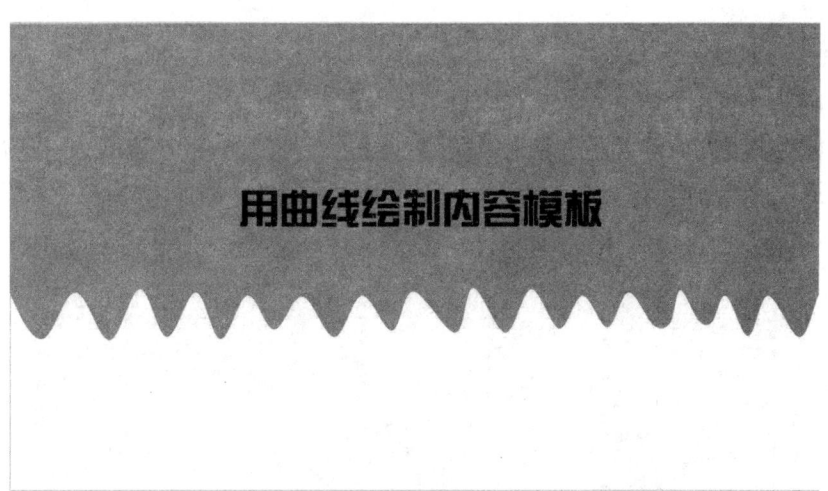

图 6-57 使用曲线工具绘制内容模板的形状

3. 任意多边形的用法

任意多边形使用的时候,也有两种方法。

(1) 单击,释放鼠标,再次点击,释放,可以绘制直线,双击鼠标左键结束绘制,图 6-58 所示的三角形和矩形即用这种方法绘制的。

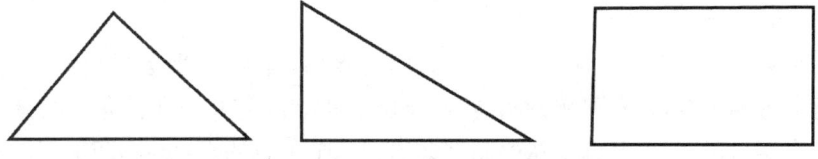

图 6-58 使用任意多边形绘制的形状

(2) 按住鼠标左键不放进行绘制,可以绘制自由曲线。

结合这两种用法,可以绘制各种形状,如下图中的思辨效果,直线部分是使用第一种方法绘制,曲线部分是按住鼠标左键不放进行绘制。

图 6-59 使用任意多边形绘制的撕边效果

4. 自由曲线的用法

在使用自由曲线的时候按着鼠标左键不放可以自由绘制任意方向的曲线。

自由曲线的关键点是要充分利用编辑顶点功能(见形状编辑功能部分),通过编辑顶点达到画漂亮曲线的效果。

图 6-60　使用自由曲线绘制

(二) 认识 PPT 中的形状——矩形

PPT 为我们提供了九种矩形形状,分别是矩形、圆角矩形、剪去单角矩形、剪去同侧角矩形、剪去异侧角矩形、左侧单圆角、左侧单圆角、同侧圆角、对角圆角。绘制矩形形状时,除第一个矩形形状外,其他形状绘制都会出现一个黄色的点,可以拖动,以调整形状的弧度或者角的大小,如图 6-62 所示。

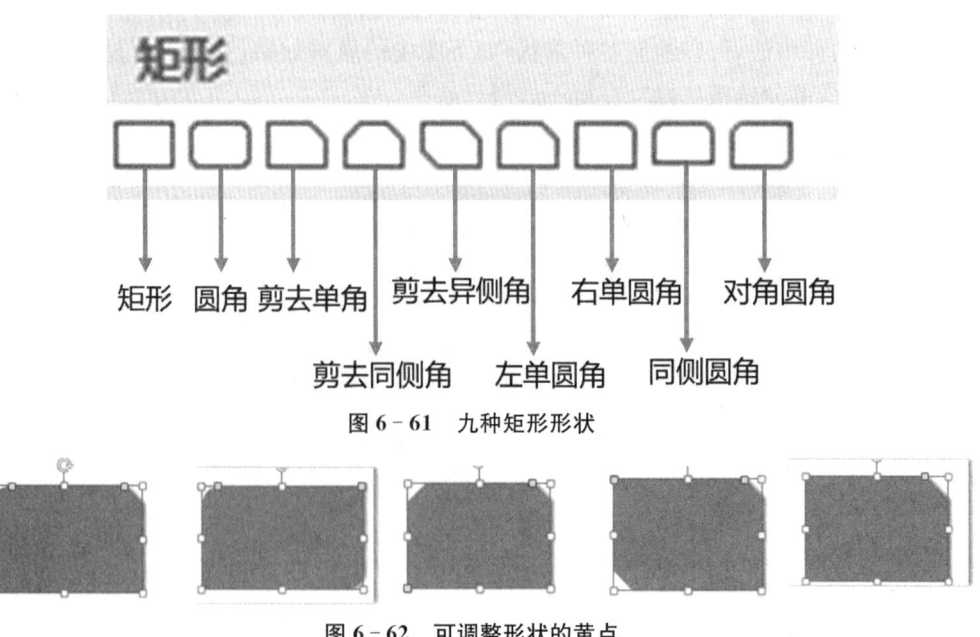

图 6-61　九种矩形形状

图 6-62　可调整形状的黄点

### （三）认识 PPT 中的形状——基本形状

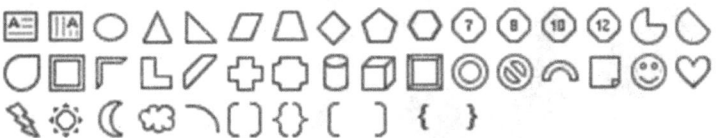

图 6-63　PPT 中的基本形状

这些基本形状可以帮助 PPT 制作者绘制各种需要的形状，比如图 6-64 所示的中按钮图形就是两个圆形叠加起来，分别填充相反的渐变光圈，然后产生立体的按钮效果。

图 6-64　基本形状中的圆绘制的按钮

另外，下面展示了利用"基本形状"中的不完全圆、空心弧和泪滴形等工具绘制的形状（如图 6-65、图 6-66、图 6-67、图 6-68 所示）。

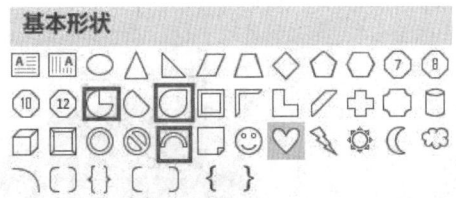

图 6-65　"基本形状"中不完全圆、空心弧、泪滴形

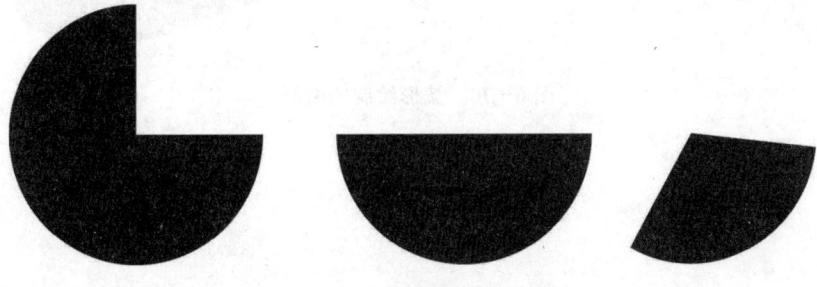

图 6-66　不完全圆绘制的扇形

图 6-67 空心弧形绘制的形状

图 6-68 泪滴形绘制的形状

"星与旗帜"里也有很多制作 PPT 所需的形状工具,下面展示利用"星与旗帜"中的波形和卷形绘制的形状(如图 6-69、图 6-70、图 6-71 所示)。

图 6-69 "星与旗帜"中的卷形和波形

图 6-70 波形绘制的图形

第六章　PPT 设计与制作

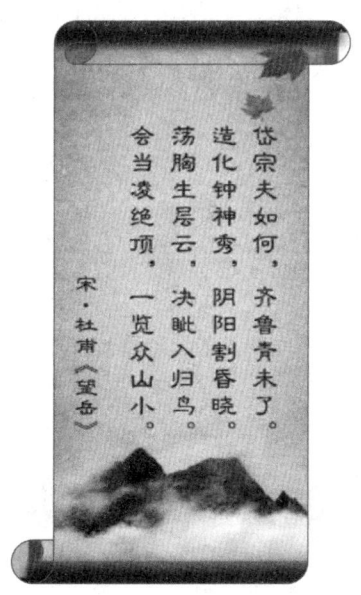

图 6-71　卷形绘制的图形

## 二、编辑顶点功能

怎么才能在 PPT 中做出自己想要的形状？只要合理地利用几个编辑功能基本可以获得想要的形状。

打开 PPT，打开一个形状，鼠标右键弹出菜单中可以看到编辑顶点功能，或者在"形状格式"选项下，左上角"编辑形状"也可以找到该功能（如图 6-72 所示）。编辑顶点的作用就是对插入的形状进行修整，更改自己想要的形状。具体操作步骤为选中绘制的矩形

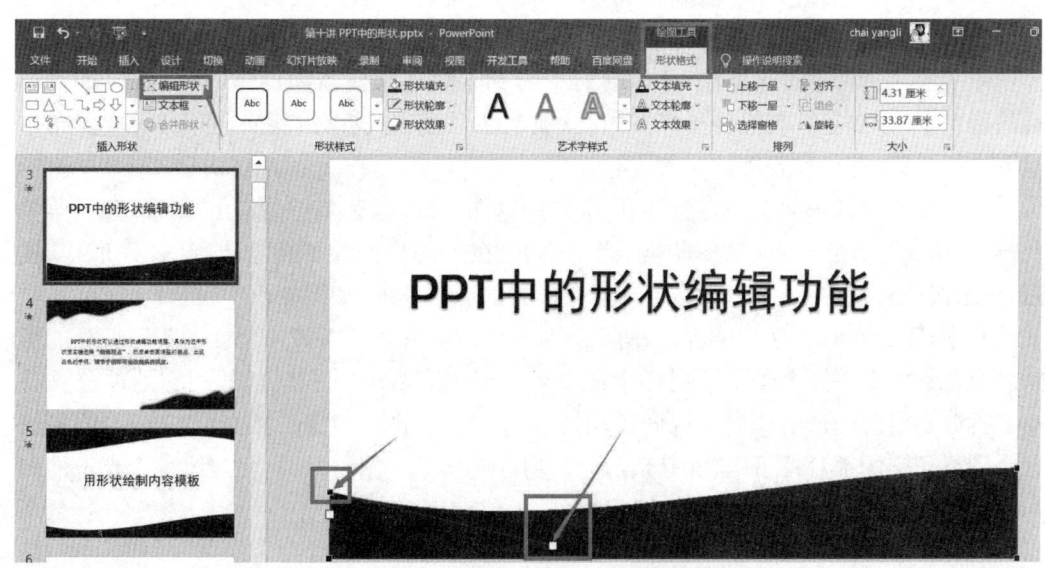

图 6-72　拖动白色手柄可以调整线条的弧度

形状,在"编辑形状"菜单里选择"编辑顶点"功能,然后单击要调整的黑点,出现白色的手柄,调节手柄即可修改线条的弧度。如图 6-72 所示,调整好之后,再绘制一个矩形,填充为橘黄色,轮廓线为"无",同样进行形状的"编辑顶点"功能,然后下移一层,效果如图 6-73 所示。

在 PPT 绘制的形状中,调出"编辑顶点"功能后,有拐点的地方都会有黑色的点出现,单击黑色的点,会在黑色点的两边跳出白色的手柄,通过手柄编辑形状,这个方法可以广泛应用于 PPT 绘制的线条和形状中,比如使用自由曲线绘制的线条一开始并不顺畅,可通过这种方法调整。

## PPT中的形状编辑功能

图 6-73　为另一个矩形"编辑顶点"并下移一层的效果

### 三、形状合并

PPT 中的"合并形状"也被称为布尔运算,通过对两个及两个以上物体的并集(union)、交集(intersection)、差集(subtraction)运算而生成新的物体形态。在图形处理操作中引用了这种逻辑运算法,可以使简单的基本图形生成新的形体,PowerPoint 2013 后的版本中,布尔运算有五种运算方式,分别是联合、组合、拆分、相交、剪除,对应着布尔运算中的并集、交集和差集。

如页面上有这样两个圆,当我们依次选中这两个圆时,菜单栏会多出"绘图工具"菜单及"形状格式"选项卡,单击"形状格式"选项卡,在工具栏的左下角会出现"合并形状"按钮,点击按钮右边的下三角,就会出现合并形状的五种功能(如图 6-74 所示)。

其中,联合有时也称为结合,是两个或两个以上的元素合并成一个新的不可拆分的形状。组合是两个或两个以上的对象生成新形状时,删除相交的部分,即相交的部分被挖空。拆分是沿着图形的边界进行分割,生成多个独立的图形对象。相交与组合相反,是将多个图形相交的部分留下,删除其余部分。剪除是多个元素合并时,将从第一个点选的图形中剪掉后选的对象(如图 6-75 所示)。

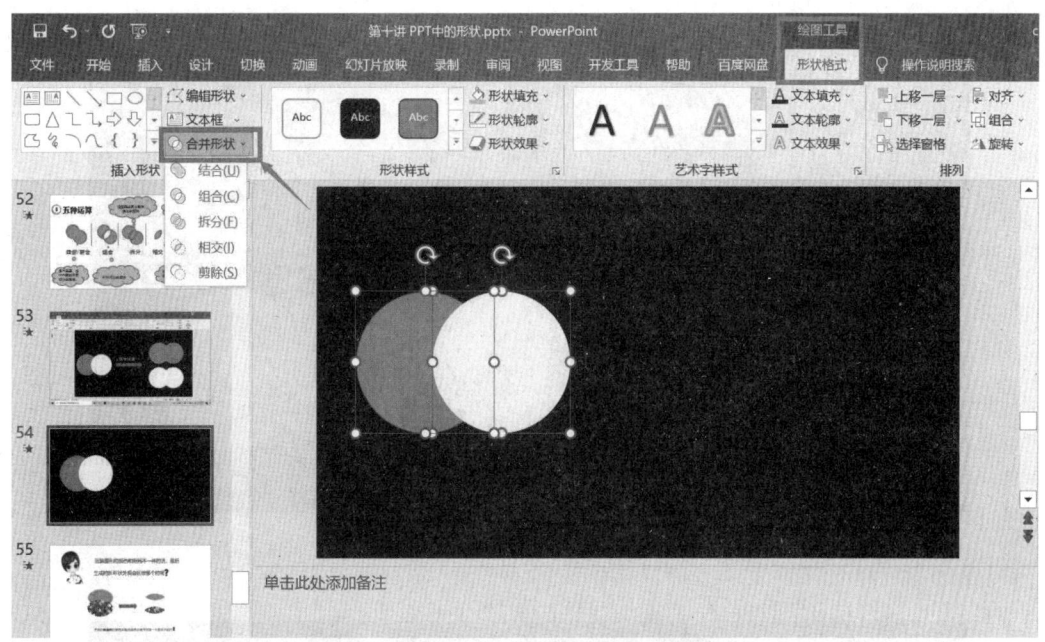

图 6-74　PowerPoint 中的"合并形状"

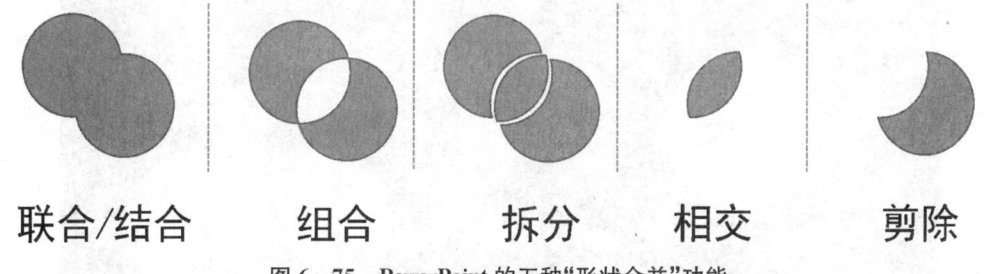

图 6-75　PowerPoint 的五种"形状合并"功能

这里大家可能会有个疑问，合并形状功能是针对两个及两个以上对象的运算，那参与的形状对象的外观比如填充和框线不一样的话，最后生成的图形的填充和框线会延续哪个对象的呢？

我们来看看下面的案例，两个圆进行合并的时候，可生成两个形状相同但颜色不同的对象。当我们先点选深色圆，按住【Ctrl】键，再点选浅色圆，进行联合运算后，生成的形状是深色的，先点选浅色圆，再点选深色圆，生成的形状是浅色的（如图 6-76、图 6-77 所示）。

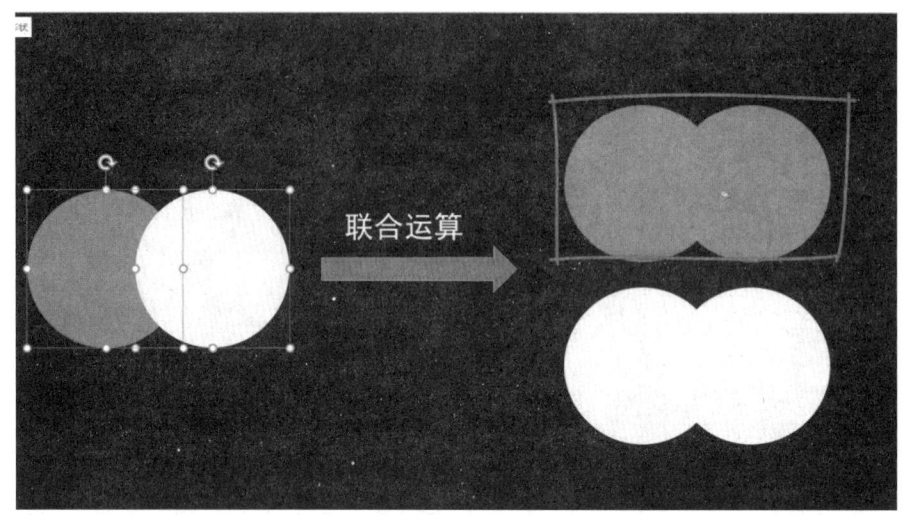

图 6-76　先点深色圆进行"联合"后生成深色的形状

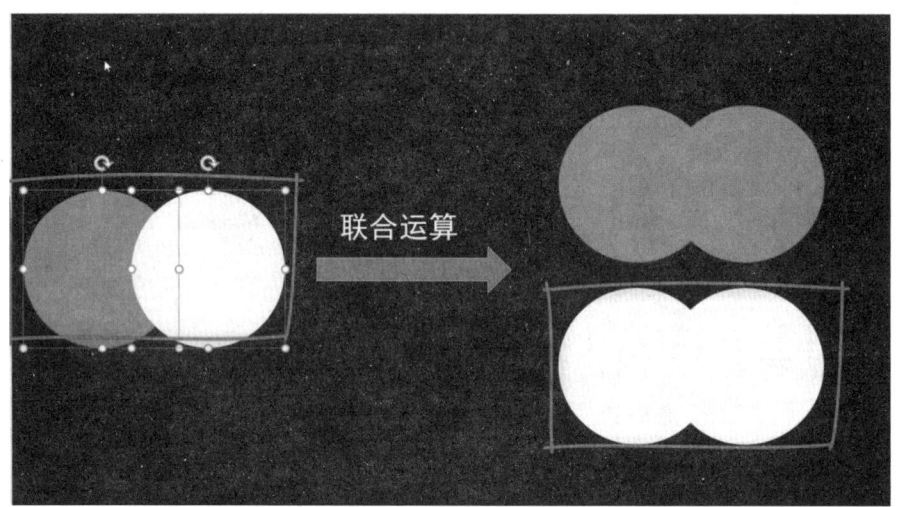

图 6-77　先点浅色圆进行"联合"后生成浅色的形状

这个深色苹果和浅色的圆进行剪除运算时,如果先点深色的苹果再点选浅色圆则生成深色的苹果对象,先点浅色圆后选深色苹果则生成浅色的月亮(如图 6-78 所示)。

图 6-78 苹果和原型的剪除运算

因此，布尔运算得到的图形与选择的第一个对象格式是一样的，即生成的新图形的填充和框线是由选择的第一个图形决定。

下面这两个图形在运算的时候，最后生成的两种效果是怎样得来的（如图 6-79 所示）？

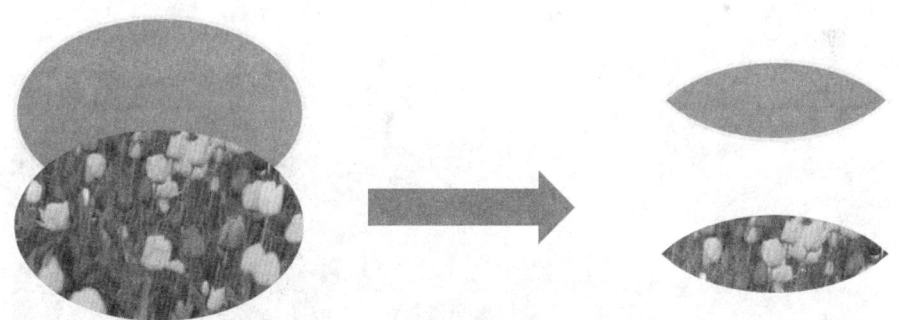

图 6-79 两个圆形的相交运算

现在，大家在文本框中输入文字，并绘制一个矩形，将文字置于矩形之上，然后先选择文字，同时按住【Ctrl】键，再选中矩形，在"绘图工具"菜单里"形状格式"选项卡下单击"合并形状"里的"拆分"，然后可看到文字被转换成隔开的很多小的形状，去掉多余部分，开始对各个小的文字形状进行编辑，如进行颜色填充、轮廓线的改变及阴影、发光和模糊等效果的添加，还可以选中形状右键编辑顶点，进行形变。或者对一些部分进行替换，如把"物"的偏旁换成牛的图片，我们先删掉偏旁，然后插入图片，进行调整就可以了。同样的操作，可以运用于文字的其他部分（如图 6-80 所示）。

图 6-80 文字和矩形的拆分运算

再来看下这个文字镂空的动画,它是通过图片和文字的组合或剪除运算实现的。先选中图片,再选择文字,然后进行组合或者剪除运算,图片就被文字挖空了一块,通过挖空的文字部分,可以看到下面的背景图片,如果镂空文字下的背景图片设置了动画就可以看到文字镂空的动画效果(如图 6-81 所示)。

图 6-81 文字和背景图片的组合/剪除

形状和形状之间的布尔运算往往可以实现意想不到的效果,这个目录的形状是通过五个圆角矩形的拆分运算生成的,几秒钟轻松实现。画一个圆角矩形后,复制四个,调整下位置,五个圆角矩形都选中后,进行拆分运算,去掉多余部分,调整下就可以了(如图 6-82、图 6-83 所示)。

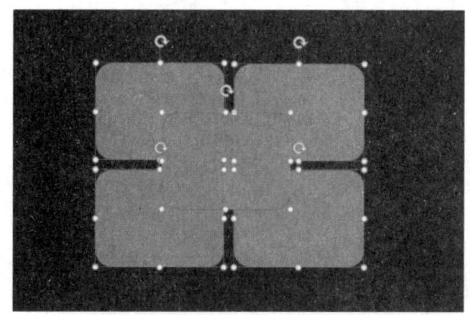
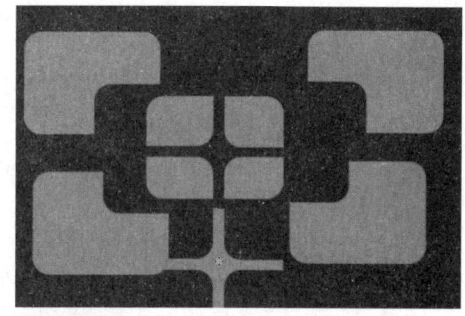

图 6-82　形状和形状的拆分运算

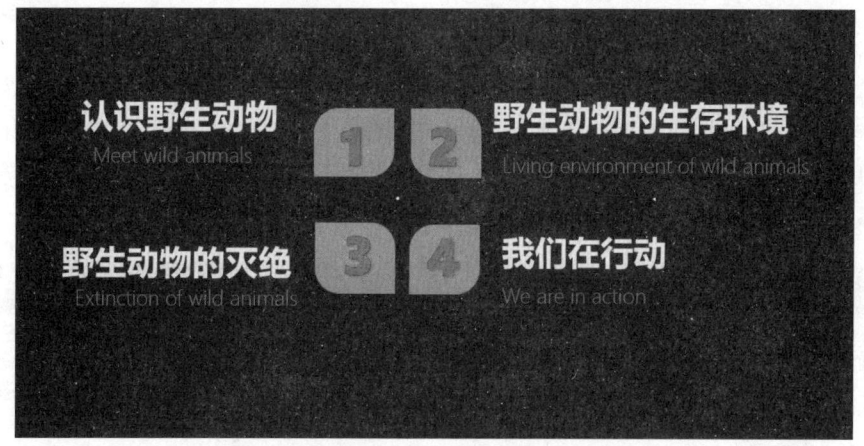

图 6-83　形状间拆分运算后的目录效果

另外，通过图片与图形的运算，能够生成很多精彩的特效。如图片特效作为一张幻灯片的一部分既突出了图片的重要内容，也不影响幻灯片其他内容的呈现，形成很有吸引力的页面。制作的时候，首先在图片上绘制圆角矩形，并按住【Ctrl】键复制多个，排列好之后，选中这些矩形，运用联合运算，形成一个新的图形，然后按住【Ctrl】键依次选择图片和图形，进行相交运算即可（如图 6-84 所示）。

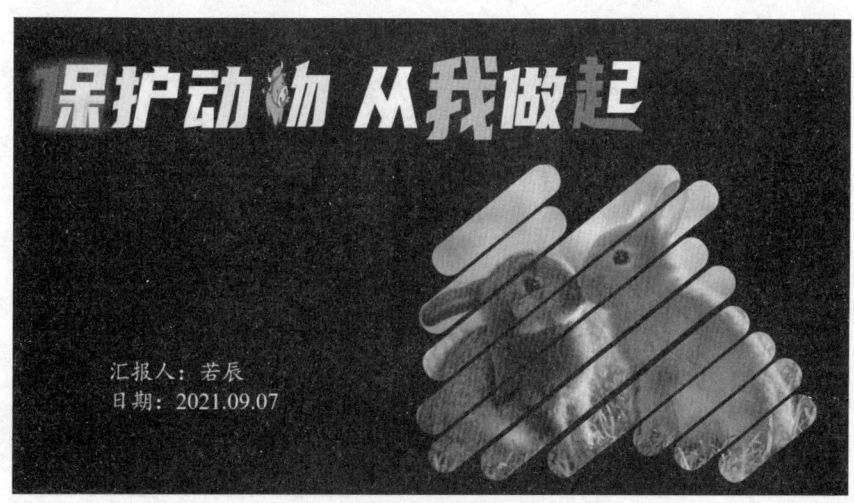

图 6-84　图片和图形的相交运算

以上介绍了 PowerPoint 布尔运算及相关案例,通过学习,大家知道了 PPT 中的五种布尔运算方式,这些运算方式可应用于形状和文字、文字和图片、形状和形状、形状和图片之间。

## 第三节　PPT 中的图片

在 PPT 中使用图片已成为一种常用的表达方式,图片不仅仅只是一种点缀,而是思想的可视化。

### 一、图片的处理

选择完图片后,要学会用图片美化工具来进行图片的处理,PowerPoint 的图片处理工具比较简单,在幻灯片上插入图片后,会出现"图片工具"→"图片格式"菜单,下面有"调整""图片样式""排列"和"大小"四个选项卡,可以为 PPT 中的图片进行抠图、裁剪,设置艺术、添加图片边框、阴影和发光等效果(如图 6-85 所示)。

图 6-85　PPT 中的图片处理

（1）抠图

PowerPoint 中的抠图简单方便,在 PPT 中插入图片后,可以通过"图片格式"菜单里的"删除背景"和"设置透明色"两种方法实现,就"设置透明色"来说,需要所抠图的背景色是与图的颜色有一定反差的纯色,而"删除背景"的方法的背景色的要求没有那么高,有一定的色差即可。

如图 6-86 所示,抠出打伞女孩的具体步骤如下:

图 6-86　原图

首先,选中图片,点击菜单栏中的"图片格式"的"调整"选项卡,然后点击"删除背景";

第二,标记要保留和删除的区域(如图 6-87 所示),可以按住【Ctrl】键进行点选,这样可以控制好细节,如果多选了,可以再标记要删除的区域(紫色区域为要删除的);

图 6-87 标记要保留和删除的区域

最后,调整好区域之后,点击一下空白区域,图像就抠好了,效果如图 6-88 所示。

图 6-88 抠图后的效果

如果插入 PPT 幻灯片的图片是纯色背景,可以通过"设置透明色"把图融入幻灯片,如图 6-89 所示,左边是带背景的图片,通过"设置透明色"后,删除背景,设置的方法是:点击"图片"→"图片格式"→"颜色"→"设置透明色",并在背景区域点一下即可,这个方法适用于纯色背景,有时候一些图片看上去是纯色背景,其实有一部分是有阴影的,这时候这个方法就不适用。这种方法在背景为纯白色的时候效果最好,一些白色背景图片可以用这个方法制作 PNG 透明背景图片素材(如图 6-89 所示)。

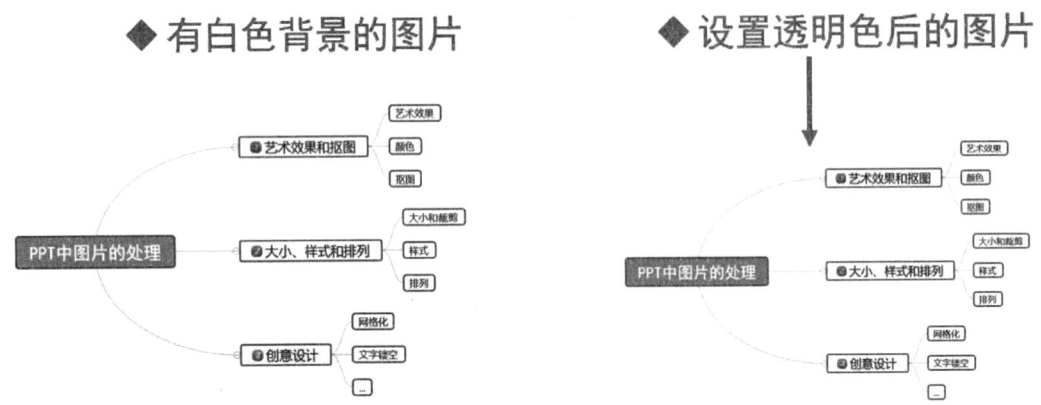

图 6-89 通过"设置透明色"抠图

另外,还可以运用形状合并的方法进行抠图,使用这种方法时,不要求背景颜色和要扣内容的色差,只需先绘出需要抠出图的形状,然后选中图片和绘制的形状,通过"形状合并"中的"相交"实现即可(如图 6-90 所示)。

图片和图形进行"相交"运算　　　　　　　　合并后的效果

图 6-90 通过"形状合并"抠图

(2) 艺术效果

在 PPT 制作过程中,并不是只有信息和数据,也要有趣味性和美学效果。比如 PPT 的图片艺术效果。PPT 提供了很多内置的图片效果,如力度柔和、油画效果、玻璃效果等,也可以自定义效果,使图片更具艺术感。

（3）图片样式

在制作 PPT 时，可以通过图片样式的设置给图片添加各种样式，来让它更加生动、美观。具体设置步骤是：先选中需要设置的图片，单击"格式"选项卡中的"形状样式"选项，在弹出的下拉菜单中，可以选择样式类别，并在右侧进行数量、颜色、线条、效果等方面的设置。教师可为图片设定各种各样各种样式的边框，根据需要可调整边框的颜色和粗细，或者直接采用预设的样式进行批量处理。

当然，也可以直接单击"形状轮廓""形状填充""形状效果""形状大小"等选项来完成更详细的目标。比如，图 6-91 所示的外观设置中，进行图片的样式、图片边框、图片效果设置：双击"图像"→"格式"→"快速样式"→"图片边框""图片效果"（设置"阴影"）。如图 6-92 所示，有美腿的倒影，这个效果是如何得到的？通过双击"图像"→"格式"→"图片效果"（设置"映像"）可实现。

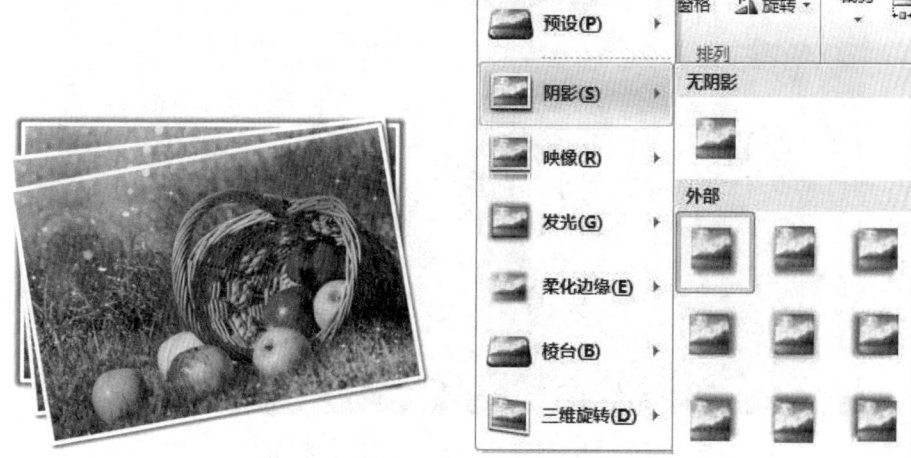

图 6-91　为图片设置相框

图 6-92　为图片设置"映像"效果

想让图片在PPT中变得生动形象、更具吸引力,就需要掌握设置图片样式的方法。通过使用上述方法,不仅能更快、更高效地完成图片的效果设置,还能让PPT在审美上更具美观性与专业性。

(4) 裁剪

选中图片,然后在菜单栏下方的快捷工具区可以看到裁剪选项,运用这一功能就可以对PPT中的图片进行裁剪,包括对图片大小和形状的裁剪。大小的裁剪是双击图像后再单击图片格式中的"裁剪",这时候可以通过修改"大小"选项卡中的宽和高的数字来裁剪,也可通过用鼠标按住图片标框上出现的黑色调整拖柄,向内拖动鼠标调整裁剪位置(如图6-93所示)。

图6-93 裁剪工具进行图片大小的裁剪

PowerPoint中的裁剪工具除了可以对图片大小进行裁剪,还可以对图片按照一定的形状进行裁剪,具体方法是:点击图片后的"格式"菜单下的"裁剪"下"裁剪为形状",然后选择具体的形状,并可以选择"纵横比",如图6-94所示。

当然,形状的裁剪还可以通过"形状合并"的方法,通过"插入"菜单"形状"在图片上插入形状,然后单击图片,按住【Ctrl】键,单击形状,在"绘图工具"菜单的"形状合并"选择"相交"即可。

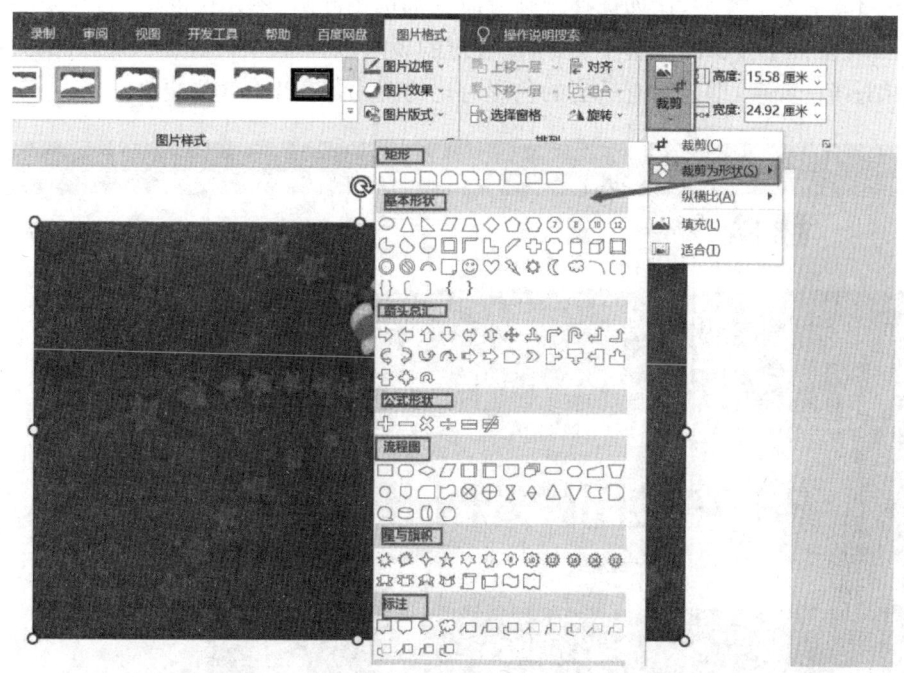

图 6-94　裁剪为具体的形状

## 二、图片的选择

常用的图片类型有以下几种，教师可以根据自己所要表达的内容进行选择。

漫画——有趣的可视化思维。

符号——二十一世纪网络语言，趣味性强。

表情——传递心情，活跃气氛。

照片——表现实际过程，贴近生活。

图形——表达特殊的含义。

前面我们已经提到获取图像素材的几种途径，这里就不再展开介绍。这里需要强调两点，一是在图片的选择上为了表达某些深层含义，可以选择有寓意的图片，但要把握尺度，要和 PPT 的内容一致，不能使受众感到文不对图；二是要尽量选择有视觉冲击力的图片，用强烈的对比抓住受众的眼球，让受众投入其中，这一点尤其适用于 PPT 的开头部分。

## 三、图片的布局

在选择和处理完图片后，还要对图片进行排布。一般情况下，如果是全图形的 PPT，建议用高清的图片，可以加透明蒙版来强化标题。在图片上绘制圆角矩形，并将其填充色设为白色，同时调整透明度为 30%（如图 6-95 所示），这样就可以凸显标题，同时背景图片也可以被显示。在多图的排列上应遵循画面平衡的原则，平衡可通过统一和突出来表现。统一包括：统一类型，比如选择漫画就应该都选择漫画，不建议混搭图片；统一位置，即使图片在页面上排布的位置平衡，遵循一定的规则；统一大小，包括统一图片的大小、边框的粗细；统一颜色，即采用有适当的色彩对比的图片，使PPT效果更好。

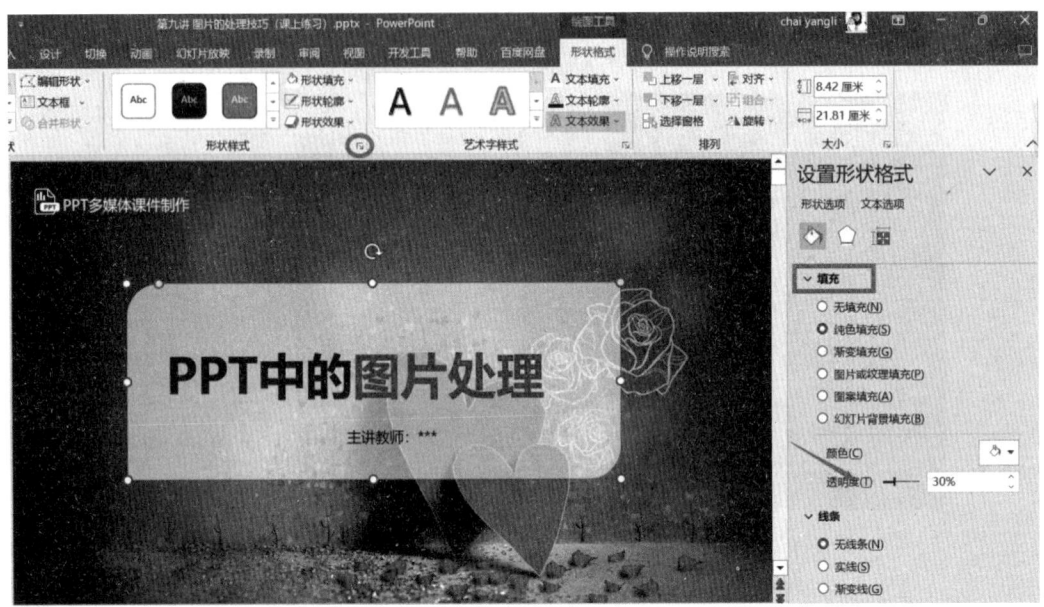

图6-95　为幻灯片标题加透明蒙版

## 第四节　PPT中的动画

动画设计在PPT中起着至关重要的作用，表现在以下三个方面：一是可清晰地表现事物之间的关系，比如通过四个元素出现的先后顺序来表达某种逻辑关系；二是通过控制动画的出现来配合演讲内容；三是增强效果表现力，即绚丽的动画效果可增强PPT的表现力，以达到吸引眼球的目的。在教学PPT中，动画设计更多是用来控制教学内容呈现的顺序，以及凸显教学的关键内容。

### 一、PPT中的动画概述

PPT中的动画可分为两大类别，分别是页面切换动画和自定义动画。

页面切换动画是用于放映演示文稿期间幻灯片的切换，从一张幻灯片移到下一张幻灯片时出现的视觉效果。通过设置"切换效果"和"效果选项"，可以自定义切换效果外观，在"计时"选项卡里，可以设置速度、添加声音和设定换片方式（如图6-96所示）。

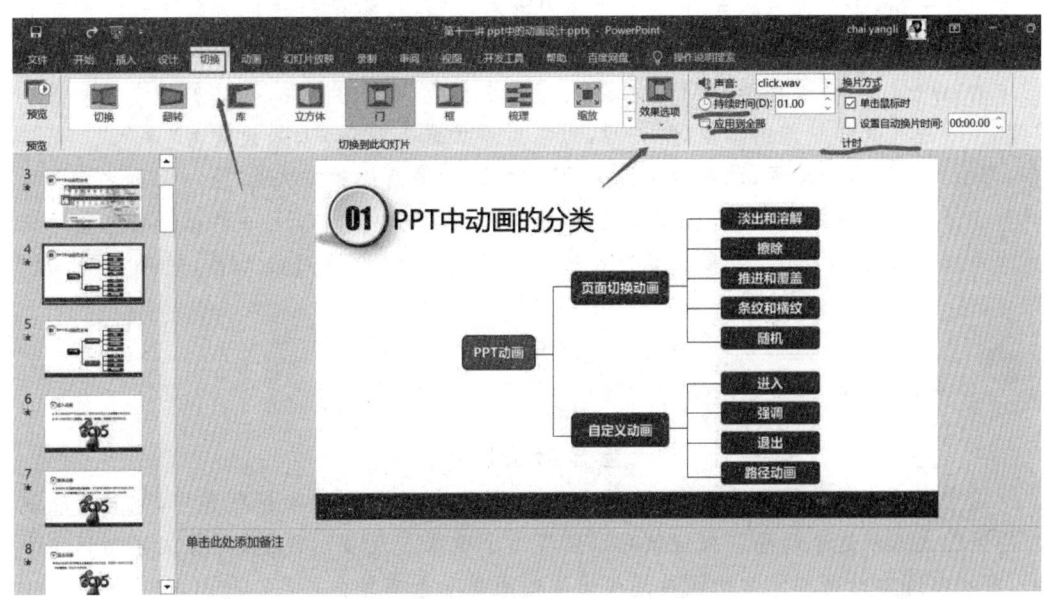

图 6-96　PPT 页面动画效果的设置

自定义动画即 PPT 动画，在 PowerPoint"动画"菜单中设置。PPT 动画包含"进入""强调""退出""动作路径"四种效果。其中，"进入"是指通过动画方式让效果从无到有；"强调"是指对象已在页面出现，由于教学的需要而对素材对象进行的动画操作，即从有到有的效果，通过大小、颜色、位置等发生变化起到强调的作用；"退出"是对象从页面退出时的移动过程，它是进入动画的逆过程，即从有到无；"动作路径"是指已有的动画沿着指定路径发生位置移动，动作路径动画不同于上述三种动画效果，它是 PPT 动画中自由度最大的动画效果，它在进入、强调和退出时均可使用。制作者可根据系统自带的基本、直线和曲线、特殊等三类多种效果，也可绘制自定义路线实现路径动画。在实际操作中，制作者需选择添加动画的对象，在动画选项中选择"添加动画"下的动画类型和相应的效果，同时要设置动画的开始方式、持续时间、延迟和效果选项等方面的参数。

下面结合 PPT 的动画，演示一些动画效果制作案例。

## 二、PPT 动画制作

下面结合一些案例，讲解 PPT 的自定义动画效果的应用。

案例 6-1

### PPT 片头动画

片头动画是我们常用的效果之一，合理地使用片头动画可以给人眼前一亮的感觉。我们先来看一个片头动画的实例，看完这个案例，你是不是觉得采用片头动画比直接呈现 PPT 的主题效果要更好呢？这个动画是怎么制作的呢？页面一开始，只有公仔图片，紧接着出现手指,手指上应该是添加了上浮的进入动画,接着是手指拖着图片一起向左移动,说明两个图片上都设置了路径动画,移动完后,手指消失,应该是为手指添加了退出动画中的"浮出"效果,最后是PPT的标题文字和副标题文字的出现,是添加了进入动画中"缩放"效果。具体制作的时候,第一步,为手指添加进入动画,效果设置为"浮入"。第二步,为手指设置路径动画,动画效果设置为"向左",动画的播放方式为"上一动画之后",同时为公仔图片设置路径动画,动画效果为"向左",播放方式为"与上一动画同时",接下来要为手指设置退出动画,效果选择"浮出"。最后为文字设置进入动画,效果为"缩放"即可。

案例 6-3

逐字动画片头

这个图片出现的效果非常酷炫,可以运用PPT片头和图片动画制作中,它是怎么制作的呢?大家从这个动画效果应该可以发现这个效果是逐步出现的,好像文字的逐字动画,那文字逐字动画和刚才的图片逐步出现效果是不是有什么关系?是的,这个图片的出现效果其实是将文字逐字动画移植到了图片上。先看下文字逐字动画制作过程,插入文本框,输入文字后,选中文字并单击动画菜单,选择一种动画效果,比如擦除效果,在"效果选项"的"效果"的方向和动画文本分别进行设置,方向可以设置从左向右,动画文本按字母顺序,这样就可以有文字逐字出现效果了。

刚才的这个图片逐渐出现的效果设置有类似之处,插入文本框,在文本框中输入破折号"——",具体方法是按住键盘上的【Shift】键,输入键盘右上方的减号,然后在绘图工具栏里的"文本效果"下选择"转弯""弯曲"下的"正方形",此时,破折号会占满整个文本框,文本框可以随意缩放,把文本框缩放合适大小后,选中文本框,单击"格式"→"文本填充"→"图片"后插入图片,从而用图片进行"文本填充",图片占满文本框,为文本框添加动画,以"缩放"为例,并打开"效果选项",在"效果"选项卡中,设置动画文本为"按字母",最终效果:如果把"缩放"动画效果选项中的消失点改为"幻灯片中心",效果会大不一样。如果把"缩放"动画改成"飞入",效果选项中增加弹跳结束,图片则会以波浪的动画形式依次出现。

案例 6-3

使用延迟时间的动画效果

这个案例是一个延迟时间的实例,首先,扫描二维码看一下播放效果。这个动画的关键步骤是,三个矩形执行的是螺旋飞入的效果,三张图片执行的是"曲线向上的动画效果",关键点是设置延迟时间,使它们产生一次进入的效果。

你知道它们是什么水果么？

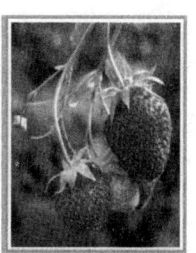

苦瓜　　　樱桃　　　草莓

图 6-97　案例 6-3 图片

案例 6-4

小车行驶动画

下面和大家分享一个小车行驶动画，先预览一下动画的整体效果，车辆在公路上行驶，背后是建筑物，动画设置的对象包括道路、建筑物和车辆，动画设置时，首先添加道路的进入效果，设置为自左侧的擦除动画；然后建筑的进入效果设为飞入动画，并且动画效果的结束为弹跳结束；接下来为车辆添加向右的路径动画，不同车辆延迟时间错开，汽车在不同时间进入，持续时间设置不一样，这样汽车行驶速度不同，显得更加真实。并且将有的小车自左向右动画重复次数为多次。最后，将这些动画组合在一起就完成了，动画效果是不是还不错呢？赶紧动手制作吧！

**三、触发器动画**

触发器动画是 PPT 中的一个功能，利用这个功能可以制作出带有交互效果的幻灯片。触发器实际是动画执行的条件，可以利用触发器来控制幻灯片中动画的播放，还可以控制声音、视频等。那么，哪些对象可以作为触发器呢？幻灯片上的图片、图形、按钮、文本框等可以作为触发器，一旦把某个对象设置为触发器，这个对象就好比是一个"按钮"，点击这个"按钮"可以触发相应的操作，该操作可以是动画，也可以是声音、视频等。比如图 6-98 中，设置组合 2 即"勤奋"苹果为触发器，触发的操作为苹果沿弧线运动到树上的路径动画。在图 6-99 所示触发器动画中，最开始的触发器是"浏览照片"，通过单击"浏览照片"可以触发 Picture 4 进入动画，通过单击 Picture 4 可触发 Picture 6 进入动画，通过单击 Picture 6 可触发 Picture 7 进入动画，通过单击 Picture 7 可触发 Picture 8 进入动画，设置的时候则是先设置对象的动画效果，然后设置触发方式和触发器（如图 6-100 所示）。

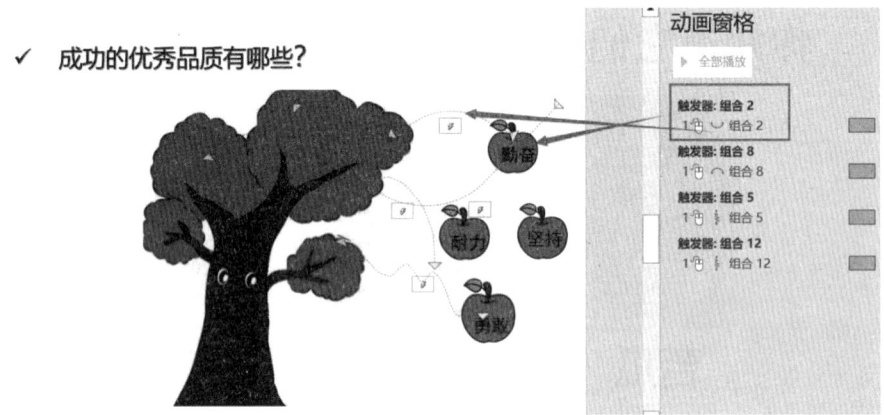

图 6-98 "苹果"触发器为触发"苹果"运动

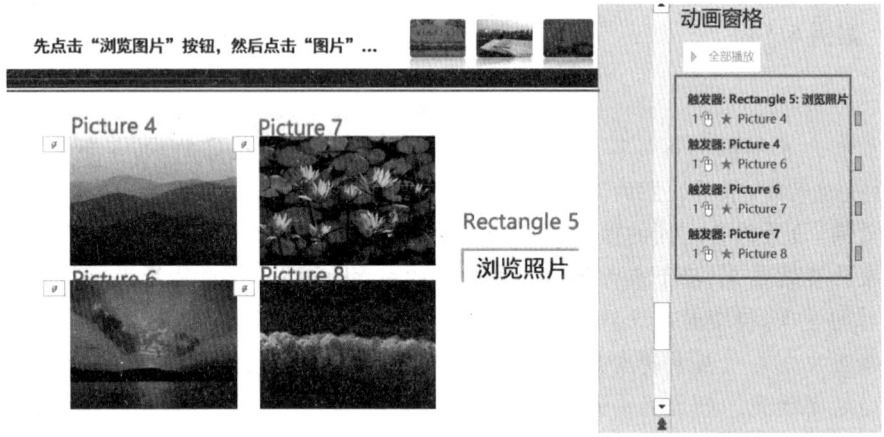

图 6-99 触发器动画

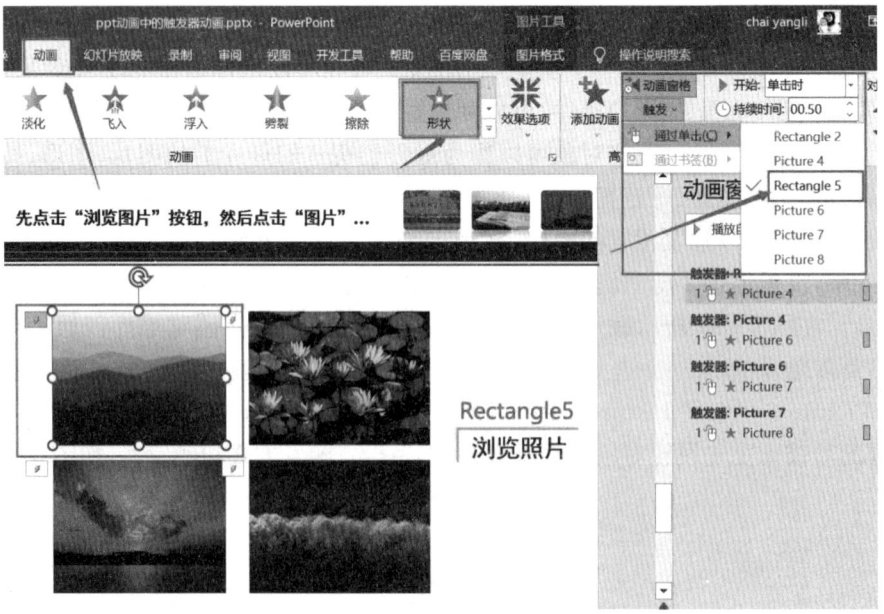

图 6-100 触发器动画的设置

触发器是 PPT 中实现简单交互的重要方法,实际运用时可以多思考触发器的更多用途。

思考与练习

1. 举例说明 PPT 制作的误区有哪些,应该如何改正。
2. 运用形状合并工具制作如下图所示创意文字。

3. 通过触发器动画制作触发动画,具体效果为:当单击各个苹果时,苹果会分别沿着一定路径到达树的四个树枝上。

# 第七章 微课的设计与开发

微课的兴起是自主学习时代到来的重要标志之一。作为重要的学习资源之一,微课以短小精悍的视频形式呈现内容,是对以往学习资源形式的一种变革与发展。微课在学前教育中具有广泛的应用前景。在幼儿园课程中,微课可以提高幼儿的学习兴趣和理解能力;在家园联络中,微课可以增强家长与幼儿园之间的沟通和合作;在教师专业发展中,微课可以提高教师的教育教学能力、信息技术能力和自我反思能力。本章从阐述微课定义、特点开始,紧接着介绍微课的构成要素、微课类型以及微课在幼儿教育中的应用,然后结合实例说明设计制作微课的流程和技巧。

## 第一节 认识微课

### 一、微课定义

微课主要用来讲授单一知识点或突破某个教学问题。随着人们对微课的认识及其应用的不断广泛深入,其内涵也在不断发展和丰富。关于什么是微课主要有如下几种观点。

(1)"微课"是指以视频为主要载体,记录教师围绕某个知识点或教学环节开展的简短的、完整的教学活动。

(2)"微课"是以阐释某一知识点为目标,以短小精悍的在线视频为表现形式,以学习或教学应用为目的的在线教学视频。

(3)"微课"是微课程系统中的要素之一,是以微型教学视频的形式帮助学习者完成"任务单"给出的任务的配套学习资源。

(4)"微课"是指以先进的教育思想和教学理念为指导,以使学习者自主学习达到最佳效果为目标,经过精心的信息化教学设计,以视频、动画等形式记录或展示教师围绕某个(某些)知识点(技能点)开展的简短、完整的教学活动。

(5)"微课"在移动端是用视频、动画、场景、图文的简短形式,承载有用的新内容,可以传播一个知识点,可以传授一项技能,也可以解决一个问题。

尽管对微课的定义众说纷纭,但都包含着共同的特征:微课体现了教师针对特定教学任务,合理运用信息技术、学习资源和信息化教学环境进行教学设计和教学实践,并将教学过程制作成为学习资源的能力。其具体特点为:① 形式上,可视化影像的视频方式;

② 时间上,5分钟左右;③ 内容上,围绕一个核心问题或独立的知识点展开。微课的一大特点就是时间短,时长限制在10分钟以内,符合注意力持续的有效时间。围绕同一个知识点进行讲解,内容精炼,最大限度地避免了同一堂课中不同知识经验之间的相互干扰,首因效应的可能性也会增加。

## 二、微课构成要素

顺应时代发展产生的微课教学不同于传统的课堂教学,是基于视听语言的可视化教学。数码影像技术使得微课的形式形象直观,真实呈现,直观达意。

微课视听语言是将教学内容通过使用数码影像和声音元素进行综合表现,形成视觉、听觉上的一种新的语言方式,是数码影像和声音结合的语言,可以更形象直观地表现教学主题、教学内容和教学过程。

微课可视化的基本单位是画面。构成画面的主要元素有:构图、色彩、声音。画面内容的呈现有多种方式,包括文字、图片、表格、图表、声音、动画、视频等。

(1) 文字

文字涉及字体、格式、大小、颜色等,可以准确、有效地传播教学内容,因此在微课中主要用于基本概念、定义、原理的阐述。

(2) 图片

图片可以生动、直观地表现教学内容,因此在微课中往往用于直观形象的概念、事实性内容的形象概括、过程描述等,图片可以用图像处理软件制作,也可以通过扫描仪、数码相机等输入设备获得。

(3) 声音

声音包括音乐、语音和各种音响效果。微课中的声音主要用作语言解说、背景音乐和音效,发音标准的解说和动听的音乐有利于学习者集中注意力,创设良好的学习氛围。

(4) 动画

动画是借助计算机生成的一系列连续的画面,可以表现事物运动、变化的完整过程。相对于图片来说,动画可以让人感觉到时间、位置、方向等要素,更有利于学习者把握本质规律。好的动画生动、有趣,有利于激发学习兴趣。微课中的动画一般用来模拟事物的变化过程,展示活动的流程、操作和演练,以及说明科学原理等。

(5) 视频

视频是真实的情境或过程的真实记录,信息量比较大,具有较强的表现力和感染力,适宜呈现一些比较复杂的教学内容。微课中采用的视频不宜太长,要清晰、流畅。

(6) 构图

构图是将图形、色彩、文字等形象视觉元素,按照点、线、面的构成方式,在画面中进行组合排列,表明其含义和相互关系。

(7) 色彩

色彩是视觉器官接收的重要形式因素。五彩缤纷的世界中所有的颜色都是红、黄、蓝三种颜色按比例配合而产生的。色彩能引起人的各种心理效应,色彩的感受是一般美感

中最大众化的形式。色彩搭配和谐的画面,赏心悦目,易于学习者接受。

微课是综合了影像、动画、音频、图片、文本、幻灯片等不同媒体并用于教学的视频,它围绕教学内容中某一个知识点,时间长度控制在10分钟左右,可以通过在线播放和移动互联等方式,提供给学习者对相关知识点进行学习。微课的三大核心环节是:教学设计,教学过程,包装展现。微课不是简单的教学资源形式的更替,而是传统教学理念与教学模式的创新。所以教学设计是核心,教学过程是基础,包装展现是保障。微课是资源,但更重要的是对教学内容的选取与设计,以及如何通过教学解释原理传递知识。微课需要技术支撑与包装展现,但技术因素应该服务于教学内容。

### 三、与相近概念的区别与联系

在日常的应用中,很多人并不能清楚地辨析微课与微视频、微课程、课堂实录的区别和联系,在日常情境中也相互混用。如果以制作微课为目标的话,厘清微课与微视频、微课程、课堂实录的异同是需要做的。

1. 微课与微视频

微视频不仅指有教育目的的短视频,微电影、趣味视频剪辑、广告短片、记录短片等都是微视频。它的特点是短、快、精,强调大众参与,以娱乐为主,权威性不高。微课不仅仅是简单的视频,而且承载明确的教学目标,配合讲解的音画同步录制与呈现。它不仅包括教学微视频,音频、动画、文字、图片都可以是微课的载体。

2. 微课与微课程

由于微课仅仅是针对某一知识点的短视频教学资源,不适宜称为"课程"。如果根据某一门课程的教学需要,为课程开发完整的、成套的系列微课,这些系列微课与该课程的大纲、目标等的集合可以称为"微课程"(micro-course)。微课程指的不是一节单独的微课,而是系统化、体系化的多节微课,通常都是基于某个主题、单元、项目等系列化开发的,系列微课之间有一定的逻辑关系和课程特点。

3. 微课和课堂实录

微课与课堂实录都是以视频形式记录教学过程的,但是两者有着根本的不同,"微"是和传统课程最基本的区别。微课拍摄不是把原有的随堂录像简单分切,它聚焦使用短视频,快节奏而有序地展现教学知识、显性化表达教师隐性知识与情感,其和传统课堂实录的关键区别在于让学生有一对一的感觉,更强调对个体的服务。简言之,微课不是照搬课堂内容,而需重新组织设计,重新划分知识点。

### 四、微课类型

微课有许多类型,比如拍摄型微课、录屏型微课、软件制作型微课、混合型微课、学习型微课、解题型微课、练习型微课、活动型微课、实践型微课、自主学习类、合作学习类、探究学习类等。目前大多微课还是以讲授类为主,以教师或主持人讲解为主要形式,主持人可以出镜,也可以话外音。

1. 按微课的开发方式进行分类

按照开发方式进行分类,微课可以分为拍摄型微课、录屏型微课、软件制作型微课、混合型微课、H5交互微课等。

2. 按微课的用途进行分类

按照用途进行分类,微课可以分为学习型微课、解题型微课、练习型微课、活动型微课、实践型微课等。

3. 按微课的教学特点进行分类

按照微课的特点进行分类,微课可以分为讲授型微课、情景剧型微课、练习型微课、游戏型微课等。

### 五、微课在教学中的应用

在网络时代,随着信息与通信技术的快速发展,特别是随着移动数字产品和无线网络的普及,基于微课的移动学习、远程学习、在线学习已经越来越普及。微课已经成为一种新型的教学模式和学习方式。

1. 传统教学中的应用

教师可以在课堂上利用微课作为授课的素材,而学生可以通过微课进行预习、复习等,实现自主学习。同时,简短的微课视频可让学生更好地集中注意力,把握课程要点。微课是课堂教学的有效补充形式,不仅可以传播移动学习时代的知识,而且能满足学习者个性化的深度学习的需求。

2. 慕课(MOOC)中的应用

慕课,即大规模开放在线课程,是互联网与教育领域相结合的产物,它具有开放性、大规模、自组织、社会性等特点。慕课基于网络进行传播,通常会有成千上万的学生参与学习。慕课提供了一种全球化的教育环境,让无论身处何地的学生都能接触到高质量的教育资源。在慕课的发展历程中,微课扮演着至关重要的角色。慕课通常由一系列的微课组成,这些微课针对特定的主题或课程模块,使大量学生能够以自己的节奏和时间表进行学习。

3. 翻转课堂中的应用

微课的出现,不仅丰富了学习资源的种类,还对课程改革和教学方法的改变产生深远影响。现在非常流行的"翻转课堂"教学模式,采用的就是教师将上课内容制作成微课,供学生课前观看学习,在课中组织学生小组研讨、探究重点难点知识。视听材料相比文本材料更加生动、有趣,学生课前自学微课能基本实现知识传授,提高教学效率,也使师生将更多的时间与精力投入学习的重点难点、核心能力培养中。

4. 混合学习(blended learning)中的应用

混合学习是在线学习和面授相结合的学习方式,是要把传统学习方式的优势和数字化或网络化学习的优势结合起来。也就是说,既要发挥教师引导、启发、监控教学过程的

主导作用,又要体现学习者作为学习过程主体的主动性、积极性与创造性。微课可以作为网络化学习的核心资源供学习者学习,结合面授可以获得最佳效果。

5. 适用泛在学习

作为短小精悍的学习资源,人们能够在互联网环境下,借助智能移动终端观看微课,实现碎片化、泛在化的移动学习。当前,人人拥有移动终端,观看微视频进行学习的方式越来越受到大家欢迎。学习者利用生活中的碎片化时间,根据自身的基础水平和学习需求,在任意时间、地点,通过微课进行单个知识点的学习,再将所有知识连接起来,就能逐步掌握一个系统知识。现在,国内外有许多同类的门户网站,都在推出这种泛在学习服务,例如中国大学 MOOC(http/www.icourse163.org)、网易云课堂(http/study.163.com)等。

### 六、微课在学前教育中的应用

幼儿园是幼儿接受早期教育的重要场所,教育方式与方法是否适合幼儿,直接关系到幼儿的学习效果和身心发展。微课在学前教育中具有广泛的应用前景。在幼儿园课程中,微课可以提高幼儿的学习兴趣和理解能力;在家园联络中,微课可以增强家长与幼儿园之间的沟通和合作;在教师专业发展中,微课可以提高教师的教育教学能力、信息技术能力和自我反思能力。

1. 微课在学前课程教学中的应用

通过使用微课,教师可以提高教学效率,促进儿童的自主学习,实现个性化教学。同时,教师也可以利用微课提供更丰富、更灵活的学习体验,为学前儿童的发展创造更多可能性。

在语言领域,微课可以帮助幼儿更好地理解和记忆故事、诗歌等文学作品。例如,教师可以将诗歌的内容以图文并茂的形式制作成微课,让幼儿在欣赏美丽画面的同时,听到诗歌的朗诵,从而加深对诗歌的理解和记忆。

在科学领域,微课可以为幼儿提供直观的实验操作过程。以"水的三态变化"为例,教师可以拍摄实验全过程,并对关键步骤进行详细的解说,让幼儿通过观看微课,了解水的蒸发、凝结和结冰过程,增加科学知识的了解。

在艺术领域,微课可以引导幼儿感受和理解艺术的美。例如,在欣赏名画的过程中,教师可以制作一个关于画家的微课,讲述画家的生平、创作背景以及画作的含义,让幼儿在欣赏画作的同时,了解艺术的历史和文化,从而提高他们的艺术鉴赏能力。

在健康领域,微课能够形象生动地讲解卫生习惯、饮食健康等方面的知识,例如通过动画形式的微课让幼儿知道洗手的重要性、如何正确洗手等。同时,针对健康饮食方面的内容,可以通过图片、视频等形式制作微课,让幼儿了解各种食物的营养成分以及如何合理搭配。

在社交领域,微课可以通过模拟情景、角色扮演等方式让幼儿了解社会规则、礼仪以及如何与人相处等知识。例如,通过情景剧式的微课让幼儿了解不同场合的礼仪规范,如

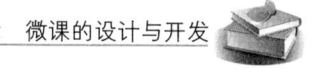

何尊重他人、如何分享等。

2. 微课在家园联络中的应用

家园联络是幼儿园教育工作的重要组成部分,是促进幼儿全面发展的基础。微课不仅可以作为幼儿园教育的一种手段,也可以用于家园联络中,加强家长与幼儿园之间的沟通和合作。

通过微课,教师可以向家长展示幼儿在幼儿园的学习和生活状态,让家长更了解幼儿在园内的情况。同时,教师也可以利用微课指导家长进行家庭教育工作,例如教授家长如何在家里帮助幼儿学习某些技能或知识。

3. 微课在幼儿教师专业发展中的应用

教师是幼儿园教育的核心,教师的专业水平直接关系到幼儿园的教育质量。微课作为一种新型的教育手段和学习工具,可以助力教师的专业发展。

首先,微课可以帮助教师提高教育教学能力。教师可以通过观看微课,学习和借鉴其他教师的教学方法和教育理念,从而提高自己的教育教学水平。

其次,微课可以帮助教师提高信息技术能力。制作微课需要使用各种信息技术工具,如视频拍摄、剪辑软件、PPT等,教师在制作微课的过程中,可以学习和掌握这些工具的使用方法,从而提高自己的信息技术能力。

最后,微课可以帮助教师提高自我反思能力。教师可以通过观看自己的微课,发现自己的教学优点和不足,从而进行自我反思和改进。

## 七、幼儿微课开发要求

微课的开发目标主要是为了满足学习者的个性化学习需求,提高学习效率,同时也可以作为传统课堂教学的一种补充和拓展。在学前教育中,微课的开发目标应紧密结合幼儿教育的教学目标和幼儿身心发展特点,旨在提高幼儿的学习兴趣、培养幼儿的学习习惯和自主学习能力。从微课内容和微课技术实现两个方面来说,微课制作要求如下。

1. 幼儿微课开发的内容要求

(1) 选题要小而精悍

幼儿微课的选题应聚焦于某个具体的知识点或技能,例如数学启蒙、拼音学习、绘画技巧等。避免选择过于复杂或过于简单的内容,以保证幼儿能够在短时间内理解并掌握。同时,选题应充分考虑幼儿的兴趣和需求,选取那些能够激发幼儿学习热情的主题。例如,可以将主题定为"如何正确地洗手""认识颜色""数字识别"等,这些主题都是幼儿教育中基础且重要的内容。

(2) 讲解要具体而生动

在幼儿微课中,讲解应采用通俗易懂的语言,结合图像、声音和动作等多种手段,将知识点生动形象地展现给幼儿。例如,在讲解颜色时,可以使用色彩鲜艳的图像和悦耳的声音,同时配合教师的手势和动作,帮助幼儿理解和记忆。此外,讲解过程中可以设置一些互动环节,让幼儿参与进来,提高他们的积极性。

(3) 视频内容有趣味性

为了让幼儿能够保持注意力并乐于学习,幼儿微课应具有浓厚的趣味性。可以在视频中加入一些有趣的元素,如动画、儿歌、游戏等,以吸引幼儿的注意力。此外,微课的视频质量要清晰、色彩要鲜艳,以增强幼儿的观看体验。

(4) 互动性要强

幼儿教育重视互动性,因此幼儿微课应该具备强烈的互动性质。可以在微课中设置提问环节、讨论区域、活动等,以激发观众的参与度。例如,可以在视频中展示如何玩某个游戏,然后邀请幼儿参与互动,这样既能提高幼儿的兴趣,又能增强教学效果。

(5) 符合幼儿发展规律

幼儿微课的内容应充分考虑幼儿的发展规律。例如,2—4 岁是幼儿语言爆发期,应注重语言能力的培养;3—6 岁是儿童思维发展的关键期和黄金期,应注重逻辑思维和创造性思维的培养。同时,内容应注重启发幼儿的观察力、想象力和创造力,促进他们的全面发展。

2. 微课技术实现要求

微课作为一种教学多媒体作品,其在长度、画面、声音、字幕、格式 5 个维度上需要满足的技术输出要求如下。

(1) 微课视频时长一般在 5 分钟左右,最长不超过 10 分钟,视频全片图像同步,无抖动跳跃,色彩无突变,编辑点处图像过渡稳定,无明显偏色,全片色彩、亮度等一致。多媒体课件(PPT、音视频、动画等)应确保内容无误,排版格式规范,版面简洁清晰。

(2) 视频画面整洁,图文清楚,视频最低分辨率的建议为 1280×720。

(3) 教学语言规范,采用标准普通话(英语及民族语言版本除外)配音,使用适合教学的语调,英语使用标准美式或英式英语配音,特殊语言学习和材料除外。声音采样率最小为 128 kHz,声音和画面同步,无交流声或其他杂音,伴音清晰、饱满、圆润,无失真和音量忽大忽小现象。

(4) 字幕清晰美观,使用符合国家标准的规范字,不出现繁体字、异体字(国家规定的除外)、错别字,能正确有效地传达信息;字幕字体、大小、色彩搭配、摆放位置、停留时间、出入屏方式力求与视频中其他要素(画面、声音、背景音)配合得恰到好处,不能破坏原有画面。

(5) 视频格式为 FLV 或 MP4 格式。

3. 第十六届全国多媒体课件大赛(微课组)评分标准

全国多媒体课件大赛在全国范围内面向各级各类院校教师和信息技术人员征集参赛课件,邀请现代教育技术领域和各学科知名专家组成评审组进行评审。通过评审,遴选出一批好的作品,帮助各教育教学单位提高多媒体课件制作及应用水平,提升广大教师应用信息技术进行课程整合的能力,推动教育教学改革。第十六届全国多媒体课件大赛(微课组)评分标准如表 7-1 所示。

表 7-1  第十六届全国多媒体课件大赛(微课组)评分标准

| 一级指标<br>(分值) | 二级指标<br>(分值) | 指标说明 |
|---|---|---|
| 作品规范<br>(10) | 材料完整<br>(4) | 材料包含微课视频、教学设计方案、微课录制中使用的辅助扩展资料、课件、习题等。 |
| | 技术规范<br>(6) | 视频长度8—10分钟;视频图像清晰稳定、声音清楚,构图合理;主要教学环节配有字幕;文字、符号、单位和公式符合国家标准;方便学习者选择停止和继续播放等。 |
| 教学设计<br>(30) | 选题(4) | 所选主题紧紧围绕一个主要知识点或主要教学问题,适合以微课的形式展现;有助于学生事先学习或理解、巩固或扩展所学课程内容。 |
| | 教学目标<br>(4) | 教学目标正确、明确、具体,教学思路清晰;能够解决教学内容中的难点、重点、个性化教学等问题,提高教学效率。 |
| | 教学内容<br>(7) | 教学内容适当、准确,无科学性、政策性错误,能理论联系实际,反映社会和学科发展,能确保教学目标的实现。 |
| | 学习者<br>(5) | 微课教学目标和教学内容适合学习者的年龄和认知发展水平;根据学习者个性差异有相应处理。 |
| | 教学策略<br>(10) | 教学顺序、教学活动安排、媒体的选择等适合确定的教学目标、教学内容和学习者特征。 |
| 教学实施<br>(25) | 教学呈现<br>(15) | 教学导入简短顺畅,促进学生回忆先前知识经验;新内容的呈现能激发学生学习的动机;教学具有启发性、指导性,有助于学生建构或巩固知识,形成能力,建立态度。 |
| | 教学语言、节奏或教态<br>(10) | 如有声音,普通话讲解,语言清晰生动,表达能力强;如有教师出现,仪表得当,教态亲切自然大方,展现良好教学风貌;教学节奏适合学生的学习,具有较强感染力。 |
| 技术实现<br>(30) | 操作与传播展示(15) | 便于教学演示操作,能够通过网络便捷传播,具有较强的通用性,易于被学习者在各种技术环境下观看(兼容PC、手机和平板电脑等)。 |
| | 教学视频制作(15) | 选用的制作软件适当,编辑制作准确,符合通常教学和学习环境的使用;视频播放格式兼容性好,主要采用高清、标清标准;文件量适度。 |
| 教学效果<br>(5) | 应用推广<br>(5) | 有良好应用效果,受到学习者的普遍欢迎,具有在相关专业或学科上推广的价值。 |
| 加分(5) | 学员网评(5) | 作品点击率高、投票较多、学习者评价好;作者与学习者互动良好。 |

## 八、幼儿微课制作流程

### (一)微课制作流程

尽管各种微课的开发技术和设备各有不同,但总体而言,各种微课的制作流程大体相似。微课主要分为6个环节进行设计,每个环节所需要考虑的细节都不一样,但是都必须以教学目标为中心进行设计。

1. 确定主题

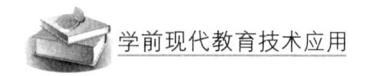

制作幼儿微课的首要步骤是确定主题。考虑到幼儿的兴趣和认知特点,主题应尽量选择幼儿熟悉且感兴趣的内容,如动物、植物、玩具等。此外,主题的选择还应与幼儿园的课程设置相结合,以增强学习的连贯性。

2. 规划内容

规划内容是围绕主题,设计出一份适合幼儿学习的教学方案。此方案应包括教学目标、教学内容、教学方法、教学步骤等。同时,要确保方案的实用性和可操作性。

3. 制作课件

根据规划好的内容,利用多媒体技术制作课件。在制作过程中,应注重色彩、声音、动画的运用,以吸引幼儿的注意力。同时,要确保课件的简洁性和易用性,方便教师教学和幼儿操作。

4. 录制视频

录制视频是制作幼儿微课的关键环节。在录制前,需要选择合适的录制设备,如摄像机、麦克风等。录制过程中,要确保画面的清晰度、音质的效果以及镜头的切换自然。同时,要遵循录制规范,注意拍摄角度、光线等细节问题。

5. 后期编辑

后期编辑是对录制好的视频进行后期处理,包括剪辑、调色、添加字幕等。编辑过程中,要确保画面的流畅性和音效的清晰度。此外,还可以添加背景音乐或旁白,以增强微课的趣味性。

6. 评估与修改

最后,对编辑好的微课进行评估和修改。评估主要依据教学目标、教学内容、教学效果等方面进行。如果发现不足之处,应及时进行修改和完善。此外,还可以邀请家长、幼儿或其他教师参与评估,以获取更多的反馈和建议。

(二)幼儿微课制作流程分析

为了更好地说明幼儿微课的制作流程,以下结合一个具体案例进行深入分析。

1. 确定主题

认识颜色。

2. 规划内容

(1) 教学目标

通过微课教学,使幼儿能够识别常见的基本颜色,包括红色、黄色、蓝色等。

(2) 教学内容

① 介绍颜色的概念和基本分类;

② 通过图片和实物展示,让幼儿认识红色、黄色、蓝色的物品;

③ 通过互动游戏等方式,巩固幼儿对颜色的认知;

④ 拓展延伸,如颜色的混合、颜色的情感意义等。
(3) 教学方法

图片展示、实物展示、互动游戏等。
(4) 教学步骤

① 导入:通过展示一些颜色鲜艳的物品,激发幼儿的兴趣;

② 讲解:分别介绍红色、黄色、蓝色的物品,并引导幼儿识别;

③ 游戏:设计一个颜色分类的游戏,让幼儿把不同颜色的物品放入相应的篮子;

④ 巩固:通过一些综合练习,巩固幼儿对颜色的认知;

⑤ 拓展延伸:简单介绍颜色的混合和颜色的情感意义,激发幼儿的求知欲。

3. 课件制作

(1) 选用鲜艳的色彩背景,增加视觉冲击力;

(2) 插入有趣的动画形象,吸引幼儿的注意力;

(3) 设计互动游戏环节,方便幼儿操作;

(4) 添加轻松愉悦的音乐,营造良好的学习氛围。

4. 视频录制

(1) 使用高清摄像机,确保画面清晰;

(2) 合理利用镜头变换,突出教学重点;

(3) 确保声音清晰,方便幼儿听清;

(4) 注意拍摄角度和光线,营造良好的教学环境。

5. 后期编辑

(1) 对视频进行剪辑,确保教学步骤的连贯性;

(2) 对视频进行调色,使画面更加鲜艳;

(3) 添加字幕和背景音乐,增强微课的趣味性。

6. 评估与修改

(1) 在教学实践中进行试用,收集反馈意见;

(2) 分析幼儿的反应和表现,评估教学效果;

(3) 根据评估结果进行必要修改,完善微课设计。

通过以上案例分析可以看出,幼儿微课的制作需要结合幼儿的特点和需求,从确定主题、规划内容、制作课件、录制视频、后期编辑到评估与修改,每个环节都需要精心设计和准备。同时,在制作过程中要注意吸引幼儿的注意力、激发他们的学习兴趣、提高他们的认知能力。只有这样,才能制作出一份优秀的幼儿微课,为幼儿教育注入新的活力。

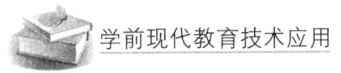

## 第二节 微课设计

### 一、微课教学设计

微课开发的核心是教学设计。微课开发并不是单纯技术开发过程,而是在一个强调精细创意的教学设计方案指导下进行的一项创造性工作,去实现教师新型教学设计理念承载教学内容呈现的一种教学资源作品。良好的教学设计有助于使隐性知识、情感价值、教学知识三者很好地融合。教学设计关键是要从选题、学习者分析、教学目标制订、学习内容分析、多媒体教学资源选择、教学策略实施等多方面进行系统设计。

1. 微课的选题

恰当的选题是微课成功的一半,而微课的选题必须充分考虑教学内容特征,注意结合视频媒体的特点,才能够确定合适的选题。微课的选题主要从三个方面考虑。

(1) 具有较高的使用价值

在选择微课的主题时,我们需要考虑幼儿的学习需要和兴趣点。例如,可以选择一些基本的数学知识、生活常识、科学探索等内容,这些主题能够满足幼儿的学习需求,并且具有较高的实用价值。此外,我们还需要根据幼儿的发展阶段和学习特点来设计视频,确保内容易于理解。

以"认识数字"为主题的微课视频为例,该视频可以以生动的动画形式展示数字的概念和特点,通过互动游戏等方式吸引幼儿的注意力,提高他们的学习兴趣。这样的视频不仅具有较高的使用价值,还能够促进幼儿的认知和发展。

(2) 符合视频媒体的传播特征

为了确保微课视频的传播效果,我们需要考虑视频媒体的传播特征。首先,视频需要有一定的信息量,避免过于简单或单调。其次,画面需要清晰、色彩鲜艳,以吸引幼儿的注意力。同时,声音要清晰、音量适中,避免过于刺耳或沉闷。最后,视频的节奏要明快,避免过于拖沓或快速。

以"认识动物"为主题的微课视频为例,该视频可以通过生动的动画和真实的图片展示各种动物的特征和习性,同时配合轻松愉快的音乐和声音,吸引幼儿的注意力,提高他们的兴趣。这样的视频符合视频媒体的传播特征,能够取得良好的传播效果。

(3) 内容少,目标小

在制作微课视频时,我们需要注重内容的简洁性和目标的小化。因为幼儿的认知能力和注意力都比较有限,所以我们需要将复杂的知识点分解成小的知识点,每个视频只围绕一个小的知识点进行讲解。同时,视频的时长也要控制在一定的范围内,一般以 5 分钟左右为宜,以保证幼儿的注意力能够保持集中。

以"认识颜色"为主题的微课视频为例,该视频可以以简单的语言和生动的画面介绍基本颜色的概念和名称,并通过互动游戏等方式加深幼儿对颜色的认知。这样的视频内容简洁、目标明确,能够有效地帮助幼儿掌握知识点。

除了以上三个方面,我们还可以从以下方面考虑幼儿微课选题。

首先,可以选择一些具有普遍性的问题或难点,例如语言表达、社交技能、情感发展等,这些主题能够满足幼儿在实际生活中遇到的问题和困难,并且对他们今后的学习和生活具有重要意义。

其次,可以选择一些与幼儿日常生活相关的主题,例如饮食、卫生、安全等,这些主题能够引起幼儿的兴趣和共鸣,并且对他们养成良好的生活习惯具有重要作用。

最后,可以选择一些符合时代发展和未来趋势的主题,例如环保、科技、文化等,这些主题能够开阔幼儿的视野和思维,并且对他们今后的学习和生活具有潜在的价值。

2. 微课教学设计实例

下面以《认识颜色》微课例举教学设计方案包括的主要内容。

### 《认识颜色》微课教学设计方案

**一、学习者分析**

1. 年龄:中班幼儿,年龄范围在4—5岁之间。

2. 认知特点:这个年龄段的幼儿开始发展语言和认知能力,开始对事物进行分类和识别,他们对颜色有初步的认识,但可能还没有完全掌握各种颜色的名称和识别。他们喜欢通过直观的观察和互动来学习。

3. 兴趣:中班幼儿对色彩鲜明、生动形象的事物感兴趣,具有好奇心和探索欲望。

**二、教学目标**

1. 幼儿能够准确识别出生活中常见的三种基本颜色:红色、蓝色和黄色。

2. 幼儿能够用语言准确地描述这三种颜色。

3. 通过学习,幼儿对颜色产生更大的兴趣,能够主动探索和发现生活中的颜色。

**三、学习内容**

1. 教学内容一:介绍红色。通过展示一些红色的物品,如红色的苹果、红色的帽子等,让幼儿认识红色。

2. 教学内容二:介绍蓝色。通过展示一些蓝色的物品,如蓝色的海洋、蓝色的天空等,让幼儿认识蓝色。

3. 教学内容三:介绍黄色。通过展示一些黄色的物品,如黄色的香蕉、黄色的蝴蝶等,让幼儿认识黄色。

**四、教学媒体选择**

1. 视频:使用动画形式展示三种颜色,每种颜色配以形象生动的卡通形象和景物图片进行介绍。

2. 音乐:选取欢快的音乐作为背景音乐,提高幼儿的学习兴趣。

3. 图文:配合视频讲解,将主要内容以图文形式呈现在PPT上,便于幼儿理解记忆。

**五、教学策略**

1. 使用动画和游戏的形式,增加学习的趣味性。
2. 通过互动游戏和问题解答,引导幼儿主动参与和学习。
3. 将颜色的学习与实际生活相结合,提高幼儿的应用能力。

**六、教学过程**

1. 导入(1分钟)

- 使用欢快的背景音乐和一段有趣的动画场景,例如小兔子在花园里玩耍。动画中出现一些颜色鲜艳的花朵,引导幼儿关注颜色。
- 通过设置故事情境,引导幼儿思考颜色的作用和意义。

2. 颜色识别(2分钟)

通过PPT展示不同颜色的物体,例如红色的苹果、黄色的香蕉、蓝色的汽车等,并配以形象的声音,引导幼儿学习颜色的概念。同时,通过互动游戏,例如快速匹配颜色,帮助幼儿加深对颜色的理解。

3. 颜色应用(1分钟)

通过PPT展示一些日常生活场景,例如红色的交通灯、黄色的警告标志等,引导幼儿了解颜色在日常生活中的应用。同时,通过互动游戏,例如快速识别交通标志,帮助幼儿巩固颜色的应用。

通过动画展示颜色混合后的结果,引导幼儿观察和理解颜色的变化。

4. 结尾(1分钟)

通过一段有趣的动画,例如小兔子在花园里玩耍,引导幼儿回顾本节课的学习内容。同时,鼓励幼儿在生活中观察颜色,探索颜色世界的奥秘。

微课设计的相关表格如表7-2所示。

**表7-2 微课设计**

录制时间:_____年___月___日　　　　　　　　　微课时间:____分钟

| 系列名称 | |
|---|---|
| 本微课名称 | |
| 知识点描述 | |
| 知识点来源 | □领域:____年级:科学____艺术____语言____健康____社交____<br>□自定义:_____ |
| 基础知识 | 本微课之前学习准备: |
| 教学类型 | ☑讲授型　□问答型　□启发型　□讨论型　□演示型　□联系型<br>□实验型　□表演型　□自主学习型　□合作学习型　□探究学习型　□其他 |
| 适用对象 | 幼儿:□小班　□中班　□大班<br>教师:□班主任　□幼儿教师　□其他<br>其他:□软件技术　□生活经验　□家教　□其他 |
| 设计思路 | |

(续表)

| 教学过程 | | | |
|---|---|---|---|
| | 讲解内容 | 画面 | 时间 |
| 一、片头<br>(20秒以内) | 内容：小朋友们好，我们一起…… | 微课标题<br>主讲<br>第___至___张PPT | 20秒以内 |
| 二、正文讲解<br>(4分20秒<br>左右) | 内容1 | 第___至___张PPT | ___秒 |
| | 内容2 | 第___至___张PPT | ___秒 |
| | 内容3 | 第___至___张PPT | ___秒 |
| 三、结尾<br>(20秒以内) | 内容： | 第___至___张PPT | 20秒以内 |
| 教学反思<br>(自我评价) | | | |
| 以下两项适用于录屏软件制作微课。 | | | |
| 硬件准备 | 完成以下准备可以提高微课的视觉效果：<br>1. 麦克风音量控制在90%左右，既可避免音量过小，又可避免系统杂音；<br>2. 摄像头应在脸部正面，左右偏离不超过30°，头像画片显示出肩膀及头部；<br>3. 环境光源应在脸部正面而不是在背面。 | | |
| 电脑设置 | 以下操作可以减少软件出故障概率，提高微课质量：<br>1. 电脑屏幕颜色设置为"16位色"即可，不用过高；(Win7系统设置方法：桌面右击→屏幕分辨率→高级设置→监视器→选择色位)<br>2. 电脑屏幕分辨率设置为"1024×768"及以下，不用过高；(Win7系统设置方法：桌面右击→屏幕分辨率→选择分辨率)<br>3. 如果出现未知错误，尝试以"兼容模式"打开软件；(方法：选择桌面Camtasia Studio软件图标右击→兼容性→在"以兼容模式打开这个程序"选项上打钩)<br>4. 生成的微课视频格式为FLV或MP4格式，不要用AVI格式。 | | |

## 二、微课画面设计

高品质的微课画面需要具备知识性、视觉性和互动性，通过以上几个方面的设计和处理，才能够制作出吸引人的微课画面。要设计高品质的微课画面，需要从以下几个方面入手。

（1）画面设计思路：先根据微课的内容制订一个整体的设计思路，确定所要表达的教学目标与教学重点。

（2）视觉效果：视觉效果需要抓住学生注意力，采用颜色搭配，字体设计等方式提高画面质量。同时需要适当添加动画、图表等元素，以更好地展现教学内容。

（3）视频编辑：对录制的视频进行适当的编辑处理，比如剪辑、加速、放慢等，使画面更加流畅、生动，让幼儿更容易理解。

（4）互动元素：互动元素能够提高幼儿的学习积极性，可以适当在微课画面中添加一

些小游戏、问答等互动元素,让幼儿在轻松愉快的氛围中学习。

### 三、微课音效设计

在微课中,声音效果扮演着非常重要的角色,设计者需要根据教学内容设计不同的声音效果,以增强学生的学习体验和理解效果。微课的声音效果主要由解说词和背景音乐来实现。设计微课的解说词和背景音乐需要考虑到内容的主题和目标受众的年龄、口味和文化背景等方面。解说词要简练明了,语速适中,逻辑清晰,同时要注意语调的转折和语气的变化,以提高观众的听课体验。背景音乐要能够与解说词相辅相成,并且不要影响听课质量,一般以轻柔、优美、舒缓的音乐为佳。在选择音乐时,还需要考虑版权问题,选择免费、开源或者自己制作的音乐。此外,也可以根据不同的场景和主题选择不同的音乐,以突出微课的特色和个性化。在讲解某个概念时,背景音乐可以激发学习兴趣,并使之更加专注于学习内容。在讲解某个过程时,例如科学实验或演示操作,应添加环境声音和动作声音来增加真实感,使幼儿更好地了解操作步骤和注意事项。在提供学习反馈时,例如在答案揭晓时,添加音效可以为答案加以反馈。

1. 微课解说词

微课解说词通常通过语音或同期声字幕在视频中呈现,要在短短几分钟内讲解清楚教学内容,解说词就应该尽可能简练和清晰。解说词的编写要与幼儿的体验相关,使用幽默语言和故事进行组织,这样才能更好地吸引幼儿。同时,注意将课堂上一些口头禅和语气词去掉,直接命中主题和说明要点,聚焦并抓住关键点,快速将知识点或技能点讲解出来。

当然,解说词在微课中是配合画面进行解释性的解说,但是它也是一个有机的整体,和画面有关联但又有相对的独立性,在微课录音时需要尽可能一次快速讲解通过。因此,强烈建议制作微课的新手,前期通过书写解说词的方式来细化自己讲解的语言,这样才能在录音的时候准确、精炼地表达。一般在解说词书写过程中要把握三个基本原则。

(1) 结构化

结构化是将解说词按照一定的组织顺序拼接成多个互相关联的组成部分,各组成部分间又有明确的层次结构,通常会采用序列的要点进行解说词编写,这样也方便语言组织。结构化让人更容易记住内容。

(2) 通俗化

微课是声画结合的艺术,画面前、声音后,因此,解说词就应该口语化,通俗易懂的讲解才能在短时间内让学习者接受讲解的信息。如果在讲解时加入一些幽默元素,学习者会更喜欢。

(3) 情感化

微课具有鲜活的生命力就是因为微课具有情感化。微课的讲解应该更多地融入教师的情感元素和隐性知识,因此,带有情感的解说也是微课脚本编写时需要着重考虑的。具体情况可根据内容而定,如激情的讲解表达愉快、喜爱的情感,低沉的解说表达神秘和苦闷。

总之,微课的解说词在微课的设计中有着非常重要的作用,也是微课画面可视化的蓝本,一个好的解说词的编写是做好微课的开始。下面是微课《认识颜色》设计的解说词。

《认识颜色》微课解说词

各位小朋友好,今天我们将一起认识颜色,了解它们的作用和意义。让我们跟着可爱的小兔子一起走进美丽的花园吧!(画面切换至小兔子在花园里玩耍的场景)

小兔子说:"小朋友们,你们知道这些美丽的花朵为什么会有这么多颜色吗?"

让我们一起来看看这些颜色鲜艳的花朵,听听它们的回答。(画面切换至不同颜色的花朵)

这些物体都有自己独特的颜色,比如红色的玫瑰、黄色的向日葵和蓝色的牵牛花。它们颜色的不同让我们的世界变得更加丰富多彩。

接下来,我们要学习颜色的概念。再来看看这些物品的颜色吧!请你们告诉小兔子,这些物品的颜色是什么?(画面切换至苹果、香蕉、汽车等物品)

小朋友们真棒,能够准确地说出这些物品的颜色。

现在,让我们来玩一个有趣的游戏——快速匹配颜色。小兔子有一些红色的积木块,请你们帮它找到和这些积木块一样红色的花朵。(画面切换至互动游戏环节)

在我们的日常生活中,颜色也有着非常重要的作用。比如红色的交通灯,它告诉我们要停下等待;黄色的警告标志,提醒我们注意危险。让我们一起来看看这些日常生活场景中的颜色吧!(画面切换至PPT展示日常生活场景)

接下来,我们再来玩一个游戏——快速识别交通标志。看看这些交通标志,告诉小兔子它们代表的是什么颜色,以及它们在生活中的作用是什么。(画面切换至互动游戏环节)

小朋友们真棒,能够准确地识别交通标志的颜色和作用。

现在,让我们来看看如果把两种颜色混合在一起会变成什么颜色。看看这些颜色混合的动画吧!(画面切换至动画展示颜色混合的结果)

最后,让我们回到小兔子的花园,看看小兔子在这里玩耍的场景。小兔子说:"我们已经认识了颜色,知道了它们的作用和意义。让我们一起在花园里继续玩耍吧!"(画面切换至小兔子在花园里玩耍的场景)

小朋友们,通过这节有趣的微课,我们认识了颜色,了解了它们的作用和意义。希望你们能够在日常生活中多观察颜色,发现更多颜色世界的奥秘。谢谢大家!

2. 微课背景音乐

心理共鸣理论认为,音乐能对人的行为施以影响,影响人对客观事物的态度和评价,从而改善和协调人与周围环境的关系,锻炼人的注意力和记忆力,启发和丰富人的想象力、创造力。给一堂优秀的微课配上合适的音乐,从而达到有声胜无声的效果。可以利用轻重缓急、抑扬顿挫的音乐帮助学生融入教学情境,激发学习兴趣和积极性,达到事半功

倍的效果。背景音乐的节奏会影响学习者的学习节奏,比如快节奏的音乐可以加快学习者的学习步伐和进度,但不利于学习者深入探究;缓慢柔和的音乐可以使学习者的思绪沉静下来,有利于思考。

### 四、微课脚本设计

微课脚本是指微课制作过程中所依据的底本或文稿,类似于电影或戏剧中的脚本。微课作为一种短视频形式呈现的教学内容,需要经过前期脚本的设计才能更好地进行录制和合成。优秀的微课脚本可以帮助教师更好地组织思路,突出重点,提高教学效果。设计微课分镜头脚本需要以下几个步骤:① 确定微课的主题和目标,选取适合的知识点,做到小而精;② 分析知识点的内容和特点,确定分镜头的数量和时间分配;③ DV 摄像机(数码相机)+黑板+粉笔;④ 根据脚本进行拍摄和后期制作,并不断修正完善。在设计微课分镜头脚本时,需要注意以下几点:① 分镜头脚本要尽可能详细,以便于后期制作;② 画面要简洁明了,避免干扰视觉效果;③ 音效要与画面相配合,可以起到提醒和强调的作用;④ 时间分配要合理,不要出现过长或过短的镜头时间。

当拍摄微课时,分镜头脚本起到非常重要的作用,具体样例如下。

场景一:开场白

镜头 1:特写老师正面,说话:"大家好,今天我们来学习 xxxx。"

场景二:介绍知识点

镜头 2:中景,老师背对相机,向白板讲解知识点,并在白板上写字、画图。

镜头 3:特写白板,拍摄老师讲解过程中的重点内容。

镜头 4:中景,老师正面讲解,配上知识点的实例展示。

场景三:知识点解析

镜头 5:特写老师正面,解析知识点并重点强调。

镜头 6:特写屏幕,播放动画或视频,帮助学生更好地理解知识点。

镜头 7:中景,老师正面讲解,并适时进行提问与答疑。

场景四:知识点总结

镜头 8:中景,老师正面总结讲解,并向学生展示一些案例及注意事项。

镜头 9:特写老师正面,强调知识点的重要性,并号召学生完成作业等。

场景五:结束语

镜头 10:特写老师正面,结束语:"感谢你的观看,下节课再见!"

## 第三节　微课制作

### 一、微课制作形式

微课的制作途径与方式可以多种多样,即可采用拍摄方式记录教学活动,也可以通过录屏软件录制计算机上讲解与演示的知识点,还可以通过一些创作型动画软件,例如Flash、Crazytalk 等将一些动作与画面合成输出为微课。教师可根据不同的学习对象和教学内容来有针对性选择制作方式。根据使用到的软硬件不同,大概可以将微课的制作类型分为以下六类。

1. 移动设备录制型

移动设备录制型主要指用手机、平板电脑等终端进行拍摄或者直接录屏的方式生产教学视频,此种方法简单、快速。

(1) 智能手机录制法

① 准备工具。可进行视频摄像的智能手机一台、支架一个、几只不同颜色的笔、A4白纸、相关主题的教案。

② 基本方法。使用可摄像的智能手机对纸笔结合演算、书写的教学过程进行录制。

③ 制作流程。选择微课主题,设计好讲解的流程;用笔在白纸上展现教学过程,边演算边讲解,尽量保证语言简练和清晰,同时可使用不同颜色的笔书写、画图、标记等动作;拍摄完毕后可使用手机内置编辑软件进行编辑或输出后编辑。

(2) 手机录屏法

① 准备工具。手机一台、手机录屏软件、教学课件。

② 基本方法。对课件或者手机屏幕上的操作进行同步录制,辅以录音讲解。

③ 制作流程。选定教学主题,收集教学材料和多媒体素材,制作手机版的课件;打开录屏软件,检查好录音音量,调出要讲解的手机版课件或操作工作界面进行检查,没有问题后启动录制软件进行录制;录制完毕后即可输出视频文件并可进行二次剪辑。

2. 计算机录屏型

计算机录屏常用的方法主要分为两种:第一种是使用计算机、手写板以及智能笔等硬件工具组合,配以书写类软件进行书写过程的同步画面与声音的录制;第二种是直接使用PPT 进行画面内容呈现,配合录音设备进行同步讲解和批注。

(1) 准备工具。多媒体计算机或笔记本一台、话筒一个、手写板、智能笔或交互白板一块、演示软件(如 Word、PowerPoint、绘图软件等演示软件)、录屏软件(如CamtasiaStudio、Evercam 等)。

(2) 基本方法。打开演示软件进行演示并录制屏幕,辅以录音和字幕。

(3) 制作流程。选定教学主题,收集教学材料和多媒体素材,制作相关课件或指定书写步骤;在计算机屏幕上打开录屏软件,带好耳麦,调整好话筒的位置和音量,调出需要演示的工作界面,启动屏幕录制软件进行录制;按照教学设计,教师演示幻灯片放映或对其进行各种操作,并配合同步讲解。录制结束后使用相关后期编辑软件进行适当的编辑和美化,并输出为视频格式文件即可。

3. 专业拍摄型

专业拍摄型微课是指成片采用单一拍摄的视频进行剪辑并输出的形式,其特点是采用单机或多机位拍摄,借助实景的活动来完成教学内容的传达。

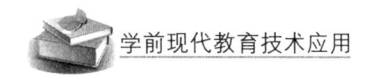

（1）拍摄与输出形式

① 硬件与软件要求。需要有可进行视频摄像的摄像设备、相关主题的教案和会声会影、Premiere 等视频编辑软件。

② 基本方法。对教学过程录像。

③ 制作流程。选择微课程主题，进行详细教学设计，形成教案；制作对应的拍摄脚本，并按照脚本进行教学过程拍摄；拍摄完毕后将视频导入到后期编辑软件进一步加工制作和美化，最终输出为视频格式的影像文件。

专业拍摄型微课在 MOOC 课程的微视频中应用非常广泛，这种模式的微课制作成本比较高，需要团队进行合作。

（2）拍摄流程

① 确定前期拍摄准备细节。主讲教师与课程制作人员确定课程拍摄知识点、授课风格、拍摄场地等。课程制作人员协助教师制作多媒体课件（PPT、音视频、动画等），确定知识点类型（教授类、解题类、答疑类、实验类、活动类等）。选题尽量小而精，具备独立性、完整性、示范性、代表性，能够有效解决教与学过程中的重点和难点问题；确定授课风格（严肃、轻松、风趣幽默）；确定拍摄场地（教室、演播室、室外其他场所）。

② 试拍、正式拍摄与后期制作。在开拍前，对拍摄场地进行踩点，进行场地清扫、装扮、灯光设备调试等。教师本人可进行试拍，适应镜头；拍摄当天，要求主讲教师穿戴整齐（不穿戴条纹衣服及条纹领带），必要时上淡妆出镜；后期制作是制作人员采用专业视频剪辑软件、片头制作软件、图像处理软件、音频降噪软件等进行视频剪辑、调色等。

③ 审核修改与加字幕，输出最终成品。制作人员在初稿视频成品后让主讲教师进行审核，并根据修改意见做二次修改。确认无误后对成品进行速记、校对、字幕合成，输出不同格式的视频成品文件进行发布。

4. 拍摄与录屏混合型

拍摄与录屏混合型微课是采用计算机录屏视频与摄像设备拍摄的两种画面进行混合剪辑或者直接叠加的模式，这种模式在高等教育的微课视频中非常常见。

（1）硬件与软件要求。可进行视频摄像的摄像设备，相关主题的教案和 PPT 课件，会声会影、Premiere 等视频编辑软件，Camtasia 等屏幕录制软件。

（2）基本方法。对实景教学过程拍摄，对计算机屏幕进行录屏，两种画面混合剪辑或融合。

（3）制作流程。选择微课程主题，进行详细教学设计，形成教案；制作对应的拍摄脚本，并按照脚本进行教学过程拍摄；对 PPT 等计算机呈现的课件进行同步录屏，并输出视频格式文件，将拍摄视频和录屏的视频导入后期编辑软件中，按照教学顺序对两种画面进行串接并后期制作，最终输出为视频格式的影像文件。

5. 软件制作型

软件可以制作出很多新颖有趣，能够迅速吸引学习者注意力的微课。比如使用 Flash、3Ds MAX 等动画工具制作二维、三维或卡通式的动画，或者使用 SpeedDraw 的相关软件万彩动画大师生成的视频,又或者使用思维导图演示工具 Prezi 等输出的视频格式微课,都是非常新颖的。

6. H5 页面型

H5 页面型是伴随着互联网学习常态化而发展起来的新型课件形式,其发布平台主要是在手机或平板等移动设备上。H5 页面型是基于 Web 和浏览器的,依托 HTML5 技术所制作出来的课件,因其在移动化、形式表现多样性、良好的交互性和支持跨平台学习等方面的天然优势,日益成为备受企业青睐的一种课件形式。

目前,网络上有很多 H5 页面创作工具,例如易企秀、初页和 MAKA 等,这些创作工具都各有特点,都可以快速制作简易移动端 H5 页面。下面以易企秀制作微课为例,介绍制作流程。

(1) 注册账号。进入易企秀官网注册并登录易企秀,就可以开始进行微课制作了。

(2) 创建场景。单击"点击创建空白场景"按钮,进入场景界面,在此可以进行自主空白场景创建,也可以选择网站界面上现有的样例直接修改使用。创建场景后,根据提示填写场景的名称、类别,确定后进入内容编辑页面。

(3) 内容编辑。确定微课主题及展示形式后,将收集好的素材分门别类,通过易企秀内容编辑页面将图、文、声、像插入页面中并展示出来,形成微课教程。在该编辑页面中,可以像使用 PPT 一样对展示元素进行编辑,并可添加图集、动画效果、音视频信息和一些交互元素,例如统计、阅读量、选项按钮、提交按钮、特效等。交互功能与传统的网页技术相比,可以使学习内容的表现形式更加丰富。

(4) 成品发布。在完成编辑之后需要对作品进行保存与发布,在发布之前可以先对作品进行基本设置,包括场景的名称、描述、类别、翻页方式、是否共享等。发布后,可以在发布界面上查看到作品的相关信息,例如作品中一些交互信息数据的收集等,作品发布成功后可以通过推广将作品分享到微信、QQ 等信息平台上。

## 二、资源准备

素材处理是微课制作前一个预加工环节,主要是对音画素材进行基本处理,以满足微课呈现要求。本章将围绕图片与声音类素材的处理软件和基本处理方法进行介绍,增强微课画面的表现力与声音的感染力,提高微课的吸引力,最终达到提升微课质量的目的。准备制作微课的多种媒体资源可以从以下几个方面入手。

(1) 教学 PPT:在制作微课时,可以利用教学 PPT 中的图片、文字、图表等多种元素作为微课的素材,使得微课的制作更加简单快捷。

(2) 互联网资源:互联网上有大量的图片、音频、视频等资源,我们可以在微课制作中将这些资源进行应用,为微课添加更加生动、丰富的内容。

(3) 屏幕录制:屏幕录制是一种非常实用的制作微课的方式,通过录制屏幕操作,可以将教师在电脑上的操作过程拍摄下来,制成微课,这样可以让学生更加直观地了解教学内容。

(4) 拍摄视频:如果教学内容需要进行现场教学,那么可以通过拍摄视频的方式来进行微课制作,让学生更加生动地感受到教学内容。

总之，准备多种媒体资源是制作微课的重要前提，可以让微课的制作更加简单、方便，也可以使得微课内容更加生动丰富。

### 三、利用工具软件制作微课

常用的微课制作软件和工具包括 Camtasia Studio、万彩录屏和动画大师、Focusky、布丁演示、iSpring Free、MG 动画工具等。其中，Camtasia Studio 是最传统的微课制作一体化工具，万彩录屏大师也是常见的录屏剪辑方案软件，Focusky 则以炫酷的转场切换效果和天然的知识结构化表达方法著称。

1. Camtasia Studio 制作微课

（1）打开 Camtasia Studio 软件，单击"录制屏幕"按钮，如图 7-1 所示，之后就会出现如图 7-2 所示的界面。

图 7-1 Camtasia Studio 主界面

图 7-2 录制界面

（2）设置录制的屏幕范围和录制方式，如图 7-3、图 7-4 所示。

图 7-3 设置全屏录制

图 7-4 设置录制方式

（3）待上述操作全部完成后，打开事先准备好的 PPT 课件等，单击"rec"按钮开始录制，如图 7-5 所示。软件会在 3 秒后录下计算机屏幕上所进行的一切操作，此时就可以讲解课程（课件）了。

图 7-5 开始录制

（4）当课程要结束时找到如图 7-6 所示的图标，然后单击"Stop"按钮停止录屏（或按键盘上的【F10】键）。如果中途有事需离开一会，可以单击"Pause"按钮（或按键盘上的【F9】键）暂停录制（图 7-7），忙完后可以再次单击此按钮继续进行录制。

图 7-6 停止录制　　　　　　　　图 7-7 暂停录制

（5）单击如图 7-8 所示的"保存"按钮，保存视频。

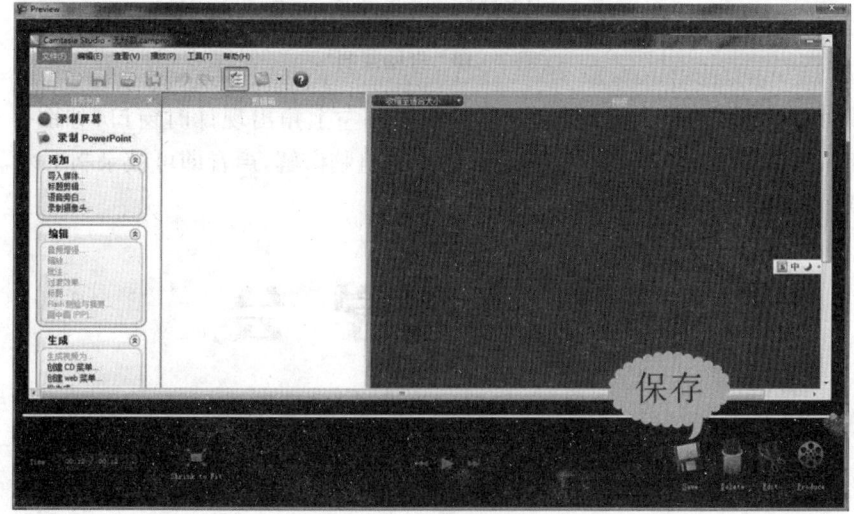

图 7-8 保存视频

(6) 最后打开已保存的视频,即可在计算机上进行播放。

2. PowerPoint 制作微课

PowerPoint 是经常使用的软件工具。如果已经有了比较完备的 PPT,那么录制微课就会是一件比较简单的事情了。如果电脑中安装的是 PowerPoint 2010 或以上版本的话,就足以完成微课的录制了。纯 PPT 录制微课的基本操作,分为三个步骤。

**步骤 1:制作 PPT**

首先,根据微课录制的要求,制作一个 PPT 讲稿。PPT 设计和制作的水平,会直接影响到最终的微课效果。

**步骤 2:录制旁白**

PPT 制作完成后,接下来就需要录制讲解配音了。

在确认电脑的耳机麦克风能正常工作的前提下,只需点击 PowerPoint 软件中的"幻灯片放映"菜单中的"录制幻灯片演示"按钮即可(如图 7-9 所示)。

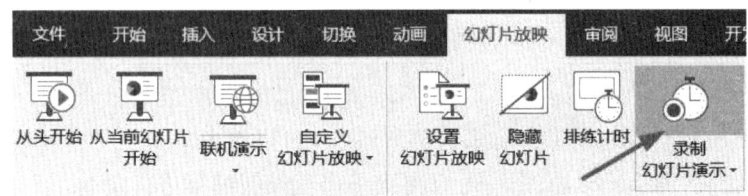

图 7-9 录制幻灯片演示

此时,PowerPoint 会弹出如下对话框,直接点击"开始录制"按钮即可。

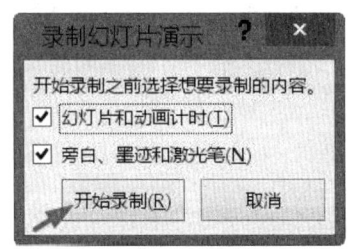

图 7-10 开始录制

接着,该 PPT 就会进入播放状态,并且在屏幕左上角出现计时窗口(如图 7-11 所示)。此时,只需像上课一样,边点击鼠标、边对着电脑讲解,声音即可被录制下来,并且与 PPT 的页面切换、动画保持同步。

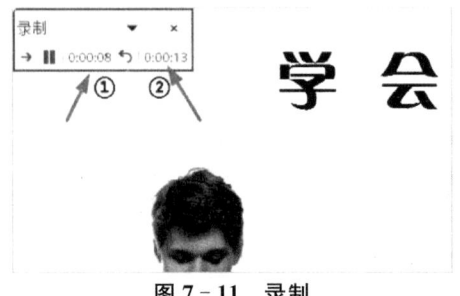

图 7-11 录制

在图 7-11 所示方框中的"录制"控制区中,数字①表示当前这张幻灯片已经录制的时长,数字②则表示这个 PPT 文件总共已经录制的时长。

需要注意的是:在 PPT 页面切换过程中,是不录制任何声音的,因此不要边切换页面边讲解。并且在页面刚刚切换完成后,也要等半秒钟左右再开始讲解,否则可能会出现话音不全的情况。

那么,如何退出录制状态?很多老师会点击图 7-11 所示方框中的暂停键。这是不正确的。暂停键的用法是:如果在录制过程中,需要临时处理一些事情(如咳嗽),可以点击暂停键;此时再点击暂停键左侧的键即可接着录制。

其实,退出 PPT 录制状态,和上课时退出 PPT 播放状态是完全一样的,直接按键盘左上角的【Esc】键即可。

退出录制后,我们会发现所有录制了旁白的 PPT 页面的左下角,都会有一个小喇叭符号。这就是我们在这页 PPT 上录制的声音了。

此时,如果我们正常播放这个 PPT 的话,PPT 就会按照我们录制时完全相同的节奏,同时播放页面内容与语音旁白。

**步骤 3:另存为视频**

当我们为所有 PPT 页面录制了旁白后,最后一步就是要把它保存成为视频。

自 PowerPoint 2010 开始,PowerPoint 软件就提供了将 PPT 文件保存为视频的选项。方法是:依次点击"文件""另存为"菜单项,选择文件保存的目录,然后会弹出如图 7-12 所示窗口。

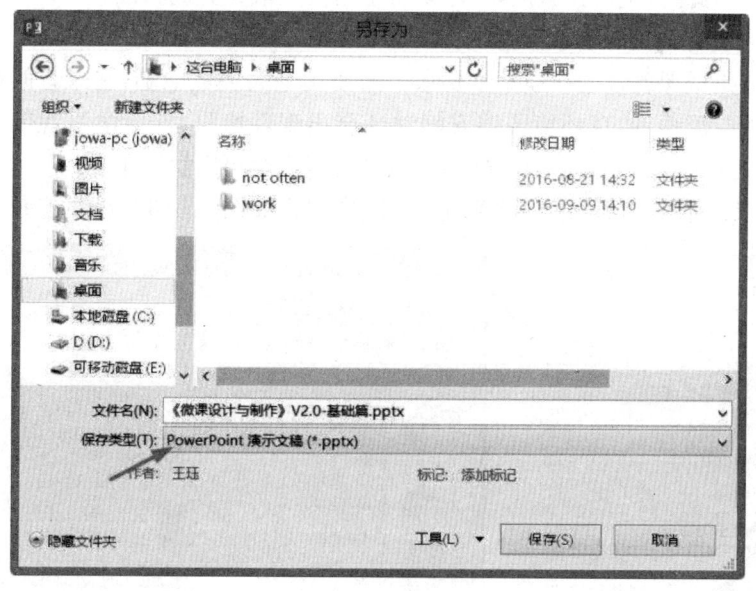

图 7-12 保存文件

在上述窗口箭头指示处点击,即可显示出"保存类型"的下拉框(如图 7-13 所示),在其中找到含有"视频"字样的文件即可。

图 7-13　选择文件类型

如果是 PowerPoint 2013 或 PowerPoint 2016，在下拉框中会显示 MP4、WMV 两种视频格式，此时建议选择 MP4 视频；如果是 PowerPoint 2010，则只有 Windows Media 视频一种格式（即 WMV）。

选取了视频格式后，点击"保存"按钮，PowerPoint 软件就会将 PPT 文件转换为视频文件。这个过程需要消耗相当长的时间，一定要等到 PowerPoint 最下方的进度条消失（如图 7-14 所示），才能去查看视频文件。

图 7-14　进度条

另一个需要注意的问题是：在生成视频时会将全部 PPT 页面都转换为视频，而无论其是否配音。因此，在生成视频前，一定要将不需要生成视频的页面移除。

**Tips 1：录制旁白的噪音较大怎么办？**

声音清晰是微课质量的一项基本要求。而使用绝大多数电脑，在录音时都会因集成式声卡而出现电流噪音，在环境不够安静时还会出现环境噪音，给学习者带来不好的感受。如何解决这个问题？其实只要购买一款耳麦就完全可以解决了。

如图 7-15 所示，打开"录音设备"选项，就会出现如图 7-16 所示的窗口。

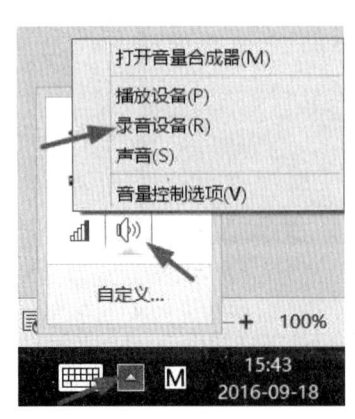

图 7-15　选择录音设备

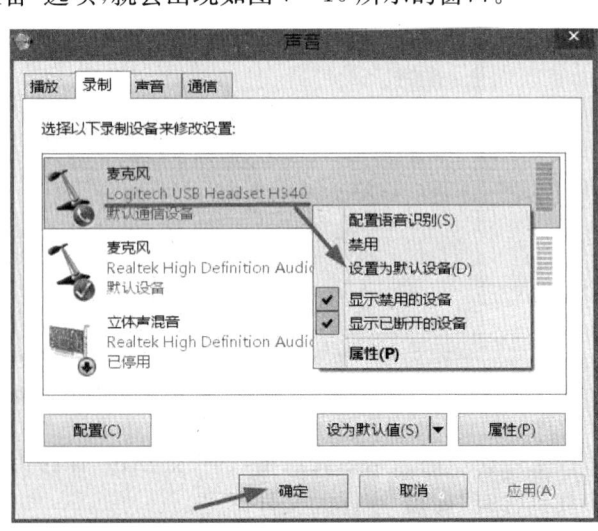

图 7-16　设置为默认设备

找到"Logitech USB Headst H340"设备,点鼠标右键,将其"设置为默认设备",并点击"确定"按钮即可。

**Tips 2:如何分页录制或重录旁白?**

有时,我们需要先录几个PPT页面,下次再录制几个PPT页面;还有时,我们需要重新录制某一页的旁白。

此时,我们只需先选中需要录制或修改的PPT页面,然后点击"录制幻灯片演示"按钮旁边的下拉箭头,并选择"从当前幻灯片开始录制"选项即可(如图7-17所示)。

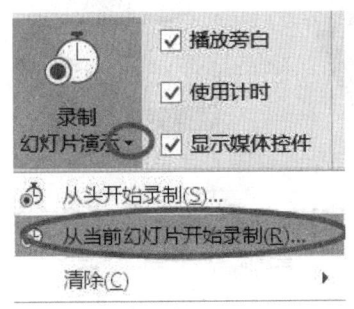

图7-17 选择录制幻灯片的开始页

此时,就会从我们选中的那张幻灯片开始播放和录制。

值得注意的是:如果我们只想修改其中某一页的旁白,那么,当这页重新录完音后,需要马上按下【Esc】键退出,不要翻到下一张页面,否则可能会把下一页的旁白冲掉。

**Tips 3:PPT播放时的鼠标指示如何录制下来?**

有些时候,我们需要在PPT播放时,用鼠标对PPT页面中的内容进行指示。但是,在录制幻灯片演示时,这些鼠标的动作是不会被记录下来的。

此时,可以用"激光笔"代替。从PowerPoint 2010版本开始,我们只要按住【Ctrl】键+鼠标左键不放,即可在PPT播放状态中显示出激光笔来。而"激光笔"是能够被记录下来的。

还有一些老师,会在PPT中用"笔"工具写写画画(按【Ctrl+P】键即可)。不过,这些"墨迹"在PowerPoint 2010、PowerPoint 2013中,都无法被录制下来,直到PowerPoint 2016版本才可以做到。

现在,让我们重新回顾一下"录制幻灯片演示"后弹出的对话框(如图7-18所示),就可以发现第二个复选框后显示的"旁白、墨迹或激光笔"是什么意思了。

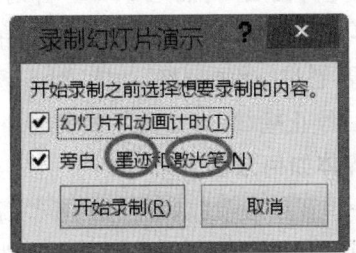

图7-18 勾选旁白、墨迹和激光笔

**Tips 4:PPT 中如何增加背景音乐?**

微课中使用了一些背景音乐来营造氛围,情境感更强。那么,纯 PPT 录制法能为微课配上背景音乐吗?答案是肯定的。而且步骤也很简单,只需进行两步操作。

第一步,通过"插入→音频",将背景音乐插入到相应的 PPT 页面中,如图 7-19 所示。

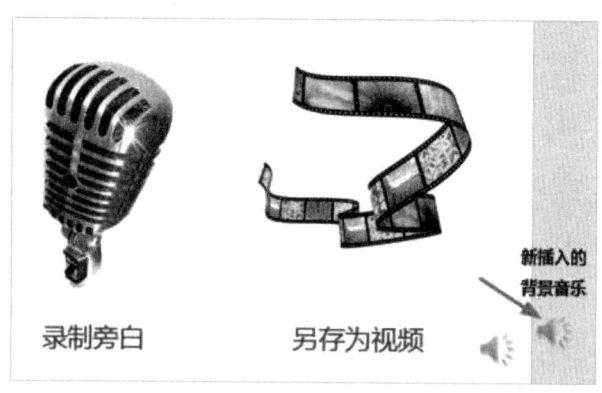

图 7-19 插入音频

请注意:图 7-19 中靠右侧的小喇叭就是刚刚插入的背景音乐,而靠左一点的则是前面录制的旁白音频。

第二步,选中背景音乐小喇叭,然后点击"播放",选择"在后台播放"即可(PowerPoint 2013 版本或以上)。若为 PowerPoint 2010,则可参考图 7-20 所示左侧方框中的复选框进行设置。

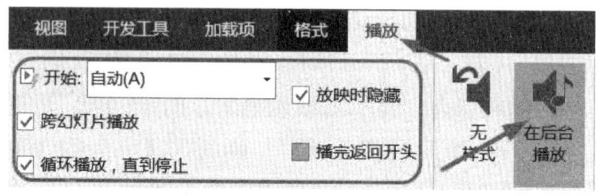

图 7-20 选择"在后台播放"

需要说明的是:

(1) 背景音乐需要在录制完旁白后,再插入 PPT。否则,可能会对旁白形成干扰。

(2) 上述方法可以非常容易地把背景音乐设置为贯穿始终播放。如果需要对背景音乐做更加精细化的控制,则需要通过"动画窗格"功能,对音频播放的动画效果进行精细化的设置(如"在第 N 张幻灯片后停止播放"),在此不做赘述。

**Tips 5:PPT 中的音视频媒体如何录制下来?**

有些 PPT 中,还会带有一些音频或视频媒体(如单词发音、音效或视频素材)。此时,并不建议大家采用纯 PPT 录制的形式,而应该采用录屏软件来进行处理。

如果您采用的是 Win8+PowerPoint 2013、并且插入的视频格式是 WMV 或 MP4,

音频格式是 WAV 或 MP3 的话,也不妨一试。不过,需要遵循如下方法。

选中音频或视频媒体,点击"动画"按钮,然后点击"播放",如图 7-21 所示。

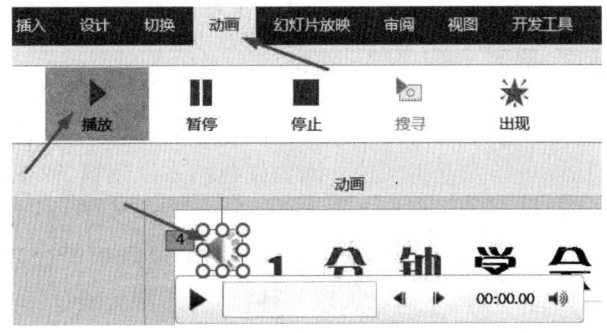

图 7-21　录制音视频媒体

然后,打开"动画窗格",并在其中对该媒体的动画进行常规设置即可(如图 7-22 所示)。

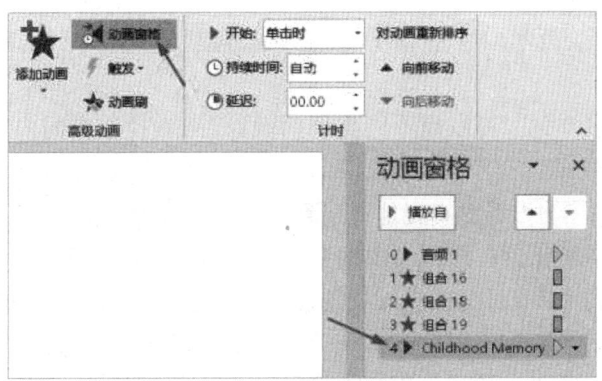

图 7-22　设置动画窗格

可以看到,在上述"动画窗格"的设置中,刚才所设置的音频媒体文件,将会在第 4 次鼠标点击时开始播放(而不是手工点击音频文件来播放)。这样的音视频媒体的动画设置方式,可以被 PPT 所录制下来,并保存到生成的视频文件中。

### 四、微课制作技巧

1. 情感,让微课有生命

一节好课,施教者与受教者之间必定能够进行很好的情感沟通。积极的情感能有效促进学习,传达知识、态度和价值观。这些情感可以激发学生以更积极的态度进行学习,达到好的效果。微课通常只有几分钟的时长,是不是无法和学习者交流情感? 其实,通过有效地设计,在微课中也能很好地传递情感。

(1)用配音来表达。语言的抑扬顿挫、高低起伏,可以让人更容易抓住话语的重点,也可以很好地表达情感和传递态度。在微课的旁白配音中,可以设计一些富有情感色彩的语句,也可以利用语气、语调、语速的不同,来表达微课内容想要传达的情感。

(2) 用音乐来表达。音乐是反映人类现实生活情感的一种艺术形式,它可以反映和衬托教学内容当中无法用言语和字句表达的情感。在微课当中,穿插各种不同的背景音乐能使学习者直接地感受到潜在的情感,使微课富有生命力。

(3) 用色彩来表达。色彩对人的心理有着不同程度的影响和暗示,可以利用色彩心理学来引导学生感知微课想要表达的情感。例如教学目标是想给学生传达一种充满正能量的情感,就很适合用红色作为基本配色。因为红色给人以热情、权威、自信、充满能量的感觉。

(4) 用设计来表达。微课当中加入文字样式、配图、装饰等设计,这有助于从视觉感官上传达情感。例如圆润的幼圆字体给人以一种轻松、活泼的感觉,搭配上可爱俏皮的配图和装饰,能够营造出轻松愉悦的气氛。

2. 创意,让微课非同凡响

有创意的设计,能大大提升微课的内涵。有好的微课制作技术、好的内容、好的配乐、好的画面,更需要有好的创意设计把这些要素串联起来。一般来说,微课创意设计有"五化":微课类型多样化、教学内容情境化、教学重点问题化、教学活动任务化、教学媒体多样化。

(1) 微课类型多样化。可以用不同类型的微课,来教授相应的内容。不同类型的微课所能达到的教学效果各有不同。例如故事型微课可以让学习者更加容易进入教学情境,实验型微课可以让学习者更直观地观察到实验过程和操作方法。

(2) 教学内容情境化。在微课当中构建学习情境,给学生搭建学习支架显得尤为重要。在微课中,教师可以有目的地引入或创设具有一定情绪色彩的、以形象为主体的生动场景,引起学生的态度体验和情境共鸣,从而帮助学生理解教学内容。

(3) 教学重点问题化。"问题,乃是通向理解之门的关键",一个好的问题可以引发学生的主动思考和积极探索。可以尝试将教学目标中的重点和难点转化成为问题的形式来呈现,以问题导学、释疑解惑的方式来串联微课内容。

(4) 教学活动任务化。一节微课的威力,不仅仅在于短短几分钟,还体现在学生学完微课之后的行为反应。在微课当中把知识技能讲通透固然重要,但是如果能让学生看完微课之后主动学习和探究,这才是活学活用、深度学习的关键。因此,一节好的微课可以搭配学习任务单,让学生带着任务去学习微课。

(5) 教学媒体多样化。采用不同的媒体表现形式来展现微课内容,例如可以选择真人出镜式微课、动画式微课、录屏式微课,或者是混合以上几种形式的微课。

3. 互动,学微课不仅仅是看客

从数据分析结果来看,能让学生感觉到"一对一教学"的微课更吸引人。这说明了一个现象:交互,能让微课教学变得更精彩。

互动式微课,指的就是在微课使用者与微课内容之间、学生与教师之间进行互动的一类微课。它囊括了一般微课的内容呈现功能,同时更加注重让互动贯穿始终,使学习变成一个双向互动的过程。学习互动式微课的时候,学生需要不停地"输入"或"输出"信息,这不仅仅让学生"看"了微课,也让学生在操作、反馈、反思的过程中"懂"了微课。

从教学内容呈现的角度来看:一般微课通常多采用平铺直叙的方式来讲解,而互动式微课一般使用引导性或者互动对话的方式来讲解知识。

从教学方式的角度来看:一般微课多采用单纯的讲授者"输出",使用者"输入"的方式进行;而互动式微课则是通过不断启发、问答、反馈来进行双向交流,利用互动来逐步推进教学。

从教学互动方式来看:一般微课可以配合面对面课堂或者在线交流平台进行互动交流,而互动式微课除了以上交流方式之外,微课视频本身就包含了互动式练习、超链接探究等互动方式。

4. 留白,给思考多一点时间

留白,本来是指在书画艺术创作中为使整个作品的画面、章法更为协调精美而有意留下恰当的空白,它可以给读者留出想象的空间。快节奏、时长短的微课常常给人紧凑快节奏的感觉,但其实微课也需要"留白",给学习者预留出思考的空间。

善用倒计时。可以在微课中设置问题或习题,让学习者思考和解答。例如,可以在画面中添加倒计时,告诉学习者答题时间。这样既可以明确学习思考时长,也能督促学习者在规定时间内完成任务。

开头问一问,中间停一停,最后留一留。在微课开始时,可以以问题形式来导入内容,让学习者在进一步深入学习前先有所思考;在微课的中间阶段,可以停留一段适当时间,让学习者利用刚刚所学的内容来展开思考;在微课快结束的时候,也可以留有"悬疑"问题或者小任务,让学习者课后进一步深化知识,这也是一种"留白"的手法。

留白,不是"挖坑"是"启智"。"留白"之后,需要注意"呼应"。绝对不可以抛出问题后"弃之不顾",如果这样做就相当于给你的微课"挖了个大坑"。

微课留白,是给学习者的思想宫殿打开了一扇窗,给思考多一点空间。在同一节微课当中,需要做到:开头问一问,中间答一答、想一想,最后解一解。如果在微课最后留下了"悬念"问题,也要在系列微课中的后续微课中有所解答。

5. 改进,让微课有好效果

微课的评估指标和方法如下。

(1) 教学目标的完成情况:微课应当能够帮助学生达成教学目标。

(2) 学习效果的评估:可以通过学生考试、测验等方式进行评估。

(3) 学生评价:可以通过学生的反馈、问卷等方式进行评价。

改进微课的方法和技巧如下。

(1) 反思和总结:反思和总结微课的优缺点,寻找优化和改进的方式。

(2) 更新和优化:不断更新和优化微课的内容和制作手法,提高微课的质量和效果。

(3) 实验和验证:在不同的教学环境中进行微课的实验和验证,寻找最佳的微课教学模式和方法。

1. 微课是什么？它有什么特点？
2. 制作微课的过程是怎样的？
3. 设计一个微课要特别注意什么？
4. 什么样的微课是一个好微课？
5. 自选主题，为中班幼儿设计制作一个微课。

要求：(1) 微课时长不短于 3 分钟，不长于 5 分钟；(2) 根据现有条件和自定目标选择制作形式；(3) 作品要符合微课的技术标准。

# 参考文献

1. 刘名卓.现代教育技术应用[M].北京:中国人民大学出版社,2019.
2. 祝智庭.现代教育技术:走进信息化教育[M].北京:高等教育出版社,2005.
3. 谢忠新.学前教育现代教育技术[M].上海:复旦大学出版社,2018.
4. 袁哲,王秋雨.从教育技术的历史演进看教育革命[J].现代交际,2016(02).
5. 张浩,韦云,朱德峰.AR在幼儿美术教育活动中的应用与实证研究[J].中国电化教育,2020(11).
6. 李政涛.ChatGPT/生成式人工智能对基础教育之"基础"的颠覆与重置[J].华东师范大学学报,2023(07):47-55.
7. 谢浩.数字化教育技术在幼儿园教育教学中的应用[R].华南教育信息化研究经验交流会,2021(01).
8. 刘名卓.现代教育技术应用[M].北京:中国人民大学出版社,2019(01).
9. 卢强.现代教育技术[M].北京:电子工业出版社,2011.
10. 柴阳丽,陈向东.面向具身认知的学习环境研究综述[J].电化教育研究,2017(09):71-77.
11. 王美倩,郑旭东.具身认知与学习环境:教育技术学视野的理论考察[J].开放教育研究,2015(2):53-60.
12. 王旭卿.佩珀特建造主义探究——通过建造理解一切[J].现代教育技术,2019(001):25-30.
13. 壹号全脑机器人[OL].[2019-10-06].http://yihao.robotedu.org.
14. 小盖茨机器人教育[OL].[2019-10-06].http://www.xgcedu.com.
15. 能力风暴机器人[OL].[2019-10-06].http://www.abilix.com.
16. 刘名卓.现代教育技术应用[M].北京:中国人民大学出版社,2019.
17. 夏竹筠,宋占美,张丹彤.美国学前教育的现在与未来及其对高质量师资与研究的需求:全美幼儿教育协会主席Gera Jacobs博士访谈录[J].学前教育研究,2014(7):3-12.
18. 欧亮.国外学前儿童信息素养研究现状及启示[J].重庆第二师范学院学报,2022(09):79-83.
19. Sung W, Ahn J, Black J B. Introducing computational thinking to young learners: Practicing computational perspectives through embodiment in mathematics education[J]. Technology, Knowledge and Learning, 2017, 22(3): 443-463.
20. 昝增敏.大班幼儿Scratch Jr编程教学设计研究[D].淮北师范大学,2020.

21. 高宏钰等.学前儿童的计算思维发展情况及其影响因素[J].现代教育技术,2023(07):44-47.

22. 倪志明.幼儿园教育活动设计与指导[M].上海:华东师范大学出版社,2015.

23. 衡若愚.信息技术支持下幼儿发展评价的实践样态[J].早期教育,2022(11):32-37.

24. 阳永清,唐小娟,邓婵.现代教育技术应用[M].北京:北京理工大学出版社,2021.

25. 卢强.现代教育技术[M].北京:电子工业出版社,2011.

26. 阳永清,唐小娟,邓婵.现代教育技术应用[M].北京:北京理工大学出版社,2021.

27. 刘名卓.现代教育技术应用[M].北京:中国人民大学出版社,2019.

28. 杨上影等.微课设计与制作(第2版)[M].北京:高等教育出版社,2017.

29. 缪亮,陈荣团编.让课堂更精彩!精通微课设计与制作(第2版)[M].北京:清华大学出版社,2021.

30. 胡小勇.设计好微课[M].北京:机械工业出版社,2017.

31. 黄俊生,林晓宏.极简微课设计与制作[M].广州:暨南大学出版社,2021.

32. 金洁.微课设计与制作一本通[M].北京:清华大学出版社,2018.

33. 陈子超.微课开发与制作从入门到精通[M].北京:人民邮电出版社,2016.

34. 胡瑞月.幼儿园科学实验课的微课设计研究[D].淮北师范大学,2020.

35. 窦菊花,何高大.微课研究综述[J].湖南工业大学学报(社会科学版),2015,20(04):55-60.

36. 程舒通,徐从富.微课的设计与开发[J].教育评论,2015(06):109-111.

37. 焦建利.微课及其应用与影响[J].中小学信息技术教育,2013(04):13-14.